W9-BYW-861

Le Français des professions medicales et sociales: textes et controverses

Monique Y. Crochet
University of Southern Maine

Wingate College Library

UNIVERSITY
PRESS OF
AMERICA

LANHAM • NEW YORK • LONDON

Copyright © 1986 by

University Press of America,® Inc.

4720 Boston Way
Lanham, MD 20706

3 Henrietta Street
London WC2E 8LU England

All rights reserved

Printed in the United States of America

Library of Congress Cataloging in Publication Data

Crochet, Monique Y.
Le français des professions médicales et sociales.

English and French.
1. French language—Readers—Medicine. 2. French
language—Readers—Social service. 3. French
language—Text-books for foreign speakers—English.
4. Medicine—Addresses, essays, lectures. I. Title.
PC2127.M38C76 1986 448.6'421'02461 85-22548
ISBN 0-8191-5084-3 (alk. paper)
ISBN 0-8191-5085-1 (pbk. : alk. paper)

Table des Matières

III

V

Preface

PURPOSE

LE FRANÇAIS DES PROFESSIONS MEDICALES ET SOCIALES:
TEXTES ET CONTROVERSES is a reader aimed specifically
at the linguistic needs of current and future health
professionals and social workers. Its purpose is to
stimulate their incentive to further their study of
French and to gain proficiency in it so that they may
communicate effectively with their patients or
clients. The book has been prepared for students who
have had three or four years of high school French or
three or four semesters of college French or the
equivalent.

GOALS

By presenting the reader with authentic and thought
provoking materials on health and social issues cho-
sen from the contemporary French-language press and
literature, LE FRANÇAIS DES PROFESSIONS MEDICALES ET
SOCIALES intends to promote discussion in French of
ethical and social issues. Through a variety of
vocabulary exercises and progressive activities, it
seeks to train future and current health professionals and social workers to communicate in French
with their French-speaking clients so that they may
accurately understand their problems and provide
answers. The readings which introduce both theoretical and pragmatic aspects of health and social issues
and the questions which verify text comprehension
foster understanding of written French. The discussions and various communicative activities which are
essential features of each chapter aim at providing
students with aural-oral practice.

LE FRANCAIS DES PROFESSIONS MEDICALES ET SOCIALES is comprised of contemporary articles and excerpts from professional and literary works dealing with current health and social issues. This textbook is conceptually ground-breaking: it is not a conversational manual offering only concrete medical terminology selected for the benefit of nurses and related personnel. Rather, it is a collection of readings raising ethical, philosophical and socio-economic questions. That is why I included, besides obvious topics such as abortion, drug addiction and heart transplants, issues such as child abuse and the use of life support technology on the terminally ill patient.

The book has thirty-three chapters organized in four parts which follow the stages of human life. This organization reflects the current emphasis in health studies curricula on a developmental perspective. Each part is itself divided into dossiers which focus on specific topics related to the stage of life in question. Thus, the first part, La Naissance, presents four dossiers: contraception, abortion, new birthing methods and genetic engineering.

The dossiers are self-sufficient units each to be studied independently, and contain from one to four chapters, generally two. Since the chapters are also independent units, LE FRANCAIS DES PROFESSIONS MEDICALES ET SOCIALES allows for flexible use. Instructors may use the textbook over an entire school year, in combination with an intermediate grammar review, and assign each one of the thirty-three chapters. Or they may decide to use the book over one semester and choose only the selections which are appropriate for their students.

CHAPTER ORGANIZATION

Each chapter contains:

étude du vocabulaire topique
texte, with marginal glosses and cultural footnotes

pratique du vocabulaire
questions sur le texte
échange d'opinions
activité

Le vocabulaire topique lists new vocabulary items
pertinent to the chapter's theme and found in the
reading selection. Therefore, it gives the core
vocabulary necessary to understand the text and dis-
cuss the issues which the text raises. To those
words have been added a few terms related linguis-
tically or thematically and which students may find
useful in their oral activities. The vocabulary
items are presented at the very beginning of the
chapter so that students may become familiar with
them before encountering them in the text, and also
get learning reinforcement when they meet the words
in context.

The vocabulary selected for this book belongs to
standard French since it would have been an impossible task to include regional idioms. If there is a
need, the instructor may supplement the vocabulary
with the terms used by the French-speaking population
in his/her area.

Les textes have been carefully selected for their
topical relevance, their controversial value, their
lexical richness and their relative linguistic fa-
cility. They are authentic material, taken from
French or Quebecer medical or sociological documents,
magazines, or literary works. They are all contemporary. Although some selections have been edited for
length, they have undergone no linguistic changes.
Within a given dossier, the various texts complement
each other, either by exploring opposing points of
view, or offering the theoretical and applied aspects
of a topic or the complementary facets of a problem.

To expand students' vocabulary or to refresh their
memory, some words and expressions are glossed in the
bottom margins. Marginal glosses are in French as
often as possible. Students can also consult the
French-English vocabulary at the end of the book.
Cultural information needed for a clearer understanding of the selections are footnoted at the end
of each text.

La pratique du vocabulaire: vocabulary exercises have
been designed for three purposes: 1) to encourage

students to develop familiarity with the words of the
vocabulaire topique, that is to say with the words
they will need to communicate with French-speaking
patients. In each chapter, the terms given in the
core vocabulary have been systematically and carefully integrated into the vocabulary exercises. A
number of lexical activities promote an active and
often imaginative use of words and expressions by
students. 2) to help students to strengthen their
knowledge of vocabulary by asking them to utilize
previously learned words in exercises on antonyms,
synonyms, word families, etc. 3) to foster in students a feeling for French by having them discover
some of the morphological mechanisms of the language,
such as the meanings and uses of various affixes; or
by encouraging them to use their knowledge of English
to discover the meanings of new French words in
exercises on cognates, particularly medical and sci-
entific cognates.

The fundamental purpose of all vocabulary exercises
is to help build in students a sense of self-
confidence and self-reliance so that, as professionals, they can communicate in French effectively
and independently of a teacher's guidance.

The vocabulary exercises appear after the reading so
that the text itself may be used as a source of
linguistic and semantic references when the students
do the exercises. La pratique du vocabulaire repre-
sents the third phase of vocabulary learning: first,
students study the words in the étude du vocabulaire
topique; second, they see those words in context and
third, they are given the opportunity to use them in
an active, personal manner.

Les questions sur le texte allow the instructor to
test the students' comprehension of the main facts
and ideas and some important details contained in the
reading. Students find, in the vocabulaire topique,
the tools necessary to express themselves. Thus, the
comprehension questions reinforce exposure to the
vocabulary.

Echange d'opinions: each of the three to five topics
is closely linked to the theme of the reading selection and is designed to initiate discussion. Some
questions ask students to express their personal
opinions or feelings or experiences, while others
require that they inform themselves through research

X

or inquiries, and report their findings to the class. Other topics lead them into projecting themselves into a situation and imagining their own reactions and decisions. The topics always call upon students to express freely their personal experiences, values and points of view.

The two objectives of this type of communicative activity are to provide students with a context in which they can clarify their own values on ethical, social, medical or legal issues and, because of the controversial nature of the topics, to encourage them to express themselves enthusiastically and spontaneously in French.

Activité or **jeu dramatique professionnel:** here again, the topic of the activity relates directly to the social or medical issue raised by the reading. In this open-ended activity, students are invited to "put on the hat" of a health care professional--physician, therapist, nurse, social worker--and interact with patients, clients and/or other professionals, in role-playing, interviews, and group situations. This exercise provides students with the opportunity to speak in a framework that uses the material acquired in the chapter. It also encourages them to use French in a very imaginative, active and free manner and in situations that mirror American reality.

Both the échange d'opinions and activité types of exercises have been conceived so that some topics can be omitted or modified, giving instructor and students choice and initiative.

LE FRANCAIS DES PROFESSIONS MEDICALES ET SOCIALES: TEXTES ET CONTROVERSES also includes a short section entitled Documents where students can find supplementary material to throw extra light on some issues.

Besides the French-English vocabulary, the book also presents two appendixes, one on pharmaceutical terminology, the other on dental terminology listing terms from English to French.

XI

XII

Permissions and Acknowledgments

I am grateful to the following authors, publishers and holders of copyrights for their permission to use the reading materials included in this book. Complete references are given at the end of each selection.

Dominique Pignon, «La Pilule à tout faire,» from «La Pilule à tout faire,» by permission of L'Express. Henri Leridon and Jean-Paul Sardon, «La Contraception en France en 1978,» from «La Contraception en France en 1978. Une enquête INED-INSEE,» in Population, by permission of the Institut National d'Etudes Démographiques.

François Isambert et Paul Ladrière, «Nous sommes toutes des avortées dans nos têtes,» from Contraception et avortement; dix ans de débat dans la presse, 1965-1974, by permission of Editions du C.N.R.S.

Dr Roger Géraud, «Avortement et eugénique,» from Avortement et eugénique, by permission of Editions Marabout.

Frédérick Leboyer, «Pour une naissance sans violence,» from Pour une naissance sans violence, by permission of Editions du Seuil.

Jean Rostand, «Peut-on modifier l'homme?» from Peut-on modifier l'homme? by permission of Editions Gallimard.

Annie Kouchner, «La Fécondation in vitro,» from «Il est né le divin bébé,» by permission of L'Express.

Carole Sandrel, «Les Conditions économiques des familles,» and «L'Habitation et son influence sur les enfants,» from La Société contre l'enfant, by permission of Editions Stock.

Bertrand Boulin, Jean-Michel Desjeunes et Philippe Alfonsi, «L'Enfant martyr: responsabilités et solutions?» from La Charte des enfants, by permission of Editions Stock.

Pierre Leulliette, «L'Alcoolisme, tueur d'enfants,» and «Le Viol des enfants,» from Les Enfants martyrs, by permission of Editions du Seuil.

Drs Claude Kohler and Paule Aimard, «Les Débiles mentaux,» from De l'enfance à l'adolescence, by permission of Casterman, Editeurs.

Maurice Cahuzac, «L'Enfant infirme moteur d'origine cérébrale,» from L'Enfant I.M.O.C., by permission of Masson, Editeur.

Georges Desbuquois, «Les Adolescents toxicomanes,» from L'Enfance malheureuse, by permission of Editions Flammarion.

Claude Montpetit-Fortier, «Les Filles malades de la minceur, ou l'anorexie,» from «Les Filles malades de la minceur,» by permission of L'Actualité.

Annie Kouchner, «Cancer du sein: un espoir contagieux,» from «Cancer du sein: un espoir contagieux,» by permission of L'Express.

Pierre Cuisiat, «Diabète: la guerre du sucre,» from «Diabète: la guerre du sucre,» by permission of L'Express.

Pierre Accoce et Sophie Lannes, «Les Maladies cardio-vasculaires: le coeur des hommes,» from «Le Coeur des hommes,» by permission of L'Express.

Pierre Accoce, «Rhumatismes: peut-on guérir?» from «Rhumatismes: peut-on guérir?» by permission of L'Express.

Annie Kouchner, «La Ménopause en douceur,» from «La Ménopause en douceur,» by permission of L'Express.

Annie Kouchner, «Impuissance: l'heure de la chimiothérapie,» from «Impuissance: l'heure de la chimiothérapie,» by permission of L'Express.

Yanick Villedieu, «La Dépression,» from «La Déprime,» by permission of L'Actualité.

Yanick Villedieu, «Les Nouveaux Asiles: le traitement de la schizophrénie,» from «Les Nouveaux Asiles,» by permission of Québec Science.

Simone de Beauvoir, «La Moitié de la population âgée est réduite à l'indigence, en France,» and «Les Vieux, ou les parias de la société, aux U.S.A.,» from La Vieillesse, by permission of Editions Gallimard.

Dr Claude Cabirol, «La Marginalisation des personnes âgées,» and «Troisième âge et santé,» from La Condition des personnes âgées, by permission of Editions Privat.

Maurice Fresneau, «Le Vieillard dans la ville,» from «Le Vieillard dans la ville,» by permission of Revue de Gériatrie.

Gabrielle Roy, «L'Impuissance de la médecine,» from Alexandre Chenevert, by permission of the Fonds Gabrielle Roy.

Philippe Ariès, «Le Triomphe de la médicalisation,» from L'Homme devant la mort, by permission of Editions du Seuil.

Simone de Beauvoir, «Ayez pitié de moi. Achevez-moi,» from Une mort très douce, by permission of Editions Gallimard.
Jacqueline Rémy, «Les Enfants de la solidarité,» by permission of L'Express.
Francine Timothy, «Vivre comme avant et la mastectomie,» from an interview granted to me by Francine Timothy.

I wish to give special thanks to Professor Frederick Rolfe, University of Southern Maine, for his careful reading of my manuscript and his helpful suggestions. My sincere gratitude goes also to Marcella Beaudette, Director of Surgical, Rheumatology and Orthopedic Nursing at Brigham and Women's Hospital, Boston, whose professional expertise provided answers to some difficult questions of language and contents. I am also indebted to several colleagues of the University of Southern Maine, Professors Kathleen MacPherson, Joseph Kreisler, Bonnie Lazar, Alice Lieberman, and Kathy Karpeles who gave me so willingly the benefit of their knowledge in nursing, social work, and psychology.

I express my deep appreciation to Hélène Gagné, Cultural Attaché to the Quebec Delegation in New England, who did so much to help me find «l'introuvable».

Very special thanks go to Sue Leonard for her friendly cooperation, superior typing skills, and patience with a new word processor, and to Julie Cameron, Director of Publications, University of Southern Maine, for her excellent work in typesetting titles in the manuscript.

Finally, I would like to express my gratitude to the University of Southern Maine for its strong support of this project through some funding, released time from teaching, and a sabbatical leave.

XV

Première Partie

La Naissance

Dossier 1

La Contraception

I.   LA PILULE A TOUT FAIRE

Etude du vocabulaire topique

une pilule: pill
anticonceptionnel/le: contraception
la grossesse: pregnancy
une interruption de grossesse, souvent appelée aussi
interruption volontaire de grossesse, ou I.v.g. = un
avortement: abortion
les règles (f.): menses, period
un oeuf = un ovule: egg, ovum
féconder: to fertilize
la paroi de l'utérus: uterus wall
enceinte: pregnant
un saignement: bleeding
saigner: to bleed
le sang: blood
un curetage: D and C
une trompe: fallopian tube
chirurgical: surgical

Lundi 19 avril [1982] à l'Académie des sciences,
Etienne-Emile Baulieu, l'un des grands spécialistes
des hormones au monde, a annoncé une première de
la recherche (1) médicale française: la mise au point
(2) d'une nouvelle pilule anticonceptionnelle.
Celle-ci se distingue radicalement des précédentes,
aussi bien dans son principe d'action que dans son
utilisation. Elle peut s'employer comme régulateur
du cycle, mais aussi comme abortif. Et cela, sans
effets secondaires négatifs. Elle va sans doute
bouleverser (3) le comportement (4) des femmes en
matière de contraception, leur restituant le contrôle
de leur propre fertilité, en dehors de toutes les

1.   research   2.   le perfectionnement   3.   changer
profondément   4. behavior

5

institutions du pouvoir médical. D'une façon complètement privée. Ce qui ne manquera (5) sans doute
pas de susciter (5) de nouvelles interrogations et de
relancer la polémique (6) sur les conséquences psychologiques, voire (7) physiques de la contraception
et de l'interruption de grossesse.
[...]
  Les effets sociaux de cette nouvelle pilule ne
peuvent être encore qu'entrevus (8). Il faudra
attendre la commercialisation et la diffusion du nouveau produit. Etienne-Emile Baulieu a accepté de
raconter à Dominique Pignon, pour les lecteurs de
L'Express, l'histoire de RU-486, la nouvelle pilule.
L'Express: Vous présentez votre découverte (9) comme
une «alternative sérieuse aux méthodes actuelles (10)
de contraception». Comment cette «alternative» se
présentera pour les femmes?
Etienne-Emile Baulieu: Le RU-486 peut être utilisé de
deux manières, soit avant les règles en fin de cycle,
dans le cas où une grossesse aurait lieu, soit en cas
de grossesse déclarée. Le composé chimique (11)
utilisé, un stéroïde antiprogestérone, agit sur les
mécanismes d'implantation de l'oeuf fécondé dans la
paroi de l'utérus. On emploie alors l'antiprogestérone préventivement, comme régulateur de règles ou de
cycle. Si une femme redoute (12) une grossesse, elle
peut se dire : je dois avoir mes règles tel jour.
Elle décide, alors, dans les quarante-huit heures qui
précèdent la date présumée des règles, de prendre le
produit. Les règles surviennent (13) ainsi à la date
prévue (14), que (15) la femme ait été ou non (15)
enceinte. Une fois les règles terminées, avec l'oeuf
expulsé (16) dans le cas d'une grossesse, le cycle
naturel reprend (17). La méthode est donc totalement
reversible. Ce n'est pas une technique anticonceptionnelle. Elle n'empêche pas l'ovulation comme la
pilule classique; c'est un procédé (18) «intercep-
tif», qui empêche la gestation de se poursuivre (19)
et l'oeuf fécondé de se maintenir dans l'utérus.
C'est donc la fin du cycle.
  Mais il y a une seconde façon d'utiliser le RU-
486, qui fait explicitement appel à la propriété

5. will not fail...to give rise to 6. to start the
controversy again 7. et même 8. surmised 9.
discovery 10. current 11. chemical compound 12.
craint 13. arrivent 14. anticipated 15.
whether...was...or not 16. rejeté 17. recommence
18. une méthode 19. se continuer

abortive de l'antiprogestérone. Exemple : une femme vient de savoir qu'elle est enceinte, soit sur retard des règles, soit après un test. Elle prend alors une pilule de RU-486 (dans les cas de ce genre qui ont déjà été traités au cours de notre expérimentation, le RU-486 a été administré pendant quatre jours consécutifs). Dès (20) le premier ou le deuxième jour, un saignement se déclenche (21), suivi par l'expulsion de l'oeuf fécondé. Je précise que, pour moi, un avortement, quelle que soit la manière dont (22) il est provoqué (23), reste un avortement. D'une part (24), ça saigne, car tous les avortements font saigner, et cela d'autant plus qu'ils sont ré-alisés plus tardivement (25), et, d'autre part (24), l'idée même (26) d'être enceinte, de le savoir et de prendre une décision d'interruption de grossesse est un traumatisme, aussi bien du point de vue émotionnel que du point de vue biologique. Cela précisé, l'uti-lisation de notre méthode par absorption d'une pilule réduira (27) l'agression. C'est tout de même moins traumatisant de prendre une pilule pendant quelques jours, et de saigner après huit jours de retard, que d'attendre six semaines un avortement mécanique à l'hôpital par aspiration ou curetage!
-- Pouvez-vous expliquer les raisons de la souplesse (28) d'utilisation du produit?
-- Je pense, mais je suis évidemment partial, qu'il s'agit d'un produit exemplaire qui appartient à une seconde génération de contraceptifs. La pilule classique s'appuie (29), encore aujourd'hui, sur les mêmes principes découverts dès les années 30, et que Gregory Pincus et ses collaborateurs ont développés au cours des années 50. La pilule de Pincus agit au niveau (30) des commandes du cerveau (31). Elle bloque l'ovulation, il n'y a plus d'oeuf, plus de fécondation, plus rien : c'est une vraie contraception. Au lieu d'agir sur les commandes cérébrales et les ovaires, il est préférable de modifier quelque chose là où l'hormone agit, c'est-à-dire au niveau du récepteur (32) de cette hormone. Il n'y a pas d'intervention chimique plus spécifique et plus logique.

20. as early as 21. is activated 22. whatever the manner in which 23. causé 24. for one thing...and for another... 25. this all the more so since they are performed belatedly 26. the very idea 27. diminuera 28. la flexibilité 29. se fonde 30. at the level 31. brain 32. receiving cells

-- C'est là le principe de votre méthode...intervenir au dernier moment?

-- J'ai parlé de seconde génération de contraceptifs. J'entends par là (33) des méthodes qui s'appuient non plus sur des données (34) uniquement physiologiques, mais sur la connaissance des mécanismes d'action des hormones. Notre procédé s'appuie sur les acquis (35) de la biologie des années 70. La progestérone est une hormone, une molécule indispensable à la préparation de la grossesse. Il ne peut y avoir d'implantation d'un oeuf fécondé, c'est-à-dire du jeune embryon qui vient de la trompe et arrive dans l'utérus, si la paroi de celui-ci n'a pas été préparée par la progestérone.

La progestérone est charriée (36) par le sang. Elle arrive dans les cellules (37) de l'utérus et, là, elle rencontre une macromolécule, une protéine particulière. Elle s'introduit dans un site de cette protéine, à la manière d'une clef (38) dans une serrure (39). Cette clef va déclencher une activité des cellules de la paroi de l'utérus qui permettra à l'oeuf fécondé de se maintenir et de se développer. Si on trouve un composé chimique qui remplace la progestérone, au niveau du récepteur, sans pour autant déclencher (40) les mécanismes qui rendent possible l'implantation de l'oeuf, alors ce dernier se décrochera (41), et cet antiprogestérone-- véritable fausse clef dans la cellule réceptrice-- fonctionnera comme un abortif.

[...]

-- Cette nouvelle contraception va-t-elle révolutionner le comportement des femmes? N'allez-vous pas, aussi, provoquer une véritable guerre des pilules?

-- La réussite scientifique est une chose, le succès commercial une autre. La concurrence (42) est très forte. Le succès d'une invention dépend beaucoup de la politique commerciale des firmes. Cette nouvelle méthode va-t-elle devenir la méthode no 1? Probablement, oui. D'une part, elle va supprimer (43) bon nombre d'avortements chirurgicaux. D'autre part, un certain nombre de femmes préféreront prendre régulièrement, à la place de la pilule classique, ce régulateur de fin de cycle, pendant deux à quatre

33. I mean by this 34. data 35. acquired knowledge
36. transportée 37. cells 38. key 39. lock 40. without activating for all that 41. se détachera
42. competition 43. to suppress

8

jours seulement! Il n'y aura pas de problème d'oubli comme avec la pilule traditionnelle. Rien ne deviendra dramatique. La méthode a une grande souplesse. Si on a oublié, on se rattrape (44). Mais je n'ai pas à décider à la place des femmes. Ce sont elles qui décideront elles-mêmes du sort (45) de ce nouveau moyen contraceptif. Les scientifiques fabriquent (46) des centrales nucléaires (47), des machines électroniques,des pilules, et les gens en disposent (48) comme ils le veulent. Et, quand je dis les gens, il serait plus exact de dire les sociétés, car le contrôle de la démographie est un phénomène très largement et très profondément social. Il a des fondements (49) historiques que nous sommes, aujourd'hui encore, bien incapables de saisir (50). Cela dit, biologiquement (et après tout, je suis un médecin biologiste), j'ai fait mon travail. Et je peux dire que je suis assez heureux de ce travail.

44. one catches up   45. le destin 46. construisent
47. nuclear power stations   48. les utilisent   49. foundations   50. comprendre

Dominique Pignon, «La Pilule à tout faire», L'Express, 30 avril 1982. Extraits.

Pratique du vocabulaire

A. Un bon nombre de termes médicaux anglais sont d'origine latine. En conséquence, ils sont semblables aux termes français. Trouvez dans le texte une douzaine de ces mots apparentés médicaux.

B. Trouvez dans le texte un mot de la même famille que:

1. avorter:	5. utérin:
2. la conception:	6. règler:
3. la fécondation:	7. saigner:
4. gros:	8. la chirurgie:

C. Complétez les phrases suivantes à l'aide de la forme correcte des mots de la colonne de droite en vous inspirant du texte. Faites tous les

9

changements nécessaires.

1. Le RU-486 est une nouvelle _____ anticonceptionnelle.
2. Cette femme emploie un contraceptif car elle ne veut pas de _____.
3. _____ est une méthode d'avortement.
4. Une femme sait qu'elle est _____ soit sur retard de ses règles, soit après un test.
5. La pilule du docteur Baulieu empêche l'implantation de l'oeuf fécondé dans _____.
6. _____ se forment dans les ovaires, descendent par _____ et arrivent dans l'utérus.

enceinte
les trompes
une pilule
la grossesse
un ovule
un curetage
la paroi de
l'utérus

D. Parmi les mots de la liste de vocabulaire et les mots apparentés que vous avez trouvés, choisissez-en six avec lesquels vous ferez six phrases qui expriment clairement le sens de ces mots.

Questions sur le texte

1. Qu'est-ce que le docteur Etienne-Emile Baulieu vient de mettre au point?
2. Quelles sont les deux manières dont cette méthode de contraception peut être utilisée?
3. Expliquez comment une femme peut employer ce produit comme régulateur de règles.
4. Expliquez comment une femme peut se servir du RU-486 pour sa propriété abortive.
5. Quelle est l'opinion du docteur Baulieu sur l'avortement?
6. Selon lui, quel est l'avantage de sa pilule sur l'avortement mécanique?
7. Comment la pilule de Pincus agit-elle?
8. Sur quels mécanismes la pilule de Baulieu agit-elle?
9. Quel est le rôle de la progestérone dans la grossesse?
10. Expliquez le rapport entre le RU-486 et la progestérone.
11. Dites pourquoi la pilule RU-486 fonctionne comme un abortif.
12. Pourquoi ce nouveau produit va-t-il peut-être

bouleverser le comportement des femmes dans le domaine de la contraception?

13. D'après E.-E. Baulieu, à quel phénomène social est lié l'avenir de sa pilule?

Echange d'opinions

1. Pensez-vous que les femmes devraient avoir le contrôle de leur propre fertilité (contraception et abortion) en dehors des institutions médicales?

2. Comment réagissez-vous à l'idée de l'emploi du RU-486 avant les règles, en fin de cycle, dans le cas où une grossesse aurait lieu?

3. Pensez-vous qu'il est préférable de prendre une pilule qui bloque l'ovulation ou une pilule qui empêche le maintien de l'oeuf fécondé dans l'utérus? Quels sont les avantages et les inconvénients de chaque méthode?

4. Question facultative
   a) pour les femmes: est-ce que vous utiliseriez la pilule RU-486 comme régulateur du cycle?
   b) pour les hommes: est-ce que vous seriez d'accord pour que votre partenaire sexuelle emploie cette nouvelle méthode?

Activité
(En grands groupes ou toute la classe ensemble)

Interrogez quatre ou cinq personnes de votre connaissance, hommes et femmes et si possible d'appartenances religieuses différentes, sur leurs opinions envers la contraception. Rapportez à vos camarades de classe les propos que vous avez recueillis.

II. LA CONTRACEPTION EN FRANCE EN 1978

Etude du vocabulaire topique

une consultation médicale: medical advice; visit to a physician's office
un dispositif intra-utérin = un D.i.u. = un stérilet: IUD
le retrait: withdrawal
un préservatif: condom
une gelée: vaginal foam or anti-spermatazoa jelly
un ovule spermicide: spermicidal oval or suppository
un lavage: washing
une injection: douche
subir (une stérilisation, une opération): to undergo
concevoir: conceive
les rapports sexuels: sexual relations
prescrire: to prescribe
un anovulatoire: oral contraceptive

Si les changements rapides qui ont affecté la fécondité en France depuis 1964 sont bien connus des démographes et du public, l'évolution non moins importante des pratiques contraceptives au cours de la même période n'a pas encore été décrite avec la même précision. Avec l'adoption de la «loi Neuwirth» [1] en 1967, qui avait ouvert une première brèche (1) dans la loi de 1920 [2], puis le vote de la loi sur l'interruption volontaire de grossesse [3] en décembre 1974, et la décision de prise en charge (2) par la Sécurité sociale [4] au 1er janvier 1975 du coût (3) de la contraception (produits nécessaires et consultations médicales), tout le contexte juridique de la contraception et de l'avortement s'est trouvé bouleversé. D'autre part, avec l'apparition de la contraception hormonale en 1964, puis celle de nou-

---

1. une ouverture 2. assuming the expenses 3. cost

12

veaux dispositifs intra-utérins dans les années suivantes, ce sont les moyens (4) de la contraception qui se sont trouvés complètement renouvelés.
[...]
   La décision qui avait été prise d'effectuer (5) en France, vers 1978, une enquête (6) dans le cadre (7) du projet coopératif international d'Enquête Mondiale sur la Fécondité, nous a donc conduits à orienter celle-ci plus spécifiquement sur les pratiques contraceptives. L'enquête a été réalisée conjointement par l'INED et l'INSEE (Institut National de la Statistique et des Etudes Economiques) auprès d'un échantillon (8) représentatif national d'environ 3000 femmes âgées de 20 à 44 ans au 1er janvier 1978.
[...]

Les pratiques contraceptives

RESULTATS D'ENSEMBLE. Le principal résultat de l'enquête est de montrer que la contraception dite «moderne» (pilule et stérilet) est aujourd'hui largement répandue (tableau)

   La pilule est, en effet, la méthode contraceptive la plus utilisée: 28% des femmes de 20 à 44 ans utilisaient la pilule au moment où elles ont été interrogées (9), et le stérilet arrive au troisième rang (10) avec 9%. Notons toutefois que le retrait est encore très largement pratiqué, puisqu'il vient en second rang avec 18% des couples.
   Au total, 68% des femmes de 20 à 44 ans utilisent une méthode contraceptive dont 37% (un peu plus de la moitié) une méthode moderne.
   A ces chiffres (11), il convient d' (12) ajouter 4% de femmes ayant subi une stérilisation pour des raisons au moins partiellement contraceptives. Ainsi, plus de 72% de l'ensemble (13) des femmes de 20 à 44 ans pratiquent une méthode de limitation des naissances.
   Mais qui sont les 28% de femmes qui déclarent ne pratiquer aucune forme de contraception? Sont-elles en majorité «exposées au risque» de concevoir sans

4. les méthodes   5. to carry out   6. survey   7. within the framework   8. sample   9. questionnées   10. rank   11. figures   12. it is advisable   13. la totalité

13

Les pratiques contraceptives

Resultats d'ensemble.   Le principal resultat de l'enquête est
de montrer que la contraception dite
<< moderne >> (pilule et sterilet) est
aujourd'hui largement repandue (tableau)

TABLEAU -- METHODE CONTRACEPTIVE ACTUELLE SELON L'AGE, EN %.
(ENSEMBLE DES FEMMES AGEES DE 20 A 44 ANS).

	Age au 1.1.1978					Tous âges
	20-24	25-29	30-34	35-39	40-44	
Pilule	38,3	35,2	30,4	20,5	9,8	27,9
Sterilet	2,0	10,9	13,4	11,5	6,4	8,9
Retrait	11,6	13,7	18,8	22,3	28,0	18,3
Preservatif	3,5	4,6	5,9	6,2	6,3	5,2
Continence périodique	3,5	4,4	4,3	7,3	9,7	5,6
Autres (a) et inconnue	0,3	2,5	1,6	2,9	4,0	2,2
Total	59,2	71,3	74,4	70,6	64,1	68,1
Aucune méthode	40,8	28,7	25,6	29,4	35,9	31,9
Sterilisation contraceptive	0,5	1,0	4,6	9,4	6,9	4,1
Sterilisation non contraceptive	0,1	0,3	1,5	6,4	9,9	3,2
Stérile	0,3	0,1	1,6	1,2	4,5	1,4
Enceinte	9,6	6,0	4,5	1,0	0,4	4,6
Seule (sans partenaire regulier)	18,0	9,7	4,1	4,1	6,3	8,7
Autres: -- veulent encore un enfant	9,9	8,7	7,3	2,6	0,6	6,2
-- ne veulent plus d'enfant	2,4	3,0	1,9	4,7	7,4	3,7
Total	100,0	100,0	100,0	100,0	100,0	100,0
Nombre total de femmes dans la population (en milliers)	2073	2128	1755	1400	1543	8899

(a) Diaphragmes, gelées et ovules spermicides : 0.8 % des
20-44 ans. Lavage, injection : 0.9 %.

l'avoir désiré? La réponse est négative. En effet, sur ces 28 femmes, cinq ne peuvent plus concevoir du fait (14) de leur stérilité ou d'une stérilisation subie pour des raisons médicales; cinq sont enceintes; et neuf déclarent n'avoir aucun partenaire. Ainsi peut-on ramener à environ 10% la proportion de femmes exposées au risque de concevoir et n'utilisant aucune méthode contraceptive. Comme (15) plus de 6% ont déclaré vouloir encore un enfant, c'est finalement moins de 4% de l'ensemble des femmes de 20 à 44 ans qui n'utilisent aucune méthode contraceptive bien qu'elles risquent de concevoir et ne le souhaitent pas. Il s'agit là d'un résultat important, qui montre que la diffusion (16) de la contraception est proche de son maximum (bien que, parmi les femmes enceintes se trouvent probablement des femmes devenues enceintes sans l'avoir souhaité, parce qu'elles n'utilisaient pas de méthode contraceptive).
[...]

Méthodes contraceptives utilisées selon les caractéristiques socio-culturelles

Les pratiques contraceptives varient-elles selon les milieux (17)? En particulier la diffusion des méthodes contraceptives dites «modernes» est-elle générale ou limitée à certaines catégories sociales? Nous allons tenter (18) de répondre à ces deux questions.
[...]
LA PILULE. En moyenne 33% des femmes de 20 à 44 ans «soumises (19) au risque» utilisent la pilule.

La fréquence d'utilisation de la pilule est minimum chez les couples d'agriculteurs (20) et de salariés agricoles (21) (21%). En outre (22), elle est faible (23) chez les femmes qui affirment nettement (24) leurs sentiments religieux (27%). Enfin, les femmes utilisent moins la pilule aux niveaux (25) d'instruction les plus faibles (25)-- diplôme au plus égal au certificat d'études primaires [5]

A l'opposé (26), la fréquence d'utilisation de la

14. à cause 15. puisque 16. la vulgarisation 17. l'environnement 18. essayer 19. exposées 20. farmers 21. farm hands 22. besides 23. petite 24. clairement 25. the lowest levels 26. au contraire

pilule est la plus forte chez les femmes titulaires des diplômes élevés (27) (41% chez les titulaires du baccalauréat [6] ou d'un diplôme supérieur). Elle est un peu plus importante dans les grandes villes, particulièrement dans la région parisienne (37%). Hormis (28) ces cas extrêmes (niveau d'instruction élevé, agriculteurs-salariés agricoles, «religion très importante») qui représentent d'ailleurs (29) une faible fraction de la population, on notera une remarquable homogénéité dans les fréquences d'utilisation de la pilule:

-- le milieu rural (29%) diffère peu des unités urbaines de 100 000 habitants ou plus (37%);

-- le nord de la France (33%) ne diffère guère (30) du sud (30%);

-- les femmes d'ouvriers (31) ou d'employés de service (33%) utilisent autant la pilule que celles de cadres moyens (32) ou d'employés, ou que celles dont le conjoint (33) est industriel ou exerce une profession libérale (34%). [...]

On retrouve ce même genre de résultat lorsqu'on considère l'activité professionnelle de la femme: qu'elle ait ou n'ait pas travaillé dans le passé, qu'elle travaille ou ne travaille pas à la date de l'enquête, la fréquence d'utilisation de la pilule est sensiblement (34) la même. Si, dans le passé, l'activité professionnelle des femmes a joué un rôle propagateur (35) en matière (36) de diffusion de la contraception moderne, [...] ce rôle est devenu très faible maintenant.

LE DISPOSITIF INTRA-UTERIN. La diffusion du stérilet diffère nettement de celle de la pilule. En premier lieu (37), sa fréquence d'utilisation est nettement inférieure à celle de la pilule: 11,7% de l'ensemble des femmes «soumises au risque» contre 32,9%. Nous reviendrons sur ce point en fin d'exposé.

Mais on constate aussi une plus forte (38) amplitude des écarts (39) entre catégories sociales.

Comme pour la pilule, l'usage du stérilet est minimum chez les couples d'agriculteurs ou de salariés agricoles (7,3%).

27. holding advanced degrees   28. à l'exception de 29. moreover   30. à peine   31. factory workers   32. middle management   33. le mari   34. perceptibly   35. propagative   36. dans le domaine   37. in the first place   38. grande   39. des différences

Il est au contraire maximum en région parisienne (18,2%), chez les femmes titulaires des diplômes les plus élevés (15,5%) et parmi les catégories socio-professionnelles les plus favorisées, (14,4%).

Certaines caractéristiques ont peu d'influence sur la proportion d'utilisation du stérilet :

-- la catégorie urbaine ou rurale de résidence (mises à part (40) les unités urbaines de 100 000 habitants ou plus) et la région (mise à part la région parisienne);

-- l'activité professionnelle de la femme;

-- la religion: les sentiments religieux ne semblent pas un obstacle à l'usage (41) du stérilet, contrairement à ce qui a été constaté (42) pour la pilule.

Cette constatation peut s'expliquer de diverses manières: en premier lieu, l'Eglise a pris position plus clairement et plus fréquemment sur l'usage de la pilule que sur l'usage du stérilet. En second lieu, si la pilule peut garder une mauvaise «réputation» due au (43) contexte de libération sexuelle lié à (44) sa diffusion et au fait qu' (45) elle facilite les rapports sexuels avant mariage--femmes nullipares (46)--, il n'en est pas de même du stérilet perçu plus généralement comme une contraception à laquelle les couples mariés ont recours (47) une fois acquise la descendance souhaitée (48). Enfin, les médecins ont tendance à ne pas prescrire le stérilet en deça d' (49) un certain nombre de grossesses, et ceci quel que soit (50) le milieu socio-culturel.

40. set aside 41. l'utilisation 42. established 43. owing to 44. attaché à 45. due to the fact that 46. sans enfants 47. emploient 48. once the desired number of children has been reached 49. au-dessous de 50. and this whatever...may be

Henri Leridon et Jean-Paul Sardon, «La Contraception en France en 1978. Une enquête INED-INSEE», Population, numéro spécial 1979. Extraits.

[1] Cette loi, relative à la régulation des naissances, autorise la vente de produits, médicaments ou objets contraceptifs en pharmacie sur prescription médicale. Les centres de planification familiale sont autorisés à délivrer des contraceptifs gratuitement, sur prescription médicale, aux mineurs désirant

garder le secret.

[2] Par cette loi, quiconque avait procuré ou tenté de procurer l'avortement et toute femme qui avait avorté ou cherché à avorter, était condamnable à une peine de prison et à une amende.

[3] Cette loi autorise une femme enceinte que son état place dans une situation de détresse à demander un avortement avant la dixième semaine de grossesse. Dans le cas d'une mineure célibataire, le consentement d'une personne exerçant l'autorité parentale est requis. L'avortement pour motif thérapeutique peut être pratiqué à toute époque.

[4] Les frais de la contraception sont remboursés par la Sécurité sociale. Depuis septembre 1982, une loi permet le remboursement de l'avortement par la Sécurité sociale.

[5] Diplôme donné à la suite d'un examen passé en fin d'études par les enfants qui n'allaient pas à l'école secondaire, lorsque la scolarité n'était obligatoire en France que jusqu'à l'âge de quatorze ans.

[6] Dilpôme donné à la suite d'examens qui terminent les études secondaires.

Pratique du vocabulaire

A. Trouvez dans le texte au moins cinq termes médicaux ou scientifiques apparentés aux termes anglais.

B. Donnez des verbes qui correspondent aux noms suivants:

1. une consultation:
2. un dispositif:
3. un retrait:
4. une gelée:

5. un ovule:
6. un préservatif:
7. un lavage:
8. une injection:

C. Complétez le paragraphe suivant en vous inspirant du texte et en vous servant des explications données entre parenthèses:

D'après l'enquête de l'INED et l'INSEE, la

méthode de contraction la plus fréquemment
pratiquée est _____ (méthode qui empêche
l'ovulation). Beaucoup de Français emploient
aussi _____ (action de se retirer avant
l'éjaculation). En troisième place vient _____
(contraceptif qui est introduit par le cervix dans
l'utérus). Les couples utilisent aussi _____
(contraceptifs qui se fixent sur le pénis) ou
_____ et _____ (produits pharmaceutiques) ou _____
(lavage du vagin).

D. Faites trois phrases claires et précises avec les
verbes suivants : prescrire, subir, concevoir.

Questions sur le texte

1. Quelles sont les lois françaises qui ont facilité
la contraception et l'avortement?
2. Quelles inventions médicales ont renouvelé les
méthodes du contrôle des naissances?
3. En vous servant du tableau, donnez en ordre de
fréquence d'utilisation les cinq pratiques anti-
conceptionnelles les plus employées.
4. Pourquoi certaines femmes ne pratiquent-elles
aucune forme de contraception?
5. A quoi correspond le pourcentage de 4%?
6. Quelle conclusion les auteurs tirent de cette enquête
tirent-ils de ce pourcentage?
7. Dans quels groupes l'emploi de la pilule est-il
le plus faible?
8. D'une façon générale, qu'est-ce qu'on peut noter
sur sa fréquence d'utilisation?
9. En ce qui concerne l'usage de la pilule, quelle
différence y a-t-il entre les femmes qui
travaillent et celles qui ne travaillent pas?
10. Dans quels groupes l'utilisation du stérilet est-
elle la plus grande?
11. Comment les auteurs expliquent-ils que la
religion ne soit pas un obstacle à l'emploi du
stérilet alors qu'elle en est un à l'usage de la
pilule?
12. Pourquoi la pilule a-t-elle mauvaise réputation
parmi les catholiques?

Echange d'opinions

1. Etes-vous pour ou contre la contraception?

19

Pourquoi?

2. Quelle méthode contraceptive vous semble la meilleure et pour quelles raisons?

3. Pensez-vous que la contraception est la responsabilité des femmes, ou des hommes, ou des deux sexes?

4. Croyez-vous que les adolescents, garçons et filles, devraient être éduqués en matière de contraception?

5. Etes-vous d'avis que les institutions médicales devraient informer les parents des adolescentes à qui le médecin prescrit des moyens contraceptifs?

Activité
(Jeu dramatique professionnel; groupes de deux étudiants)

Vous êtes infirmier/ère, médecin ou conseiller/ère du planning familial. Une femme qui veut éviter une grossesse vient vous voir. Imaginez la situation (âge, situation familiale, milieu social, etc.) et le dialogue. Que lui conseillez-vous et pourquoi?

Dossier 2

L'Avortement

Etude du vocabulaire topique

avorter: to abort
un/e mineur/e: someone under age
tomber sous le coup de la loi: to come under the law
prendre en charge: to take charge of
un viol: a rape
les devoirs conjugaux: marital duties
les moyens (m.): means
la culpabilisation: action of making someone feel guilty
la culpabilité: guilt
coupable: guilty
réglementer: to regulate
exiger: to demand
anodin/e: harmless
un partisan: supporter
recourir à: to resort to
un test de grossesse: pregnancy test
les délais (m.) de l'avortement légal: time required by law
une fausse couche: miscarriage
faire une fausse couche: to miscarry

Nous sommes toutes des avortées dans nos têtes [1]

Centrée sur la réappropriation de leur corps par les femmes et sur leur liberté de décider, la campagne en faveur de la libération de l'avortement a pu se donner des objectifs précis : abrogation de la loi de 1920, avortement libre et gratuit y compris (1) pour les mineures, remboursement par la Sécurité sociale. En ce sens, elle a constitué, au-delà de

1. including

débats de tendances (2) rendus plus aigus (3) par l'ampleur (4) de la mobilisation, un pôle unificateur du mouvement des femmes, à un moment donné de son développement.

Mais s'il a pu jouer ce rôle, c'est que l'avortement n'a jamais été envisagé (5) dans le mouvement, sous le seul angle du problème social à résoudre. L'avortement est avant tout une expérience --effective ou potentielle--qui détermine le vécu (6) de toutes les femmes et au premier chef (7) leur rapport à leur corps, à leur sexualité et à la maternité. Le fait qu'un certain nombre des signataires (8) du Manifeste des 343 [2] n'aient pas elles-mêmes connu la matérialité d'un avortement est, sur ce point, très significatif. Il y a là plus qu'un acte militant, de solidarité avec d'autres femmes tombant, pour avoir avorté, sous le coup de la loi. Par là, elles attestent que le fait de devoir avorter concentre sous une forme extrême, tous les aspects de l'oppression spécifique des femmes.

-- l'«obligation maternelle» qui explique le refus de généraliser la contraception et de développer l'éducation sexuelle; obligation qui contraint paradoxalement les femmes à l'avortement.

-- la dépendance matérielle et psychologique qui conduit les femmes à préférer avorter plutôt que de prendre en charge, seules et sous la réprobation sociale généralisée, la vie d'un enfant.

-- la soumission de la femme au pouvoir (9) sexuel de l'homme: soit (10) qu'il lui faille avorter à la suite d'un viol (qualifié ou légalement subi dans le cadre des devoirs conjugaux qui lui sont imposés), soit (10) qu'il lui faille assumer seule les conséquences d'une relation sexuelle voulue par les deux partenaires.

-- l'isolement (11) matériel et moral (12): la femme devant la plupart du temps prendre seule la décision d'avorter, et en trouver seule les moyens.

-- la culpabilisation: l'avortement étant vécu (13) comme la punition du plaisir auquel, en tant que (14) femme, elle n'a pas légitimement droit, etc...

Avec le risque de mort qu'il comporte (15), l'avortement pousse à la limite l'aliénation quoti-

2. discussions inspirées par des idéologies 3. intenses 4. breadth 5. considéré 6. l'expérience de la vie 7. essentiellement 8. signers 9. power 10. ou...ou... 11. la solitude 12. émotionnel 13. experienced 14. as a 15. involves

dienne (16) des femmes. De nombreux récits et témoignages (17) publiés dans la presse féministe ou
sous formes de dossiers soulignent (18) l'identité
profonde de situations psychologiques de la femme qui
avorte et de la femme qui élève dans la dépendance et
l'isolement des enfants compensation/punition. L'ambivalence de la relation à l'enfant est l'exact ré-
pondant (19) de l'ambivalence caractéristique du
rapport des femmes voulant/ne voulant pas avorter.
En ce sens, il n'y a pas de dissociation possible du
problème de l'avortement de l'ensemble des aspects de
l'oppression des femmes et la lutte (20) pour
l'avortement fait partie intégrante (21) de la lutte
pour la libération des femmes. Même si le mouvement
des femmes a vu se développer en son sein (22) des
courants antagoniques (23) quant à (24) la conception
même de l'émancipation et quant à la stratégie à
mettre en oeuvre (25) pour la réaliser, on ne trouve
aucune dissonance sur ce point. Ainsi les Journées
de Dénonciation des Crimes contre les Femmes tenues à
l'initiative du M.L.F. [3] les 13-14 mai 1972 et qui
en marquèrent l'apogée (26), bien qu'elles aient été
initialement centrées en priorité sur l'avortement,
manifestèrent au plus haut point cette unité de l'oppression des femmes et la nécessité d'une émancipation globale qui lui correspond.

Emancipation contre Permissivité : le refus de la
                banalisation de l'avortement

...Le Mouvement des Femmes--et chacune de ses com-
posantes--ne réclame (27) pas l'ajustement du droit
(28) à la réalité: il entend (29) poser un principe.
Ce n'est pas parce que les avortements clandestins
sont une plaie sociale (30) qu'il est nécessaire de
les autoriser, mais parce qu'il n'y a pas de liberté
pour les individus sans libre disposition de leur
corps. Ce que l'appel du M.L.A. souligne d'emblée:

    Le Mouvement pour la Liberté de
    l'Avortement (M.L.A.) est un mouvement
    pour la liberté: sans la liberté de

16. de tous les jours 17. testimonies 18. underline
19. la correspondance 20. struggle 21. is part and
parcel 22. within itself 23. antagonistes 24. with
regards to 25. to implement 26. peak 27. require
28. law 29. intends 30. social evil

disposer (31) de leur corps, il n'y a pas
de liberté pour les femmes: l'interdiction de l'avortement doit être levée pour
que les femmes aient la liberté la plus
élémentaire, celle dont les hommes disposent de plein droit (32) [...]
Il ne s'agit nullement de légaliser un
état de fait, mais d'obtenir la reconnaissance (33) de notre droit. (Le Torchon Brûle, no 1) [4]

Il ne saurait (34) donc être question d'accepter
une demi-mesure. L'autorisation des avortements
thérapeutiques, en impliquant (35) que la loi peut
être améliorée (36), légitime (37) en même temps
l'existence d'une législation en la matière, dans un
domaine qui ne doit relever (38) que de la libre
décision des intéressées.

Permettre aux femmes d'avorter seulement
dans les cas «exceptionnels» ou «dramatiques», c'est refuser à l'ensemble des femmes (39) le droit de décider
de leurs grossesses, c'est donner à
d'autres le droit souverain de trancher
sur (40) notre vie [...]
Aucune modification de la loi ne peut
être bonne puisqu'elle règlementerait
encore la libre disposition que font les
gens de leurs corps.
(Appel du M.L.A.)

La libéralisation de l'avortement, sans condition,
n'est pas réclamée comme disposition de sauvegarde
permettant de faire face aux problèmes posés par une
grossesse non désirée: elle est exigée comme une
liberté concrète élémentaire.
Mais cette perspective n'est jamais avancée sans
que soit souligné le fait que l'avortement ne saurait
être considéré comme un acte anodin. Quelles que
soient (41) les conditions dans lesquelles il a lieu,
il est toujours un traumatisme physique et psychologique, une expérience tragique qu'aucune femme ne

31. avoir le contrôle 32. are fully entitled 33.
recognition 34. il ne peut pas 35. by implying 36.
improved 37. justifie 38. appartenir à 39. les
femmes en général 40. décider de 41. whatever...are

peut aborder (42) sereinement (43). D'où (44) la
vigueur avec laquelle le M.L.F., le M.L.A., puis le
M.L.A.C. [5], et toutes les tendances organisées du
Mouvement des Femmes se sont opposées à l'argument
selon lequel la libération totale serait «la porte
ouverte à tous les abus».

> Il est vraiment comique que l'on puisse
> condamner l'exigence d'une des libertés
> les plus élémentaires sur la seule consi-
> dération des abus que l'on peut en faire!
> Nous avons bien là la preuve que l'on
> nous considère comme des êtres totalement
> irresponsables, ce qui revient à (45)
> dire que nous sommes tout juste assez
> «mûres» (46) (sic) pour adopter les
> thèses des partisans de l'avortement
> thérapeutique!
> (Le Torchon Brûle no 1. Non, nous ne
> sommes pas des fanatiques de
> l'avortement)
> [...]

En toute hypothèse, jamais aucun courant (47) du
Mouvement des Femmes--y compris ceux qui étaient
activement partie prenante (48) du M.L.A.C.--n'ont
laissé planer (49) d'ambiguïté quant à leur position
sur l'avortement. Ce que les femmes en lutte réclament, ce n'est pas la banalisation de l'avortement, mais la disparition de l'avortement. La liberté d'avorter est une liberté élémentaire, qui
correspond à la situation actuelle d'oppression des
femmes. Mais aucune femme ne devrait avoir à s'en
servir, de même que la légitime défense--le droit de
tuer pour défendre sa propre vie--est une liberté
élémentaire à laquelle aucun individu ne saurait
aspirer à recourir, sauf perversion grave. Position
qui se concrétise dans le point de vue selon lequel
l'avortement ne saurait être considéré comme une
technique de contrôle de la reproduction.

42. approcher 43. avec sérénité 44. hence 45.
which amounts to 46. barely mature enough 47. une
tendance 48. supporting 49. to linger

François Isambert et Paul Ladrière,
Contraception et avortement; dix ans de débat dans la
presse, 1965-1974, éd. du CNRS, 1979. Extraits.

[1] Toutes les femmes font l'expérience de l'oppression sexiste concentrée dans l'avortement sous une forme extrême.

[2] Le 5 avril 1971 paraît dans le journal Le Monde le texte d'un manifeste signé par 343 femmes déclarant avoir avorté. Parmi les signataires se trouvent des femmes célèbres telles Simone de Beauvoir, Christiane Rochefort et Gisèle Halimi.

[3] Le Mouvement de Libération des Femmes

[4] Titre d'un journal collectivement élaboré par des groupes de militantes du M.L.F.. Ce titre (the dishrag is burning) reprend une locution familière qui signifie une querelle entre des personnes. Dans le contexte du M.L.F., le mot «torchon» est une allusion ironique à l'inégalité des femmes condamnées aux travaux domestiques.

[5] Le Mouvement pour la Liberté de l'Avortement et de la Contraception.

Pratique du vocabulaire

A. Un suffixe est un élément placé après une racine pour former un dérivé. Le suffixe - ation (-cation) ajouté à la racine d'un verbe donne un nom indiquant une action. Ces noms sont toujours féminins. Ex.: provoquer, une provocation. Quels sont les noms dérivés des verbes ou participes passés suivants tirés du texte:

1. attester:
2. expliquer:
3. qualifié:
4. publier:

5. réclamer:
6. impliquer:
7. amélioré:
8. réglementer:

B. Traduisez en anglais les noms que vous avez obtenus dans l'exercice A.

C. Donnez les antonymes de:

1. être majeur/e:
2. innocent/e:
3. l'innocence:
4. libéraliser:

5. un adversaire:
6. défendre:
7. noctif/ve:

28

D. Faites des phrases précises et claires avec les mots ou expressions suivants:

un viol; les moyens; recourir à; une fausse couche; exiger; les délais.

Questions sur le texte

1. Enumérez les objectifs de la campagne en faveur de la libéralisation de l'avortement.
2. Pourquoi l'expérience--effective ou potentielle-- de l'avortement affecte-t-elle toutes les femmes?
3. Les auteurs donnent cinq aspects de l'oppression des femmes et les relient à l'avortement. En quel sens «l' obligation maternelle» est-elle oppressive? Pourquoi peut-elle mener à l'avortement?
4. Expliquez en quoi consiste la dépendance matérielle et psychologique des femmes. Comment pousse-t-elle les femmes à choisir d'avorter?
5. Dans quels cas la femme est-elle opprimée par l'homme dans sa sexualité?
6. Comment la femme peut-elle être la victime des conditions matérielles et émotionnelles créées par la société lorsqu'elle se trouve enceinte et désire avorter?
7. Comment la femme peut-elle être la victime des tabous moraux de la société lorsqu'elle est enceinte?
8. A quoi correspond l'ambivalence des femmes voulant/ne voulant pas avorter?
9. Pourquoi la question de l'avortement souligne-t-elle le fait que toutes les femmes sont opprimées d'une façon ou d'une autre?
10. Quel est le principe essentiel posé par le M.L.F., qui est la base même de la liberté de tout individu, femme et homme?
11. Dites pourquoi le M.L.A. refuse l'existence d'une législation autorisant les «avortements thérapeutiques»?
12. Quel jugement les membres du M.L.F., du M.L.A. et du M.L.A.C. portent-ils sur l'avortement?
13. Que réclament les femmes?
14. Qu'est-ce qui peut permettre d'obtenir cette disparition?

Echange d'opinions

1. Pensez-vous que la décision d'avorter devrait être libre, y compris pour les mineures? Ou bien estimez-vous que certaines clauses restrictives devraient être attachées à la liberté d'avorter?

2. Etes-vous d'accord que l'avortement devrait être soit gratuit, soit totalement remboursé par la Sécurité sociale?

3. Quelle est votre opinion sur la déclaration suivante: «L'avortement est une expérience--effective ou potentielle--qui détermine le vécu de toutes les femmes»?

4. Partagez-vous l'avis selon lequel toutes les femmes qui luttent contre l'oppression sexiste devraient aussi s'unir pour libéraliser l'avortement puisque «le fait de devoir avorter concentre, sous une forme extrême, tous les aspects de l'oppression spécifique des femmes»?

5. Quelles différences voyez-vous entre le point de vue des féministes américaines sur l'avortement et celui des féministes françaises?

Activité

Interviewez au moins une demi-douzaine de personnes, hommes et femmes, si possible d'âges différents, sur la question de la liberté et de la gratuité de l'avortement et rapportez leurs opinions. Essayez de classer les arguments présentés en catégories (philosophiques, religieuses, émotionnelles, matérielles, etc.).

II. AVORTEMENT ET EUGENIQUE

Etude du vocabulaire topique

l'eugénique (f.): eugenics
éliminer: to eliminate, to weed out
un/e inapte: unfit person
permettre: to allow, to make sth. possible
la survie: survival
un/e faible: weak person
supprimer: to supress, to put an end to
meurtrier: (a) murderous, deadly
         (n) murderer
un/e survivant/e: survivor
l'espèce (f.): species
le refus: refusal
la volonté: will
un/e fort/e: strong person
autrui: others, another person
le meurtre: murder
diminuer: to diminish, to reduce
l'orthogénisme (m.): orthogenics
mal venu/e : puny
une tare : physical taint
sain/e : healthy
la curette : curette
le bien : well-being
le peuplement : population
une épidémie : epidemics
la planification des naissances : family planning

Depuis <u>l'orée</u> (1) des temps, la sélection
naturelle élimine les inaptes et permet l'expansion
des meilleurs dans un environnement déterminé. La
médecine scientifique, dès la fin du siècle dernier,
et surtout depuis la fin du récent conflit mondial, a

1. le commencement

31

permis la survie des faibles et, en supprimant les meurtrières <u>pandémies</u> (2), elle a multiplié les «survivants». La guerre elle-même, qui <u>servait de</u> (3) régulateur à l'espèce et qui éliminait les agressifs, ne joue plus son rôle quantitatif et qualitatif.

Le refus d'abandonner la médecine, le refus d'<u>avoir recours à</u> (4) la guerre, la volonté d'adapter notre intelligence à la survie de l'espèce conduisent nécessairement à une limitation volontaire de la population mondiale; à une limitation quantitative, mais aussi à une régulation qualitative de celle-ci, ce qui implique une sélection.

Nous voici donc confrontés au problème de l'eugénique humaine: le contrôle de l'hérédité est admis par la plupart mais les moyens en sont <u>violemment</u> (5) refusés. L'homme est en effet un prédateur, mais un prédateur repenti. Il ne se reconnaît pas le droit de vie ou de mort--sauf en temps de guerre, bien entendu. Entre le faible et le fort, il a <u>une propension</u> (6) acquise à choisir le faible. Il ne se reconnaît pas la capacité de choisir pour autrui, d'accepter le meurtre calculé. Sauver l'espèce, oui, bien sûr... mais l'homme désire également sauver son <u>âme</u> (7). Alors voici qu'il redécouvre l'arithmétique: nous allons diminuer, dit-il, la souffrance du monde. Et il crée l'orthogénisme. Il s'agit encore de prévention. Si la pilule agit avant toute fécondation, le stérilet agit après, mais il s'agit d'<u>une telle précocité d'intervention</u> (8) que nul ne pense à s'alarmer pour une question d'oeuf: la nature est <u>gaspilleuse</u> (9) et <u>le gaspillage</u> (10) lui-même est orthogénique.

La contraception ayant <u>fait la preuve</u> (11) de son inefficacité sur les grands nombres, il faut <u>reporter</u> (12) l'action. Intervenant un peu plus tard, l'avortement <u>bénéficie de</u> (13) l'échec contraceptif, en même temps qu'il exprime <u>la volonté planificatrice</u> (14) et <u>la visée collective</u> (15). Le sacrifice des non nés donnera aux enfants acceptés (aux nés) la qualité de la vie. [...] L'avortement remplace la guerre, mais il sélectionne à la demande et non plus

2. pandemic diseases 3. served as 4. recourir à 5. fiercely 6. une tendance 7. soul 8. such an early intervention 9. wasteful 10. squandering 11. prouvé 12. to postpone 13. profits by 14. the will to plan (births) 15. les intentions de la société

à l'aveuglette (16). Il est une guerre intelligente et en quelque sorte préventive. A n'en point douter, il instaure (17) l'eugénique: une eugénique qui s'avère (18) essentiellement quantitative, mais qui peut avoir des retombées (19) qualitatives.

A partir du moment où l'on a pu faire le sacrifice d'un embryon de trois semaines, on peut, en cas de force majeure (20), sacrifier un foetus de vingt-huit semaines et même, à la naissance, un enfant mal venu. De l'avortement à l'infanticide, il y a une différence de degré plutôt que de nature. Sur le plan (21) des principes, la dialectique du meurtre est donc engagée. L'homme devra renoncer aux principes ou renoncer à lui-même. Le voici obligé par les échéances [1] du nombre à faire, à plus ou moins long terme, ce que faisaient autrefois la guerre et les pandémies. Il devra ordonnancer [1] l'espèce. Demain, peut-être, il manipulera le code génétique, il pratiquera non seulement l'éradication des tares mais la sélection des aptitudes. De telles perspectives sont implicites dans l'acquisition du droit à l'avortement, et c'est la raison pour laquelle il a soulevé (22), chez les personnes conscientes (23), tant de passions: l'avortement, c'est beaucoup plus que l'avortement.

Pour sauver sa pérennité (24) tout en sauvant son âme, l'homme ne dispose plus aujourd'hui que de voies (25) très étroites. Et d'abord celle-ci: nul ne peut décider de la vie d'un autre en fonction (26) de soi. Se placer délibérément à la place de celui à qui la vie va être refusée suppose une certaine gymnastique de l'esprit; mais c'est de l'autre qu'il s'agit, dans l'avortement, du foetus vivant ou viable; ce n'est pas du père, ce n'est pas de la mère. Ni l'un ni l'autre ne peuvent décider solitairement d'une liberté ou d'un possible qui ne sont pas les leurs. Le sort (27) du foetus, être sociable en puissance (28), peut être pris en considération plus aisément par un groupe, une assemblée, une réunion de personnes conscientes représentant la collectivité; mais ce n'est qu'un moindre mal...et c'est toujours de l'arithmétique.

Cet avis du corps social--qui reste un avis et non

16. de façon aveugle 17. fonde 18. se révèle 19. des conséquences 20. circumstances outside one's control 21. au niveau 22. roused 23. aware 24. to remain perennial 25. paths 26. in terms 27. le destin 28. potentiel

une décision--sera utile et nécessaire ultérieurement, face à d'autres développements de l'eugénique. Donner à chacun le droit de tout faire librement sur une personne qui n'est pas la sienne, comme dans la Rome antique ou sous le IIIe Reich, c'est appeler (29) la barbarie (30) et la rencontrer rapidement. Choisir l'optique de la moindre souffrance et l'inscrire dans la solidarité collective, c'est préparer l'adéquation nécessaire entre l'individu et l'espèce. Aucun individu ne représente seul l'espèce, à plus forte raison (31) lorsqu'il s'agit de la vie des autres.

Cet appel à d'autres consciences que la sienne propre nous paraît, aussi, mentalement sain: il est capable d'élever les qualités du groupe, et par là même il est eugénique, dans le meilleur sens du terme. Il nous permet de vérifier la définition de Galton: «L'eugénique est l'étude des facteurs socialement contrôlables qui peuvent élever ou abaisser les qualités raciales des générations futures, aussi bien physiquement que mentalement».

[...]
Tant qu'il y aura des hommes, et tant qu'ils seront mortels, on ne pourra parler de l'avortement sans angoisse et sans «infraction».

Donner la vie ou la retirer (32), donner la mort et ne pouvoir la reprendre, c'est nécessairement mobiliser dans nos personnes une affectivité démesurée (33), qui puise aux sources (34) du sacré. Désacraliser la mort (35) humaine, la dédramatiser, la détraumatiser, c'est vouloir traiter comme contingents les problèmes de la vie elle-même, qui sont de l'ordre de l'essentiel, sinon du transcendant.

La vie, c'est l'infini du possible. Procréer est toujours un acte géant. Dès le partage (36) chromosomique, l'être vivant--ou viable--reçoit une information, un ensemble de lignes directionnelles dont il hérite, évidemment, sans choix conscient et délibéré, malgré l'extraordinaire diversité de la répartition génétique. Mais, dès la naissance, le petit de l'homme s'invente et se place dans un faisceau (37) de libertés; il devient, il sera Mozart, Bakounine, Einstein ou Dupont-Durand [2]. Quelle que soit la

29. inviter 30. barbarity 31. even less so 32. reprendre 33. beyond measure 34. prend sa source 35. to strip death of its sacred character 36. la division 37. cluster

pression (38) sociale, les jeux ne sont pas faits [3], c'est le royaume de la surprise. Le miracle de l'enfant, c'est son mystère. Qui sera-t-il?

La mort, comme la vie--par antithèse--est toujours, elle aussi, un acte géant, car elle est la fin des possibles. Son caractère irréparable, irréversible, irrémédiable en fait une réalité «scandaleuse». Elle est, chez l'homme, la fin d'une liberté. L'injustifiable, selon Dostoïevski, c'est la mort de l'enfant, la mort d'une liberté pure. Si l'homme peut, à la rigueur (39), choisir sa propre mort--la mort de cette liberté qui le fonde en tant qu'homme (40), puisqu'elle est la sienne--il ne peut choisir la mort de l'autre, cet autre vivant--donc essentiellement libre--qui n'a pas choisi de mourir par d'autres mains.

On peut toujours se livrer (41), sur le foetus humain, à des supputations (42) philosophiques: il n'est pas vivant, mais viable, il n'est pas libre (héritage génétique), mais libérable... Libre ou non libre, le foetus n'en est pas moins une liberté possible, une humanité possible, et peu nous importe le moment où il s'est «animé», car la vie, de toute évidence, est un continuum. Agir par interruption sur cette continuité vivante, dont chacun de nous n'est qu'un instant éphémère (43), c'est toujours grave (44) et toujours essentiellement dramatique. Le foetus n'est pas un enfant; un avortement n'est pas un infanticide, car il ne s'adresse pas à la liberté, mais à la promesse. Soit (45)! Mais c'est toujours la mort, la cessation irréversible d'un possible. C'est ce possible qui nous émeut (46), nous, médecins, donc responsables à qui on délègue (47) la curette. Notre seule justification est le bien supérieur de l'espèce, le choix de la qualité contre la quantité, à un moment critique du peuplement humain. Circonstance difficilement atténuante (48): qui est juge de la qualité? L'espèce humaine, incarnation de la conscience réflexive et de la liberté, est-elle menacée? C'est cette conscience et cette liberté qui nous posent elles-mêmes la question: «Qui es-tu, toi qui juges?»

38. pressure 39. if need be 40. which is the very foundation of his humanity 41. se donner 42. estimates on the future 43. shortlived 44. sérieux 45. agreed 46. moves 47. hands over 48. attenuating

Dr Roger Géraud, <u>Avortement et eugénique</u>, Marabout, 1974. Extraits.

[1] L'image employée ici, dans ces deux termes, est empruntée au langage des finances. Elle signifie que l'être humain doit faire face aux effets accrus de la croissance constante de la population et payer le prix dans des délais plus ou moins longs de même qu'un pays doit payer ses dépenses publiques aux dates convenues.

[2] Noms de famille très communs en France. Ils désignent ici l'individu moyen.

[3] Cette phrase reprend, négativement, une expression idiomatique qui signifie: The dice are cast.

Pratique du vocabulaire

A. Exercez-vous à employer correctement le verbe impersonnel «il s'agit de» et le verbe personnel «agir». Faites deux phrases avec «il s'agit de» et deux phrases avec «agir» dont l'une à l'imparfait.

B. Parmi les antonymes des mots suivants donnés par le dictionnaire <u>Le Petit Robert,</u> choisissez ceux qui pourraient s'appliquer le mieux au texte:

1. éliminer: 6. le refus:
2. inapte: 7. diminuer:
3. permettre: 8. mal venu:
4. faible: 9. sain:
5. supprimer: 10. le bien:

C. Relevez dans le texte tous les adjectifs employés comme noms. Quelles remarques pouvez-vous faire sur leur forme et leur emploi en comparaison avec l'anglais?

D. Quels sont les mots du vocabulaire qui correspondent aux définitions suivantes:

1. Défectuosité physique ou psychologique souvent considérée comme héréditaire et irrémédiable:

2. Ensemble de tous les individus ayant un aspect semblable et capables d'engendrer des individus féconds:

3. Le fait de se maintenir en vie:

4. Maladie infectieuse qui frappe en même temps et en un même endroit un grand nombre de personnes:

Questions sur le texte

1. Pendant des millénaires, quel a été le rôle de la sélection naturelle? Par quels moyens opérait-elle?

2. Quels changements ont eu lieu après la deuxième guerre mondiale?

3. A quoi ces changements conduisent-ils?

4. Comment Galton définit-il l'eugénique?

5. Selon le texte, qu'est-ce que c'est que l'orthogénisme?

6. Pourquoi l'avortement est-il préférable à la guerre?

7. Si l'avortement est considéré comme un meurtre, dans quel dilemme se trouve placé l'homme?

8. Expliquez: «l'avortement, c'est beaucoup plus que l'avortement».

9. A travers le texte, trouvez les trois objections principales que l'auteur, le docteur Roger Géraud, soulève contre l'avortement.

10. Plutôt que la décision solitaire d'avorter d'un parent (ou des parents), qu'est-ce que le docteur Géraud conseille? Pourquoi?

11. Qu'est-ce qui émeut un médecin qui doit provoquer un avortement?

12. Sur quel critère le médecin se base-t-il pour décider l'avortement? Pourquoi ce critère n'est-il pas satisfaisant?

Echange d'opinions

1. A votre avis, quels sont les cas où l'on devrait pouvoir provoquer un avortement pour des raisons d'eugénique?

2. Estimez-vous valide le jugement du docteur Géraud selon lequel la médecine scientifique a supprimé les pandémies et la guerre ne joue plus son rôle de régulateur? De quel point de vue se place Géraud?

3. Dans le texte «Nous sommes toutes des avortées

dans nos têtes», les femmes réclament le droit
d'avorter au nom de la liberté élémentaire d'un
individu de disposer de son corps. Dans le texte
que nous venons de lire, Géraud dit que «nul ne
peut décider de la vie d'un autre en fonction de
soi». Voyez-vous une solution à ce conflit d'arguments philosophiques? Sinon, d'après vous,
quelle liberté--celle de la mère ou celle de l'en-
fant--faut-il sauvegarder?

4. Selon vous, à qui revient la décision d'un
avortement thérapeutique? A la mère, aux parents,
sur avis médical, ou bien, comme le conseille
Géraud, à «une réunion de personnes représentant
la collectivité»?

Activité
(Jeu dramatique professionnel; groupes de deux
étudiants)

Imaginez une discussion entre deux médecins
appelés à conseiller une femme portant un foetus
fortement handicapé physiquement ou mentalement
(quadraplégique, mongolien, etc.). L'un des médecins
déconseille l'avortement car tout enfant, même mal
venu, représente un faisceau de possibles. L'autre
préconise l'avortement en invoquant le bien supérieur
de l'espèce.

Dossier 3

Une Nouvelle Naissance

POUR UNE NAISSANCE SANS VIOLENCE

première partie

Etude du vocabulaire topique

venir au monde: to come into the world
crier: to scream
un cri: scream
un nouveau-né: a new-born
hurler: to howl
accoucher = enfanter: to give birth, to deliver
un accouchement: delivery, birthing
la douleur = la souffrance = un mal: pain, suffering
le souffle: breathing
se déchirer: to tear, to get torn
un accoucheur: obstetrician
une sage-femme: midwife
une femme en couches: woman in labor
un accouchement avant terme: premature delivery
un accouchement à terme: normal delivery
une maternité = une clinique obstétrique: maternity
hospital

Quand un enfant vient au monde, il commence par
crier. Et ce cri réjouit l'assistance.
    «Vous entendez! Vous entendez comme il crie!»
dit l'heureuse mère, émerveillée (1) qu'une si petite
chose fasse tant de bruit.
    Ces cris des nouveau-nés, que disent-ils?
    Que les réflexes sont normaux. Que la machine
fonctionne.
    Les hommes ne sont-ils que des machines?
    Les cris ne disent-ils pas une souffrance?
    Pour hurler comme il fait, se pourrait-il que le
bébé éprouve (2) un mal immense?
    Naître serait-il douloureux pour l'enfant, autant

1. marveling 2. sente

41

qu'accoucher l'était, <u>jadis</u> (3), pour la mère?
　Et s'il en est ainsi, qui <u>s'en soucie</u>? (4)
　Personne, j'en ai peur, <u>à voir</u> (5) <u>le peu d'égards</u>
(6) avec lequel on traite l'enfant quand il arrive.
　Hélas! c'est une idée solide, un postulat bien
<u>ancré</u> (7), qu'un nouveau-né «ça» ne sent rien, «ça»
n'entend pas, «ça» ne voit pas...
　Comment «cela» pourrait-il avoir du chagrin?
«Ça» crie, «ça» hurle, un point c'est tout.
　En somme, c'est un objet.
　Et s'il n'en était rien?
　Si, <u>d'aventure</u> (8), c'était déjà une personne?

　[...]

　Est-il besoin de commentaires?
　Ce front tragique, cette bouche hurlante,
　ces yeux fermés, <u>sourcils noués</u> (9),
　ces mains tragiques, implorantes, tendues,
désespérées,
　ces pieds qui repoussent furieusement, ces jambes
qui, repliées, tentent de protéger le tendre ventre,
　cette <u>chair</u> (10) qui n'est que spasmes, que
<u>soubresauts</u> (11)...
　Il ne sait pas parler, l'enfant qui vient au
monde?
　C'est de tout son être qu'il proteste, qu'il
hurle:
　«Non! ne me touchez pas! laissez-moi! laissez-
moi!» et, en même temps implore:
　«Aidez-moi! aidez-moi!»

　A-t-on jamais <u>lancé appel</u> (12) plus <u>déchirant</u>
(13)?
　Or cet appel
　que lance l'enfant en arrivant
　depuis la nuit des temps,
　qui l'entend?
　Personne.
　N'est-ce pas un grand mystère?

　[...]

　Faut-il pleurer?

3. formerly 4. cares 5. si l'on juge 6. le
manque de respect 7. anchored 8. par hasard 9.
knit brows 10. flesh 11. mouvements convulsifs 12.
called out 13. heart-rending manner

Oui.
De tant d'<u>aveuglement</u> (14).
Ce même aveuglement qui empêchait de comprendre la souffrance de la mère et faisait de l'accouchement <u>un calvaire</u> (15).
«Tu accoucheras dans la douleur.»
La vieille malédiction <u>a vécu</u> (16), <u>le Ciel en soit loué</u> (17).
Mais la naissance est là,
et son <u>fardeau</u> (18) de misères.
N'est-il pas temps de faire pour l'enfant
ce qu'on a eu le bonheur de faire
pour sa mère?

Oui, oui, faisons ce nouveau miracle.
Mais...comment?

[...]

Il faut parler, à cet enfant, son langage.
Il faut parler cette langue universelle
qui se parle partout, qui n'emploie pas de mots,
qui se comprend à tous les âges,
et qui s'appelle
l'amour.
Parler d'amour ... au nouveau-né!
Naturellement.
Il faut lui parler comme se parlent
les amants.
Et les amants, que se disent-ils?
Ils ne se parlent pas, ils se touchent.
Pour ce faire, ils ferment la lumière.
Ou, simplement, les yeux.
Ils refont la nuit autour d'eux.
<u>Dans les ténèbres</u> (19) retrouvées, en silence, ils <u>s'effleurent</u> (20), ils se parlent.
Ils <u>s'entourent de leurs bras</u> (21), ils refont la chère, la vieille prison qui les protège du monde.
Ce sont leurs mains qui parlent,
ce sont leurs corps qui se comprennent.
Oui, c'est ainsi qu'il faut parler au nouveau-né,
avec des mains légères
mais attentives,
mais aimantes,

14. blindness 15. grande souffrance 16. has lived its life 17. God be praised 18. burden 19. dans le noir 20. se caressent légèrement 21. wrap their arms around each other

qui vont lentement, lentement
au rythme de «son» souffle.
Avançons pas à pas (22),
sens par sens.

Commençons par la vue.
Faisons comme les amants: éteignons (23) les
lumières.
Qui pourrait faire l'amour éclairé par des
projecteurs (24)?
Gardons juste ce qu'il faut pour voir ce que l'on
fait, surveiller que la femme ne risque pas de se
déchirer, et juger de l'état de l'enfant.
Comme l'ombre (25) est apaisante!
La mère, elle-même, goûte cette pénombre.
Ne ferme-t-on pas les yeux pour mieux écouter?

Les oreilles maintenant.
Rien de plus simple: faisons silence.
Simple?
C'est moins facile qu'il n'y paraît.
Nous sommes tellement bavards (26).

[...]

Cet apprentissage (27) du silence, indispensable
pour les femmes, l'est tout autant (28) pour ceux qui
font l'accouchement, accoucheurs ou sages-femmes.
On parle fort en salle d'accouchement. Les
exhortations: «Allons, poussez! poussez!» sont
rarement chuchotées (29).
C'est grand dommage.
Les éclats sonores troublent les femmes bien plus
qu'ils ne les aident. En leur parlant presque à voix
basse, on les détend. Et l'on fait plus pour elles
qu'en criant.
Que les assistants se mettent donc, eux aussi, à
l'école du silence. Qu'ils se préparent à recevoir
l'enfant dignement (30).

22. step by step 23. let's switch off 24. flood-
lights 25. darkness 26. garrulous 27. cette
initiation 28. just as much 29. whispered 30.
in a worthy fashion

Frédérick Leboyer, Pour une naissance sans violence, Seuil, 1980. Extraits.

Pratique du vocabulaire

A. Trouvez dans le texte les verbes qui expriment des sons émis par les êtres humains. Trouvez les noms correspondants.

B. Un peu de révision sur le vocabulaire du corps.
a) énumérez les parties du corps citées dans le passage.
b) le texte mentionne plusieurs sens, verbes de perception et organes de perception. Quels sont les cinq sens, les cinq organes qui y correspondent et les cinq verbes de perception?

C. Essayez, sans regarder le texte ou la liste de vocabulaire, de répondre aux questions suivantes:

1. quel nom emploie-t-on pour désigner l'action de donner naissance?
2. comment appelle-t-on un médecin qui aide une femme à donner naissance?
3. comment appelle-t-on une femme diplômée dont la profession consiste à aider les femmes à enfanter?
4. comment désigne-t-on la partie d'un hôpital où l'on s'occupe des femmes qui donnent naissance?

D. Faites des phrases cohérentes en choisissant un mot de la colonne B pour l'assortir avec un mot de la colonne A. Faites tous les changements nécessaires.

A	B
1. une femme en couches	a. hurler
2. la naissance	b. être attentif à
3. un nouveau-né	c. douloureux
4. un accouchement avant terme	d. une sage-femme
5. le souffle	e. crier
6. l'accoucheur	f. se déchirer
	g. surveiller

Questions sur le texte

1. Traditionnellement, comment interprète-t-on les cris d'un nouveau-né?
2. Pour le docteur Frédérick Leboyer, qu'est-ce que ces cris expriment?
3. Pourquoi personne ne se soucie du fait que le bébé hurle?
4. Quels sont les signes de langage corporel dont se sert le nouveau-né pour protester? et pour implorer?
5. Expliquez le parallèle établi par Leboyer entre l'accouchement et la naissance?
6. Comment peut-on parler d'amour à un nouveau-né?
7. A quoi Leboyer fait-il allusion quand il parle de «la chère, la vieille prison qui [nous] protège du monde»?
8. Pour quelles raisons Leboyer suggère-t-il d'éteindre les lumières dans la salle d'accouchement?
9. Pourquoi le silence et les chuchotements sont-ils bienfaisants pour une femme qui enfante?
10. Pouvez-vous dire pourquoi il est préférable, d'après Leboyer, de ne pas exposer l'enfant qui vient de naître à des lumières violentes et à des bruits forts?

Echange d'opinions

1. Pensez-vous que les femmes chrétiennes et croyantes devraient accoucher dans la douleur pour se soumettre à la malédiction biblique?

2. De même, croyez-vous qu'il soit bon, pour des raisons religieuses et psychologiques, que les êtres humains fassent l'expérience de la souffrance dès leur naissance?

3. Différentes langues expriment différents concepts de la naissance. «To be born» a un sens passif; «naître» a un sens actif et «nasci», le verbe latin qui est à son origine, a, tout ensemble, un sens passif et actif. A votre avis, quel verbe exprime le plus exactement la réalité de la naissance?

4. Si vous ne connaissez pas la méthode Lamase, dite de l'accouchement sans douleur, renseignez-vous. Qu'en pensez-vous?

(En grands groupes, ou toute la classe ensemble)

Renseignez-vous autour de vous (milieux médicaux et hospitaliers, femmes de votre connaissance) pour découvrir: a) si la méthode Leboyer est employée dans le Maine ou ailleurs aux U.S.A. b) quelles autres méthodes sont couramment utilisées. Rapportez le résultat de votre enquête à la classe. (Question facultative pour les femmes): si vous avez vous-même accouché, et si vous préférez, racontez votre accouchement à vos camarades.

POUR UNE NAISSANCE SANS VIOLENCE

deuxième partie

Etude du vocabulaire topique

dégager : to free
glisser : to slip
une aisselle : armpit
la tiédeur : mild warmth
la souplesse : pliability
la douceur : softness
le cordon (ombilical) : umbilical cord
adoucir : to ease, to soften
une blessure : injury
le cerveau : brain
estropié : disabled
un poumon : lung
priver de : to deprive of
doux/douce : gentle, easy
une brûlure : burn
s'affoler : to panic
une gifle : slap
une fessée : spanking
supporter : to tolerate
un gémissement : moaning, wailing
sangloter : to sob

Voilà.
Tout est prêt: pénombre, silence, recueillement
(1). Le temps s'est arrêté.
L'enfant peut arriver.

Et le voici!
Il sort ... D'abord la tête. Et puis les bras
qu'on aide à dégager en glissant un doigt sous chaque

1. concentration

aisselle.

Soutenant (2) ainsi le bébé sous chaque bras, on le hisse (3), comme on le tirerait hors d' un puits (4). On ne touche surtout pas sa tête! Et on le dépose directement sur le ventre maternel.

Quel endroit conviendrait mieux pour recevoir l'enfant? Ce ventre de la femme, il a la forme, il a la taille exacte du bébé. Bombé (5) l'instant d'avant, creux maintenant, il semble attendre, comme un nid (6).

En outre, sa tiédeur, sa souplesse, le fait qu'il monte et redescende au rythme de la respiration, la douceur, la chaleur vivante de la peau, tout en fait par excellence le lieu où déposer le nouveau-né.

Enfin, et ceci est d'importance, la proximité permet de conserver (7) intact le cordon.

[...]

La nature, dit-on, ne fait pas de sauts (8).

La naissance en est un : changement de monde, de niveau.

Comment résoudre la contradiction? Comment la nature s'y est-elle prise pour adoucir un passage qui s'annonce rude (9)?

Très simplement.

La nature est une mère sévère mais aimante. Nous méconnaissons (10) ses intentions. Puis la blâmons!

Pour ce qui est de (11) la naissance tout est en place pour que le saut, l'atterrissage (12), se fasse avec la légèreté (13) voulue.

On a justement (14) insisté sur le danger que court l'enfant: l'anoxie.

L'anoxie est le manque du précieux oxygène auquel le système nerveux est tout spécialement sensible.

Que l'enfant vienne à manquer du gaz indispensable, il en résulte une blessure irréparable pour le cerveau. Et voici un être estropié pour la vie.

En sorte qu'à la naissance l'enfant ne doit, à aucun prix, manquer d'oxygène. Pas même un instant.

Voilà ce que dit le savant. Il a raison.

La nature, du reste, en a jugé exactement [de même].

Elle a fait en sorte que, pendant le passage pé-

2. supporting 3. pulls up 4. a well 5. bulging
6. nest 7. garder 8. leaps 9. difficile 10. fail to recognize 11. en ce qui concerne 12. landing 13. la douceur 14. avec raison

49

rilleux, l'enfant soit oxygéné deux fois au lieu d'une: par ses poumons et par son cordon.

Deux systèmes fonctionnent ensemble, l'un prenant le relais (15) de l'autre: l'ancien, le cordon, continue d'oxygéner l'enfant jusqu'à ce que le nouveau, les poumons, ait pleinement pris la relève (16).

L'enfant une fois né, sorti de la mère, lui reste relié par ce cordon qui continue de battre puissamment pendant de longues minutes. Quatre, cinq et souvent plus.

Oxygéné par ce cordon, à l'abri (17) de l'anoxie, l'enfant peut, sans danger et sans heurt (18), s'installer dans la respiration, à son gré (19), sans précipitation.

Le sang, en outre, a tout loisir pour quitter l'ancienne route (qui le menait au placenta) et investir (20) progressivement la circulation pulmonaire.

Pendant ce temps, parallèlement, un orifice se ferme dans le coeur: le chemin (21) du passé est fermé.

En somme, pendant quatre ou cinq minutes le nouveau-né reste à cheval sur (22) deux mondes. Oxygéné de deux côtés, il passe de l'un à l'autre progressivement, sans brutalité. Et c'est à peine si on l'entend crier.

Qu'a-t-il fallu pour réussir (23) ce miracle? Un peu de patience. Ne rien brusquer (24). Savoir attendre. Savoir donner à l'enfant le temps de s'installer.

On voit qu'un entraînement (25) est nécessaire. Sinon, comment rester cinq longues minutes sans rien faire? Quand tout nous pousse en sens contraire, la distraction, les automatismes, l'habitude. Et une étrange nervosité, fruit de l'angoisse refoulée (26) ... de notre propre naissance.

Pour l'enfant le bienfait (27) est considérable.

Selon que le cordon est coupé immédiatement ou quand il a cessé de battre, l'expérience que fait le bébé de son entrée dans le monde, partant (28), le

15. relaying   16. pris le relais   17. protégé   18. sans choc   19. selon son désir   20. to invade   21. la route   22. straddling   23. accomplir   24. précipiter   25. training   26. réprimée   27. le bénéfice   28. par conséquent

sentiment qu'il a de son nouvel état, le goût qu'il aura de la vie, est tout différent.

Couper le cordon immédiatement c'est priver brutalement le cerveau d'oxygène.

A quoi tout l'être réagit avec la violence que l'on sait : panique, agitation frénétique, hurlements déchirants, angoissants.

[...]

Combien différente, combien douce l'entrée dans la vie si le cordon est respecté.

A aucun moment le cerveau n'est privé d'oxygène. Il en reçoit, au contraire, de deux côtés.

Sans agression, pourquoi le système d'alarme se déclencherait-il (29)?

Pas de stress. Partant, pas de panique.

Un passage harmonieux, progressif d'un monde dans un autre monde.

Le sang, pour sa part, change de route sans heurt.

Les poumons ne sont débordés (30) à aucun moment. Pas plus du dehors que du dedans.

Quand l'enfant sort, il pousse un cri. La cage thoracique, jusque-là comprimée à l'extrême et que, brusquement, plus rien n'entrave (31), s'est ouverte. Un vide (32) s'est créé. L'air s'y est engouffré (33). C'est la première inspiration. Laquelle est acte passif.

C'est aussi la brûlure.

Blessé, l'enfant répond en expirant. Il chasse l'air furieusement. C'est le cri.

Et souvent, alors, tout s'arrête.

Comme stupéfait d'une telle douleur, l'enfant marque une pause.

Il arrive qu'avant cette pause le cri se soit répété deux, trois fois.

Devant cette pause, nous nous affolons. Et d'habitude... gifles, flagellation, fessée...

Mais ici, mieux instruits et contrôlant nos impulsions, confiants dans la nature et dans les puissants battements du cordon, nous nous abstenons d'intervenir. Et nous voyons... la respiration reprendre d'elle-même (34).

D'abord hésitante, prudente, marquant encore des arrêts.

L'enfant, oxygéné par son cordon, prend son temps,

29. would be released 30. overworked 31. hinders
32. a vacuum 33. rushed in 34. par elle-même

et, de la brûlure, juste ce qu'il peut supporter.
Il s'arrête encore, recommence. Il s'habitue,
respire profondément. Et bientôt prend plaisir à ce
qui l'avait d'abord si cruellement blessé.
En peu de temps, la respiration est pleine, ample,
libre, joyeuse.
L'enfant aura poussé, en tout, un cri, ou deux.
Et l'on n'aura plus entendu que son souffle intense,
troublant (35), ponctué de petits cris, brefs, ceux-
là, exclamations de surprise, débordements (36)
d'énergie. Un peu comme les «han!» que font entendre
les bûcherons (37), les lutteurs (38).
Au souffle se mêleront (39) les bruits que fait le
bébé avec ses lèvres, avec son nez, avec sa gorge.
Tout un langage déjà.
Jamais, en tout cas, ces hurlements de terreur,
ces gémissements de désespoir, ces cris d'hystérie.
Quand l'enfant vient au monde, il faut qu'il crie?
Sans aucun doute.
Mais pourquoi faudrait-il qu'il sanglote?

35. déconcertant 36. une surabondance 37.
loggers 38. wrestlers 39. will blend

Frédérick Leboyer, Ibid. Extraits.

Pratique du vocabulaire

A. Quels termes se rapportant à l'anatomie ou à la
   physiologie sont mentionnés dans cette deuxième
   partie?

B. Le suffixe -ment/-ement ajouté à la racine d'un
   verbe donne un nom qui sert à indiquer l'action.
   Ex.: avorter, un avortement. Tous les noms
   formés ainsi sont masculins.
   Quels sont les noms qui correspondent aux verbes
   qui suivent?

   1. dégager: 5. adoucir:
   2. glisser: 6. affoler:
   3. tiédir: 7. gémir:
   4. assouplir:

52

C. Donnez les antonymes des mots suivants :

1. se calmer (ou rester calme):
2. la dureté:
3. la rigidité:
4. la chaleur (ou le froid):   '
5. donner:

D. Remplacez les mots entre parenthèses par une forme verbale synonyme tirée du vocabulaire :

1. Les nerfs. très sensibles du nouveau-né (tolèrent)_____ mal le bruit et la lumière.
2. C'est toujours déchirant d'entendre un bébé (pleurer avec des sanglots)_____.
3. La sage-femme (libère en tirant) _____ la tête et les bras du bébé.
4. L'oxygénation par le cordon ombilical (rend plus doux) _____ le passage à la respiration pulmonaire.

Questions sur le texte

1. Comment aide-t-on un bébé à venir au monde?
2. Pourquoi le ventre de la mère est-il l'endroit idéal où déposer l'enfant?
3. Quelle est la contradiction dont parle Leboyer?
4. Qu'est-ce que l'anoxie? Et quel résultat a-t-elle sur l'organisme?
5. Si on ne coupe pas le cordon immédiatement, l'enfant est oxygéné par deux systèmes. Enumérez les avantages physiques de cette double oxygénation.
6. Quel en est le bienfait psychologique?
7. Pourquoi l'accoucheur (ou la sage-femme) doit-il être un peu patient et pourquoi est-ce difficile?
8. Comment se fait la première inspiration? Quelle sensation cause-t-elle dans les poumons du nouveau-né?
9. A quoi correspond le cri?
10. Pourquoi arrive-t-il que l'accoucheur s'affole? Et que fait-il alors?
11. Si on laisse le cordon intact quelques minutes, à quoi est-ce que le bébé prend plaisir?
12. D'après ce texte dans son ensemble, quel sentiment envers les nouveau-nés Frédérick Leboyer inspire-t-il?

Echange d'opinions

1. Certains médecins accoucheurs préfèrent refuser d'anesthésier une parturiente, et certaines femmes ne veulent pas entendre parler d'accoucher sans anesthésie. Quelles idées avez-vous sur cette question?
(question facultative pour les femmes): vous-même, qu'avez-vous fait ou que feriez-vous?

2. Pendant des siècles, dans la civilisation occidentale, l'accouchement, même sans complications, a été traité comme une maladie (à preuve, des termes comme «confinement», «lying-in», femme en «couches»). Récemment, un nouveau concept est apparu: enfanter est une fonction naturelle saine. Estimez-vous que l'accouchement normal appartient au domaine de la maladie ou à celui de la santé?

3. A votre avis, quels sont les pour et les contre de l'accouchement à l'hôpital (ou en clinique privée) et de l'accouchement à domicile avec une sage-femme?

4. De plus en plus, les pères sont invités à assister à l'accouchement de leur femme et à la naissance de leur enfant.
   a. (question pour les hommes): comment réagissez-vous à cette idée?
   b. (question pour les femmes): que pensez-vous de cette idée?

Activité
(Jeu dramatique professionnel; groupes de deux étudiants)

Vous êtes médecin accoucheur ou sage-femme et vous êtes partisan de la méthode Leboyer. Une femme enceinte vient vous consulter pour s'informer de cette méthode. Vous répondez à ses questions en lui expliquant en quoi elle consiste.

Dossier 4

Génie génétique et médecine fœtale

I. PEUT-ON MODIFIER L'HOMME?

Jean Rostand, né à Paris (1894-1977), fut un biologiste et un généticien célèbre. Il accomplit d'importants travaux sur la parthénogenèse expérimentale et écrivit des livres à tendance philosophique sur le rôle de la biologie dans la culture humaniste. Chercheur scientifique et écrivain, il se considérait lui-même comme un humaniste. Certaines de ses oeuvres les plus connues sont La Parthénogenèse animale (1950), L'Hérédité humaine (1952), Notes d'un biologiste (1954) et Peut-on modifier l'homme? (1956).

Etude du vocabulaire topique

le génie génétique: genetic engineering
un/e généticien/ienne: geneticist
un surhomme: superman
parvenir à: to attain,to succeed
une découverte: discovery
se répercuter: to have repercussions
un savant: scientist
le déchaînement: unleashing
un chercheur: researcher
jouer à: to pretend to be
une tentative: attempt
l'inquiétude (f.): misgivings
l'esprit (m.): mind
un empiétement: invasion
à tâtons: gropingly
tâtonnant: groping
la sorcellerie: witchcraft
l'allégresse (f.): joy
la fierté: pride
une bête: beast, animal
saint/e: holy
l'aboutissement (m.): end result
façonner: to shape

une valeur : value
se dépasser : to transcend oneself
s'écarter de : to move apart from
s'efforcer : to strive

La création d'un tel surhomme est-elle souhaitable? Et, pour y parvenir, accepterons-nous
d'user des ressources que la science nous procure?
Tel est le point qu'il nous faut aborder maintenant, et qui touche aux plus graves difficultés d'à
présent, car la question du surhomme n'est qu'un
aspect particulier d'une question beaucoup plus
vaste, celle de l'entreprise (1) de l'homme sur lui-
même, celle de l'application des techniques biologiques à la personne humaine.
Jusqu'ici, la biologie--sinon (2) par l'entremise
(3) de sa fille, la médecine--ne s'est guère intro-
duite dans nos existences, mais elle ne saurait garder indéfiniment cette réserve. Elle en est arrivée
au point de maturité où ses découvertes, ses inventions ne peuvent pas ne pas se répercuter plus ou
moins fortement sur le destin des individus ou de
l'espèce. Ce n'est pas une coïncidence si, naguère
(4), le Père Riquet prêchait (5) à Notre-Dame [1]
un carême (6) d'Evangile (7) et de biologie, si, à
Montpellier, la trente-huitième Semaine sociale de
France s'est donné pour tâche (8) d'examiner les
conséquences sociales et humaines des progrès de la
biologie. Au cours de ce cycle de discours et de
leçons, d'éminents orateurs, d'une indiscutable com-
pétence--entre autres, le professeur Rémy Collin--ont
successivement examiné, du point de vue catholique,
les problèmes de l'insémination artificielle, de la
détermination volontaire du sexe, de l'eugénique, de
la parthénogenèse ou reproduction sans père, de la
mutation artificielle, de la sélection, et jusqu'à la
surhumanisation, qu'on ne peut--dit le chanoine (9)
Tiberghien--envisager sans vertige (10).
Savants, moralistes et prêtres, tous ont jeté un
cri d'alarme devant les possibilités qui déjà
s'ouvrent à l'homme dans le domaine de la reproduction maîtrisée, contrôlée, dirigée. Ils ont, avec
véhémence, dénoncé la menace que représente, à leurs

1. l'action (f.)   2. excepté   3. l'intervention (f.)
4. not long ago   5. faisait un sermon sur   6. Lent
7. gospel   8. task   9. canon   10. without
bewilderment

yeux, le déchaînement d'un scientisme infatué, d'un
naturalisme prométhéen, sinon luciférien, qui procède
directement, pensent-ils, de «l'humanisme athée»;
ils ont mis en garde les chercheurs contre le périlleux sentiment d'omnipotence qui invite la créa-
ture à jouer au Créateur; ils ont affirmé la nécessité de soustraire (11) la personne humaine aux tentatives dégradantes ou dangereuses «qui relèvent de
la médecine vétérinaire ou de la recherche de laboratoire» (Collin), et où ils voient un nouvel épisode
du combat des «hommes contre l'humain».

Il y a certes du bien-fondé (12) en cette sorte
d'inquiétude, et il n'est pas mauvais que des hommes
qui se font de l'homme une idée (13) haute et sacrée,
pour ce qu'ils voient dans l'humain un reflet (14) du
divin, fassent entendre la protestation de l'esprit
et du coeur en face des empiétements d'une science
qui, selon les paroles du Faust valérien [2], «commence à tâtons à toucher aux principes de la vie».

Ce n'est pas, en effet, parce qu'on les admire,
ces merveilleux progrès de la biologie, parce qu'on
ne peut faire autrement que s'enthousiasmer pour les
perspectives grandioses que le laboratoire découvre
(15) au destin de l'homme, ce n'est pas pour cela
qu'on ne voit pas, qu'on ne comprend pas, qu'on ne
sent pas ce qu'il peut y avoir de troublant (16) à
voir l'homme peu à peu s'approcher de l'homme avec
ses grosses mains pour le soumettre aux effets d'une
sorcellerie balbutiante (17). Notre allégresse,
notre fierté sont loin d'être pures... Quel biologiste digne de ce nom pourrait, sans une secrète
émotion, et même s'il en a appelé la venue, voir
l'heure venir où la technique va oser s'en prendre à
(18) l'être pensant... Nous qu'on appelle les «scien-
tistes»--et nous ne refusons pas cette appellation,
il en est de moins honorables--nous ne sommes pas si
grossièrement et naïvement insensibles (19) qu'on
veut bien le croire... Ce n'est pas parce que nous
laissons l'homme dans la nature que nous lui portons
un moindre respect et que nous sommes disposés à lui
manquer d'égards (20). J'irai même jusqu'à dire que
peut-être le respect de l'homme devrait être encore
plus grand chez ceux qui ne croient qu'en l'homme, et
qui, dénués de (21) toute illusion de transcendance,

11. protéger 12. pertinence 13. qui ont une idée
14. reflection 15. uncovers 16. disturbing 17.
stammering 18. s'attaquer à 19. insensitive 20.
manquer de respect 21. devoid of

ne savent voir en lui qu'une bête <u>non pareille</u> (22),
n'ayant d'autre obligation qu'envers elle-même,
n'ayant à écouter d'autre loi que la sienne, n'ayant
d'autres valeurs à révérer que celles qu'elle s'est
données.

De quelque façon qu'il <u>s'envisage</u> (23), qu'il le
veuille ou non, qu'il le croie ou non, l'homme ne
peut qu'il ne soit pour lui chose sainte. Il ne peut
qu'il ne se voie comme l'objet le plus haut et le
plus précieux de la planète, l'aboutissement d'une
lente et laborieuse évolution dont il est loin
d'avoir pénétré tous <u>les ressorts</u> (24), «l'être
unique», <u>irrefaisable</u> (25) et irremplaçable, qui,
dans tout l'immense univers, peut-être, n'a pas sa
réplique: miracle du hasard, ou d'il ne sait quoi
d'<u>innommé</u> (26), voire d'<u>innommable</u> (27),--mais
miracle...
Toucher à cela, quelle responsabilité... Mais la
responsabilité sera-t-elle moindre si, <u>prenant</u> ré-
solument <u>un parti</u> (28) d'inaction, de non-interven-
tion, nous frustrons l'homme <u>des élèvements</u> (29)
qu'il pourrait devoir à une judicieuse application de
la science. Notre inertie, notre passivité non moins
que notre zèle, nos refus non moins que nos <u>consente-
ments</u> (30), nous engagent: ils <u>concourent</u> (31) à
faire l'homme, c'est-à-dire--pour ceux qui <u>avouent</u>
(32) ne pas savoir ce que c'est que l'homme--à
façonner du mystère et à construire de l'inconnu.

Dans l'idée que nous nous faisons de l'homme, il
entre le sentiment de son audace, de son <u>voeu
d'ascension</u> (33) et de <u>plus-être</u> (34). Aussi nous ne
dirons pas, comme beaucoup, que l'homme est bien
suffisant tel qu'il est. Nous ne dirons pas:
qu'avons-nous à faire d'un surhomme, quand l'homme
<u>est</u> déjà <u>de taille à</u> (35) se mettre en danger? Nous
ne dirons pas: <u>à quoi bon</u> (36) donner à l'homme plus
d'esprit, il n'en sera pas plus heureux. Nous ne
dirons pas qu'une société de génies serait incapable
de subsister--car le génie est chose relative, et,

22. unique 23. se considère 24. actuating forces
25. qui ne peut pas être refait 26. qui n'a pas de
nom 27. qui ne peut pas avoir de nom 28. choisissant 29. des progrès 30. consents 31. contribuent 32. admit 33. his wish for improvement 34.
supériorité morale, intellectuelle 35. est capable
de 36. what is the good of

par rapport à (37) l'homme de Néanderthal, notre
espèce était déjà une collection de génies. Nous ne
dirons pas que la création d'un surhomme équivaudrait
au suicide de notre humanité, car il y a peut-être
dans l'homme des valeurs qu'il doit préférer à son
existence même. Nous prendrons pour postulat que
l'homme doit viser à (38) se dépasser, à tirer de soi
mieux que soi.

Mais, pour légitime et grandiose que nous pa-
raisse un tel rêve (39), nous n'en mesurons pas moins
les formidables difficultés que soulève l'idée d'une
évolution contrôlée et dirigée de l'homme.

Pour mieux nous écarter de la bête, accepterons-
nous d'user pour nous-mêmes des techniques jusqu'ici
réservées à la bête? Si, comme disait Pascal, tout
le problème de la morale est de «travailler à bien
penser», accepterons-nous de heurter (40) parfois la
morale pour activer le progrès de l'esprit? Et surtout, vers quel surhomme conviendra-t-il qu'on s'ef-
force? Quel sens donner au progrès évolutif? Quel
devra être notre idéal individuel et social? L'accord se ferait peut-être aisément quant aux critères
de la supériorité intellectuelle, mais à qui nous
en remettre (41) pour établir ceux de la supériorité
morale?

37. en comparaison avec   38. to aim   39.
however...such dream may appear to us   40. to offend
41. on whom to rely

Jean Rostand, Peut-on modifier l'homme? Gallimard,
1956. Extraits.

[1] Notre-Dame de Paris, célèbre cathédrale gothique.
Chaque année, pendant le carême, un orateur catholique y prêche sur un thème d'actualité.

[2] Paul Valéry, écrivain français (1871-1945). Auteur de poèmes et d'essais, il a écrit Mon Faust.

Pratique du vocabulaire

A. Trouvez dans le texte des termes apparentés en
   français et en anglais appartenant au vocabulaire
   scientifique, particulièrement au génie génétique.

61

B. Employez cinq des termes apparentés que vous venez de trouver dans cinq phrases claires et précises.

C. Donnez des synonymes des mots suivants:

1. réussir à:
2. faire des efforts:
3. la joie:
4. un essai:

5. un animal:
6. l'orgueil (m.):
7. un scientifique:
8. l'appréhension (f.):

D. Le préfixe in- (im- devant b, m, p; il- devant l; ir- devant r) est un élément négatif avec lequel on peut former des adjectifs ou des noms. Quels mots formez-vous à partir de:

1. le respect:
2. moral:
3. remplaçable:
4. légitime:
5. contrôlable:

6. sensible:
7. discutable:
8. la responsabilité:
9. digne:
10. humain:

Traduisez ces mots en anglais.

Questions sur le texte

1. Quelle question capitale le généticien Jean Rostand soulève-t-il dans ce passage?
2. Pourquoi la biologie ne peut-elle plus rester étrangère à nos existences?
3. Quels problèmes du génie génétique ont été examinés par des orateurs catholiques?
4. Qui est Prométhée? Qu'est-ce qu'il symbolise? Qu'est-ce qu' «un naturalisme prométhéen»?
5. Qui est Lucifer? Que symbolise-t-il? Expliquez «un naturalisme luciférien».
6. Pourquoi certaines expériences biologiques peuvent-elles être dégradantes ou dangereuses?
7. Comment Jean Rostand justifie-t-il l'inquiétude des penseurs catholiques?
8. Le «on» au milieu de la page 59 représente les biologistes généticiens. Entre quels sentiments contradictoires sont-ils divisés en face des progrès de la biologie?
9. Pourquoi le respect de l'homme devrait-il être encore plus grand chez les savants athées?
10. Quand il s'envisage, comment l'homme ne peut-il pas ne pas se voir?

11. Dites pourquoi le refus des biologistes d'expérimenter sur l'homme les engage autant que leur zèle à faire des expériences?
12. Qu'est-ce qui entre dans l'idée que Rostand se fait de l'homme?
13. Quel postulat prend-il concernant l'humanité?
14. Quels problèmes philosophiques et éthiques Rostand pose-t-il?

Echange d'opinions

1. Renseignez-vous sur la parthénogenèse: par quels procédés est-elle effectuée sur les animaux? Est-elle déjà pratiquée sur les femmes? Qu'est-ce qui caractérise les enfants conçus selon cette méthode? Estimez-vous que des femmes, célibataires par choix ou involontairement, devraient éventuellement être autorisées à procréer grâce à la parthénogenèse? Y mettriez-vous des conditions? Lesquelles?

2. Comment s'opère la détermination volontaire du sexe? Pensez-vous que les parents (ou un groupe humain, ou l'Etat) devraient avoir le droit de choisir le sexe de l'enfant et dans quels cas?

3. A votre avis, la sélection génétique, selon des critères physiques, physiologiques, raciaux, mentaux, devrait-elle être permise sur les êtres humains? Pourquoi ou pourquoi pas?

4. Quels problèmes de nature légale, éthique, physiologique, génétique, sont soulevés par l'insémination artificielle? Pour vous permettre de mieux réfléchir à cette question, lisez si vous voulez, le document intitulé «Les enfants de la solidarité».

5. Si une femme découvre (après son mariage) que son mari est probablement porteur d'une tare héréditaire très grave (par ex., maladie de Tay-Sachs), devrait-elle avoir le droit de désirer une grossesse par insémination artificielle?

Activité
(Jeu dramatique professionnel; groupes de deux étudiants)

Deux membres du personnel sanitaire d'un hôpital discutent des principes de l'insémination artificielle. L'un défend les principes des Cecos (Centres d'études et de conservation du sperme humain): l'insémination doit être utilisée uniquement dans les cas de stérilité du mari et elle doit être protégée par l'anonymat; le don du sperme doit être bénévole et le donneur doit être marié. L'autre personne soutient des principes et des conditions beaucoup plus souples. Imaginez le dialogue.

II. LA FECONDATION IN VITRO

Etude du vocabulaire topique

la fécondation in vitro: in vitro fertilization
le pronostic: prognosis
un kyste: cyst
obstruer: to obstruct
la microchirurgie: microsurgery
prélever: to remove, to extract
un prélèvement: extraction
recueillir: to collect
une couveuse (artificielle) = un incubateur: incubator
une mûre = une morula: morula
le liquide amniotique : amniotic fluid
une amniocentèse: amniocentesis
une stérilité tubaire: non-patent fallopian tubes
une transplantation: transplant
une réimplantation: implant
(s')effectuer: to be accomplished, to carry out
se maintenir: to maintain oneself
une étape: stage (of evolution)
une éprouvette: test tube
baigner: to steep
un critère: criterium
un gamète: gamete
un milieu de culture: culture
un follicule: follicle
hypophysaire: hypophyseal
une injection: hypodermic injection
un prolongement: consequence
la marche à suivre: steps to take
congeler: to freeze
une banque d'embryons: embryo bank

Depuis près de quatre ans, l'équipe de Clamart travaillait à la fécondation in vitro: Amandine

<u>couronne</u> (1) ses efforts. Mais ce n'est pas encore la fin de la stérilité. Pour l'instant, le traitement ne fonctionne que dans 7% des cas.

Le Pr [1] René Frydman, le biologiste Jacques Testart et l'équipe de l'hôpital Antoine-Béclère, à Clamart (Hauts-de-Seine), sous la haute bienveillance du Pr Emile Papiernik, ont la joie de vous annoncer la naissance d'Amandine. Née le 24 février, à 1h 30 du matin, elle pèse 3 kg 420 et mesure 51 centimètres. La maman, âgée de 37 ans, se porte bien. Elle a accouché naturellement, après dix heures de travail.

Cette naissance, <u>somme toute</u> (2) banale, méritait bien <u>ce faire-part</u> (3). Avec Amandine, première Française, le cercle des bébés conçus in vitro s'agrandit.

Les parents, avec la complicité des médecins, <u>tissent</u> (4) autour d'elle un cocon d'anonymat. Amandine ne sera pas bébé <u>vedette</u> (5). Tout a été fait pour <u>déjouer</u> (6) les curiosités.

«Dans la mesure où les parents font barrage au vedettariat, le pronostic psychologique d'Amandine, assure Anne Raoul Duval, psychanalyste du service de fécondation in vitro à Clamart, sera celui d'un enfant désiré.»

Voilà huit ans que les parents luttent pour obtenir ce précieux bébé. Ils ont suivi le douloureux parcours des traitements de la stérilité, pour aboutir, il y a cinq ans, au sombre verdict: des kystes obstruent chacune des trompes de la maman. Les médecins tentent alors la microchirurgie. En vain. Le couple consulte le Pr René Frydman, qui, depuis le mois de mai 1978, travaille, avec son inséparable «binôme» [2], le biologiste Jacques Testart, à la fécondation in vitro. C'est <u>le</u> dernier <u>recours</u> (7). Le médecin stimule l'ovulation de sa patiente par une hormone. Il prélève deux ovules grâce à la coelioscopie [3], qu'il pratique sous anesthésie générale. Le biologiste les met en contact avec les spermatozoïdes <u>fraîchement</u> (8) recueillis du mari. Dans la chaleur et l'obscurité d'une couveuse, un ovule est fécondé.

Soixante-douze heures plus tard, l'oeuf ressemble à une petite «mûre» de huit cellules, qui mesure un dixième de millimètre. C'est le moment que choisit

1. crowns   2. altogether   3. announcement   4. weave
5. star   6. to thwart   7. resort   8. récemment

le Pr René Frydman pour le replacer dans l'utérus maternel. Amandine n'aura vécu que trois jours dans la «trompe artificielle». Des dosages hormonaux répétés, que l'on fait avec appréhension, prouvent que le miracle vient de s'accomplir: l'embryon s'est fixé. Au quatrième mois, une ponction de liquide amniotique révèle qu'aucune malformation génétique n'est à craindre. Les médecins connaissent le sexe du bébé. Les parents, eux, veulent l'ignorer. Ils souhaitent garder intactes les joies de la découverte de l'enfant tant attendu.

Quatre ans après que les pionniers de la fécondation in vitro, les Britanniques Patrick Steptoe et Robert Edwards, ont permis à la petite Louise Brown de voir le jour, une trentaine d'enfants sont nés de cette technologie avancée. La France, grâce aux travaux de l'équipe d'Antoine-Béclère, fait la preuve, après la Grande-Bretagne, l'Australie et les Etats-Unis, que l'expérience est reproductible. Dans nos sociétés, la grossesse est souvent un risque dont on se prémunit (9) par la contraception ou l'interruption volontaire de grossesse (I.v.g.). La stérilité, dans ce contexte, est ressentie comme un handicap intolérable.

La technique s'adresse aux femmes qui souffrent de stérilités tubaires, soit 40% de l'ensemble des stérilités féminines. Les chances de succès sont faibles. Le prélèvement de l'ovule réussit dans 60% des cas. Mais 7% seulement des femmes traitées auront une grossesse. Partout dans le monde, on espère toutefois qu'une meilleure maîtrise de la technique pourrait bientôt approcher le taux (10) de succès naturel, soit de 25 à 30%.

Le programme de fécondation in vitro de l'hôpital Antoine-Béclère, qui porte le doux nom de Fivete (fécondation in vitro et transplantation embryonnaire), a démarré (11) deux mois avant la naissance de Louise Brown. Il n'est véritablement opérationnel que depuis deux ans. Une seule naissance pour l'instant ne permet pas d'établir des statistiques. Et, si l'équipe Frydman-Testart est fière de son succès, elle n'en rappelle pas moins les chiffres (12). D'octobre 1980 à décembre 1981, 109 femmes ont subi 129 coelioscopies. Trente-deux réimplantations ont été effectuées. Elles ont donné lieu à sept débuts de grossesse, dont deux seulement se sont maintenues.

9. contre lequel on se garantit 10. rate 11. a commencé 12. figures

67

L'une d'elles devait donner naissance à Amandine. L'autre viendra à terme cet été. Un troisième bébé conçu in vitro est également attendu à l'hôpital de Sèvres.

Les résultats paraissent minces au regard des tentatives. La fécondation nouveau style nécessite de nombreuses manipulations. «Ce qui influe sur (13) les résultats, dit Jacques Testart, c'est un tour de main (14) et une longue pratique qui permet de sélectionner les attitudes de travail». L'équipe d'Antoine-Béclère est en passe d' (15) acquérir ce savoir-faire. Mais elle recourt aussi à quelques astuces (16) qui font son originalité. L'enceinte (17) où l'ovule est déposé, dès son prélèvement, est un incubateur à nouveau-né ingénieusement aménagé (18) par Jacques Testart. Toutes les étapes de la fécondation s'effectuent à l'intérieur. Les précieuses éprouvettes baignent en atmosphère humide à une température constante de 37,5 degrés, et dans l'obscurité totale. Les Anglo-Saxons attachent moins d'importance à ce début de la vie. Les tubes sont exposés à la lumière, le temps (19) des observations, et subissent des variations de température.

L'équipe française «sélectionne» les spermatozoïdes selon des critères de mobilité. Le «mariage» des deux gamètes s'effectue dans un milieu de culture original concocté (20) par le chercheur Yves Menezo, une reproduction des sécrétions tubaires de la brebis ou de la vache.

Mais le choix le plus original de l'équipe française se situe au stade (21) de l'ovulation. René Frydman a pris le parti de stimuler la maturation de plusieurs follicules porteurs d'ovules par une hormone hypophysaire. La coelioscopie peut alors être programmée douze heures après l'injection. Il recueille plusieurs ovules, ce qui multiplie les chances de fécondation.

Les prolongements de cette méthode posent des problèmes graves. Si deux ovules venaient à être fécondés, quelle serait alors la marche à suivre? Réimplanter les deux? Une équipe australienne, dit-on, a fait ce choix. On peut aussi envisager de congeler l'un des deux embryons. On sait, en France, depuis un mois, que quatre embryons apppartenant à deux femmes attendent, sous la protection de Jean-

13. a un effet sur 14. skill 15. est sur le point de 16. artfulness 17. enclosure 18. fitted up 19. pendant 20. préparé 21. à la phase

Paul Renard, de l'Institut national de la recherche agronomique que l'on statue (22) sur leur sort. Ce débat sur les banques d'embryons a divisé la Grande-Bretagne. Il est temps, en France, que l'on réfléchisse à la question. Peut-être, comme le suggère Jacques Testart, un jour édictera (23)-t-on un droit de l'embryon...

22. que l'on décide   23. will decree

Annie Kouchner, «Il est né le divin bébé», L'Express, 12 mars 1982.

[1] Abréviation de «professeur», titre habituel des professeurs de l'Académie de Médecine.

[2] Dans le présent contexte, deux scientifiques, un biologiste et un clinicien, qui font des recherches ensemble.

[3] Examen du péritoine (peritoneum) à l'aide d'un endoscope.

Pratique du vocabulaire

A. En vous aidant du Petit Robert ou du Petit Larousse illustré, mais sans utiliser les participes passés des verbes, trouvez des mots de la même famille que:

1. hypophysaire:
2. congeler:
3. un prolongement:
4. obstruer:
5. baigner:
6. une injection:
7. recueillir:
8. une implantation:
9. maintenir:
10. la stérilité:
11. prélever:
12. un pronostic:

B. Le suffixe --aire, ajouté à un nom, sert à former certains adjectifs. Ex.: l'hypophyse (f.), hypophysaire. Formez des adjectifs sur les noms qui suivent:

1. un embryon:
2. la volonté:
3. un tube:

4. une origine:
5. un follicule:
6. une banque:
7. une cellule:

C. Complétez le paragraphe suivant avec des mots de la liste de vocabulaire mis à la forme correcte:

Quelles sont les différentes _____ de la fécondation in vitro? D'abord, le médecin stimule plusieurs _____ ovariens par une hormone. Grâce à la coelioscopie, il _____ un ou deux ovules sur la femme qui est stérile parce que des _____ obstruent ses trompes. Puis il met ces ovules en présence du sperme récemment _____ du mari. La fécondation a lieu dans _____, aussi appelée _____. Quand l'oeuf atteint le stade de la morula, le médecin _____ l'embryon dans l'utérus maternel. On appelle un bébé conçu dans _____ un bébé-éprouvette.

D. Faites six phrases claires et précises avec les mots suivants: le liquide amniotique; un milieu de culture; s'effectuer; une injection; congeler; la marche à suivre.

Questions sur le texte

1. Cherchez, en mesures américaines, le poids et la taille d'Amandine à sa naissance. Est-elle normale?
2. Pourquoi les parents ont-ils voulu garder l'anonymat autour de leur petite fille?
3. Qu'est-ce qui causait la stérilité de la femme?
4. Qui est le Pr René Frydman? Pourquoi les parents d'Amandine l'ont-ils consulté?
5. Résumez en quelques phrases les étapes de la fécondation in vitro.
6. A quelle catégorie de femmes s'adresse la fécondation in vitro? Réussit-elle toujours? Justifiez votre réponse à l'aide de chiffres.
7. D'après le docteur Jacques Testart, qu'est-ce qui a une influence sur les résultats?
8. Quelles sont les astuces employées par Testart pour assurer un plus grand taux de succès?
9. A quoi correspond la température de 37,5 degrés?
10. Dans quelles conditions s'effectue le «mariage»

des deux gamètes?
11. Pourquoi Frydman fait-il une injection d'hormone hypophysaire à la femme qu'il traite?
12. Si Frydman recueille plusieurs ovules, quels problèmes se posent? Quelles solutions peut-il envisager?

Echange d'opinions

1. Les Britanniques discutent de l'emploi de la fécondation in vitro dans un cas de stérilité masculine, l'oligospermie qui se caractérise par un nombre trop faible de spermatozoïdes. Qu'en pensez-vous? Quels avantages cette méthode pourrait-elle présenter, en particulier par rapport à l'insémination artificielle?

2. Dans une interview de **L'Express** accompagnant l'article que vous venez de lire, Frydman et Testart expriment le souhait qu'une commission d'éthique soit créée pour veiller sur les expériences faites en génie génétique et médecine foetale, particulièrement sur la congélation des embryons. Identifiez quelques-uns des problèmes légaux et moraux soulevés par la congélation et les banques d'embryons (par ex., à qui appartiennent ces embryons? Pourraient-ils être adoptés par des couples sans enfant?)

3. A votre avis, quelles professions devraient être représentées dans les comités d'éthique? Quels groupes sociaux? Les membres de ces comités devraient-ils être nommés ou volontaires?

4. Etant donné qu'il y a des milliers d'enfants, de par le monde, qui meurent soit de faim soit par manque de soins primaires de santé, croyez-vous qu'il serait plus juste, plus humain, de s'occuper d'eux, ou de les faire adopter, plutôt que de dépenser des sommes énormes pour les recherches sur la fécondation in vitro?

Activité
(Jeu dramatique professionnel; groupes de cinq étudiants)

Vous faites partie d'un comité d'éthique. L'un de vous est pédiatre néonatal, l'autre juriste, un autre représentant de la religion. Les deux autres sont le père et la mère. Voici le dilemme auquel il faut trouver une solution:

La mère, à quarante ans, est enceinte pour la première fois après des années de traitement contre la stérilité. Elle porte des jumeaux. Une amniocentèse révèle qu'il s'agit de faux jumeaux dont l'un est génétiquement normal et l'autre mongolien. Trois possibilités se présentent aux parents: avortement des deux foetus (mais cette grossesse est, pour la femme, son dernier espoir de maternité), naissance des deux enfants (mais la femme se sent incapable d'assumer un enfant anormal pour le reste de sa vie) ou «l'élimination sélective» du jumeau mongolien dans l'utérus (mais les risques d'accident ou de mort pour le jumeau normal et la mère sont énormes). Il faut aussi considérer des aspects légaux et religieux de cette entreprise.

Quelle solution conseillez-vous ou préférez-vous?

Deuxième Partie

L'Enfance et L'Adolescence

Dossier 1

Vie et bien-être des enfants

I. LES CONDITIONS ECONOMIQUES DES FAMILLES

Etude du vocabulaire topique

les gens de maison: servants
un/e exclu/e: person rejected by society
un/e mécanicien/ne: mechanic
un/e pâtissier/ère: pastry-cook
un/e menuisier/ère: joiner
l'embauche (f.): hiring; here, job interview
embaucher: to hire
un ajusteur-outilleur: tool-fitter
le loyer: rent
une traite: installment bill
un impôt: tax
la location: renting or letting
impôts locatifs: real estate taxes incumbent upon the
tenant
les frais (m.) = les dépenses (f.): expenses
l'entretien (m.): maintenance
une révision: overhaul (of a car, etc.)
une nourrice: infant care giver
une crèche: day-care center
un jardin d'enfants = une école maternelle: nursery
school and kindergarten
la cantine: canteen, school cafeteria
la navette: shuttle
bousculé/e: hurried
gagner (bien/mal) sa vie: to earn one's living
une facture: bill
renvoyer: to fire
le chômage: unemployment
être au chômage: to be unemployed
un/e chômeur/euse: unemployed worker

En toute honnêteté, il serait injuste de ne pas
rappeler combien les conditions économiques sont,
elles aussi, importantes pour les familles.

L'Humanité des 4,5,6,7 et 11 mai 1976 titrait (1)
ainsi un reportage (2): «Misère moderne: ils sont 16
millions». Le journal du parti communiste rappelait
les chiffres d'une enquête de l'I.N.S.E.E. (Institut
national de la statistique et des études économiques)
révélant que plus de 16 millions de travailleurs
vivaient en dessous du seuil (3) de 2 500 francs par
mois; en juillet 1975, 1 788 000 Français gagnaient
moins de 1 300 francs; 3 900 000 moins de 2 000 et
6 840 000 moins de 2 500. (Ne sont pas compris dans
ces statistiques les 300 000 ouvriers agricoles, les
500 000 «gens de maison» et une partie des fonction-
naires. Il est vrai qu'un Livre blanc de l'O.C.D.E.
(Organisation de coopération et de développement
économique) situe la richesse à ... 1 400 francs par
mois.
    A quoi bon faire des enfants dans ces conditions?
    Au pire (4) les enfants vont devenir des exclus.
Une enquête du journal La Croix [1] du 27 juillet
1976 donne la parole à l'un de ces enfants dits «du
quart monde» (5), c'est édifiant: «On est sept dans
un deux-pièces cuisine [2]: ça fait une chambre pour
les parents, une pour cinq enfants, mes trois soeurs
dans le même lit, mon frère et moi dans des lits su-
perposés (6). Ce que je veux être? Mécanicien; mais
depuis la sortie du C.E.S. [3] j'ai été chez un
pâtissier, un menuisier, et maintenant chez un maçon.
D'ailleurs, dès l'embauche, quand on dit notre
adresse, «Ah, vous êtes cité des (7)... On vous é-
crira» et on ne nous écrit pas, la cité est trop
marquée (8).
    »Nous étions REPÉRÉS (9) à l'école; je suis resté
six ans dans la même classe, je ne sais pas pourquoi.
Le matin, on rentrait à l'école, ils nous regardaient
les ongles. Moi, avant d'aller à l'école, je cou-
pais du bois (10) pour ma mère ou autre chose, alors
ils me renvoyaient me laver devant tout le monde, la
honte, quoi.»
    Au mieux (11), voici le témoignage de Catherine,
maman de deux enfants de sept mois et deux ans et
demi: «J'ai trente ans et mon mari aussi. Je suis
archiviste (12), lui ajusteur-outilleur. Nos salaires réunis cela fait 6 000 francs à peu près, ce

1. donnait un titre à 2. news report 3. threshold
4. at the worst 5. underprivileged 6. bunkbeds 7.
you live in the housing project of... 8. désignée
comme suspecte ou coupable 9. remarqués, surveillés
10. split wood 11. at best 12. file clerk

n'est pas mal. On a 950 francs de loyer pour un trois pièces de 63 mètres carrés, 450 francs de traites de voiture (d'occasion), 800 francs pour la garde des deux enfants, 400 francs d'impôts, 140 francs d'assurance voiture, 55 francs d'électricité, 105 francs de téléphone, et 70,80 F d'impôts locatifs. Le premier du mois il ne reste déjà plus que 3 030 francs sur lesquels il faut retirer le prix de nos cartes de transport [4]. J'ai la chance d'avoir peu de vêtements à acheter, parce que ma mère habille les enfants; cela me permet d'être parfois moins regardante (13) sur les prix: récemment j'ai dépensé 136 francs pour les boots de Victoria, ma fille aînée; c'était plus que je n'aurais dû! En fait, il faut adapter ses goûts à son porte-monnaie (14). Pourtant l'achat d'un manteau est un problème. Depuis que nous avons la voiture--ce qui est indispensable avec les enfants--et même si nous ne nous en servons pas tous les jours, il faut compter avec les frais d'entretien et de révision: 500 francs, la dernière révision!

»Quant à mon emploi du temps (15)... Je me lève à 6 heures; je fais ma toilette et Victoria se réveille à peu près en même temps. Je prends mon petit déjeuner, debout pour gagner du temps, fais rapidement le café et les tartines (16) pour mon mari, les tartines et le lait de Victoria (la bouillie de Mathieu est faite dès 6 h 15: il n'aime que la farine à cuire (17), et je la lui prépare suffisamment tôt pour qu'elle ne soit plus trop chaude quand je la lui donne). Ensuite, je débarbouille (18) Victoria, l'habille, lève Mathieu et le prépare en vitesse. Je prends le sac en plastique qui contient les petits joujoux et les médicaments de Mathieu, et avec Victoria, je le dépose chez sa nourrice à 8 heures--au début, il allait à la crèche; mais au bout de (19) dix jours il avait déjà fait une série de poussées fébriles (20), j'ai dû le retirer parce qu'on m'a dit que j'avais un enfant à problèmes. Ensuite, je continue avec Victoria, et l'amène à 8 heures 15 au jardin d'enfants, qui regroupe les petits, et les conduit en mini-car (21) à l'école maternelle, qui n'ouvre qu'à 9 heures. Je n'ai que le temps de prendre mon train et j'arrive au bureau--aux Champs-

13. très économe 14. wallet 15. schedule 16. tranches de pain couvertes de beurre, etc. 17. pablum 18. lave le visage 19. à la fin de 20. bouts of fever 21. mini-bus

Elysées--à 9 h 10.

>Victoria reste à la cantine; à 16 h 30, elle est reprise par la navette du jardin d'enfants où elle reste jusqu'à 18 heures; mon mari passe la prendre puis va chercher Mathieu chez la nourrice. Il fait manger Victoria avant mon retour vers 19 h 30.

>Plus j'y réfléchis, et plus je trouve qu'on leur fait mener une <u>sale</u> (22) vie, à nos <u>gosses</u> (23). Victoria est <u>crevée</u> (24), elle supporte mal cet emploi du temps bousculé; elle passe sans arrêt de main en main, elle est vraiment traumatisée. Pour Mathieu, ce n'est guère plus satisfaisant: il a déjà été terriblement <u>baladé</u> (25); la première nourrice que j'avais trouvée pour lui m'a dit au bout de trois jours qu'elle partait en vacances et l'emmenait! Une femme que je connaissais à peine, je n'allais pas lui laisser mon fils comme ça! J'ai refusé, et j'ai mis Mathieu à la campagne, chez l'ex-nourrice de Victoria. Il y est resté trois semaines, je savais qu'il y était bien.

>Avec la nouvelle nourrice, les choses se passent bien; mais Mathieu est devenu exigeant; il pleure pour qu'on s'occupe constamment de lui; je n'ai qu'une peur, c'est que la nourrice me le rende... J'aurais voulu prendre quelqu'un chez moi pour s'occuper des enfants, mais c'est bien trop cher.

>Mon mari et moi nous ne sortons plus, nous n'allons nulle part; les week-ends se partagent entre les lessives, le repassage, le ménage--qu'on néglige le reste de la semaine. Le restaurant, c'est un luxe, et le cinéma, il n'en est plus question...»

22. très désagréable   23. kids   24. tired to death
25. taken around

Carole Sandrel, <u>La Société contre l'enfant</u>, Stock, 1977. Extraits.

[1] Quotidien français d'inspiration catholique.

[2] Appartement comprenant deux pièces et une cuisine.

[3] Collège d'enseignement secondaire.

[4] Carte valable pour une semaine ou pour un mois

qui donne accès au métro et aux autobus à prix réduit.

Pratique du vocabulaire

A. Relevez dans le texte des noms de la même famille
que les verbes suivants:

1. embaucher: 4. dépenser:
2. louer: 5. entretenir:
3. réviser: 6. imposer:

B. Complétez le passage suivant en utilisant des mots
du vocabulaire et en vous inspirant du texte:

M. et Mme Thibodeau sont mariés et ont deux
enfants. Il est _____ et elle est _____. Ils
_____ leur vie mais ils ont beaucoup de _____.
Chaque mois, ils doivent payer _____ de l'appartement et _____, _____ de leur voiture et l'assurance. Il y a aussi _____ d'électricité et de
téléphone et _____ du gouvernement. Avant de
partir travailler, Catherine Thibodeau emmène sa
petite fille, Victoria, au _____ et Mathieu, le
bébé, chez _____. Elle pense que ses enfants sont
très _____.

C. Faites des phrases complètes et cohérentes en
combinant un mot de la colonne B avec un mot de la
colonne A. Faites tous les changements nécessaires:

A	B
1. le nourrisson	a. la cantine
2. le car scolaire	b. l'entretien
3. les ouvriers	c. une crèche
4. le patron	d. être au chômage
5. déjeuner	e. renvoyer
6. coûter cher	f. la navette

D. Donnez une définition claire des noms suivants:

1. l'école maternelle:
2. un menuisier:
3. la location:
4. l'embauche:

Questions sur le texte

1. Selon l'auteur, qu'est-ce qui peut décourager les parents d'avoir des enfants?
2. Quelles sont les possibilités d'avenir des enfants de familles misérables?
3. Quelles peuvent être les raisons pour lesquelles ces enfants sont «repérés» à l'école?
4. Que pense Catherine de son salaire et de celui de son mari?
5. Enumérez les frais auxquels ils doivent faire face chaque mois.
6. Pourquoi Catherine peut-elle dépenser un peu plus, parfois, pour une chose ou une autre?
7. Quel est son emploi du temps entre son lever et son départ pour le travail?
8. Expliquez pourquoi elle ne peut pas confier Mathieu à une crèche?
9. Comment Victoria passe-t-elle sa journée?
10. Catherine dit que ses enfants mènent une «sale vie.» Qu'en pensez-vous? Justifiez votre réponse.
11. A votre avis, pour quelles raisons psychologiques Mathieu a-t-il besoin qu'on s'occupe constamment de lui?

Echange d'opinions

1. Quels sont les arguments pour et contre le travail professionnel des femmes mères de famille? Quelle est votre opinion personnelle sur le sujet?

2. En France, la législation sociale facilite la présence d'un parent au foyer où un enfant vient de naître par deux possibilités: congé de maternité de seize semaines minimum et congé parental, d'une durée maximale de deux ans qui peut être pris soit par la mère, soit par le père. Que pensez-vous de ces lois? Aimeriez-vous voir des lois semblables appliquées aux Etats-Unis? Donnez vos raisons.

3. A votre avis, les crèches devraient-elles être complètement subventionnées par l'Etat? Ou bien devraient-elles être prises en charge par les usines, compagnies, etc., leur gratuité faisant ainsi partie des bénéfices sociaux reçus par les employés? Ou bien encore, les crèches devraient-

elles être laissées à l'initiative privée et être payantes?

Activité
(Jeu dramatique professionnel; groupes de deux étudiants)

Un/e étudiant/e est travailleur/euse social/e attaché/e à une usine. L'autre est une ouvrière qui vient de perdre son emploi et qui a, seule, la charge de trois enfants de neuf mois, quatre ans et sept ans et demi. La femme explique ses problèmes et a besoin de renseignements. Le travailleur social la conseille sur les démarches à suivre pour obtenir les allocations de chômage, sur la façon dont elle peut modifier son budget familial et fait quelques suggestions pour que ses enfants ne souffrent pas de la situation financière.

Etude du vocabulaire topique

renchérir: to rise in price
les charges (f.): in addition to the rent, expenses corresponding to heating and maintenance costs
baisser: to come down
insalubre: unsanitary
l'exiguïté (f.): insufficient size
s'agiter: to bustle about
un bail: lease (to a tenant)
un locataire: tenant
un grillage: lattice-work
une prise électrique: electrical outlet
le sol: floor
un commutateur: electrical switch
un espace extérieur de jeux: playground
piétiner: to trample down
une pelouse: lawn
une plate-bande: flower-bed
aménager: to arrange, to prepare
un bac à sable: sandbox
un cheval basculant: rocking horse
convenir à: to suit
un taudis: slum

Quand les produits alimentaires renchérissent, les loyers et les charges ne baissent pas!
1 600 000 logements sont libres, totalement inoccupés en France, tandis que des milliers de familles vivent dans des logements trop petits, pour ne pas dire insalubres! La capitale et ses <u>alentours</u> (1) <u>conduisent le peloton</u> (2): 275 208 appartements parisiens attendent <u>preneurs</u> (3).
[...]

1. surroundings 2. lead the field 3. takers

Dans ces conditions Le Point [1] du 20 septembre 1976 n'a pas tort de faire état d' (4) un rapport «confidentiel» réalisé pour les ministères de la Santé et du Travail, et qui note, au passage que: «Un certain nombre de jeunes hésitent à se marier ou à avoir des enfants faute de (5) trouver un logement.» Et, souligne l'hebdomadaire, les experts s'interrogent: «Il serait intéressant de connaître l'incidence (6) de l'exiguïté des logements sur le nombre des divorces et des interruptions de grossesse.»

D'une manière générale, la place faite à l'enfant, ou plutôt aux enfants, dans les habitations, est limitée: les chambres qui leur sont destinées ont la plus petite surface possible (9 à 12 mètres carrés); on laisse aux «grands» l'espace: comme si les petits n'en avaient pas davantage besoin, comme s'ils n'avaient pas un besoin vital de bouger, de s'agiter, de jouer.

La sécurité même ne tient pas compte des enfants. A Maine-Montparnasse--grand ensemble parisien qui abrite 783 familles et un millier d'enfants--il a fallu attendre que l'un d'eux se tue en tombant d'une fenêtre pour qu'une protection--d'ailleurs insuffisante, disent des mères de famille--soit installée aux fenêtres. Pire, avant l'accident, les baux interdisaient aux locataires de poser des grillages aux fenêtres (pour ne pas déparer (7) les façades).

Quant aux prises électriques, généralement installées au niveau du sol, donc bien tentantes pour les petits doigts, tout le monde veut ignorer le danger qu'elles représentent. Il serait trop facile sans doute de les placer en hauteur, (les mères de famille ne s'en plaindraient pas, qui branchent (8) et débranchent les appareils ménagers (9) au grand dam (10) de leur dos). Mais les bâtisseurs répondent sans rire qu'une prise à mi-mur près des commutateurs, ce n'est pas beau...Au moins pourrait-on équiper les pièces de prises de sécurité, il en existe. Officiellement «cela coûte cher»!

Les espaces extérieurs de jeux ne sont guère nombreux, et il est vrai que Paris, en particulier, n'aime pas que les enfants piétinent ses pelouses et ses plates-bandes. Dans un immeuble récent, proche de la République, un espace a été aménagé pour les

4. citer 5. par manque de 6. l'influence 7. to spoil the beauty of 8. plug in 9. household appliances 10. dommage

enfants; les riverains (11) protestent: les jeux des gamins (12), après l'école, les dérangent! Il n'y a pas de bac à sable pour les plus petits: pas question d'en installer au beau milieu des pelouses, qui ne sont là que pour le plaisir de l'oeil. Les colocataires ont quand même réussi à faire aménager un bac à sable sur un bout (13) de terrain municipal. Moralité: ce sont les chiens qui utilisent le bac...

Parfois--mais il s'agit d'initiatives isolées--quelqu'un ou quelque organisme lance (14) une idée: le Service d'action sociale de l'office d'H.L.M. [2] d'Ille-et-Vilaine a ainsi tenté d'aménager le cadre de vie (15) des habitants avec leur participation; l'idée ne s'arrêtait pas là, puisque dans le même mouvement, on a cherché la concertation avec les associations de locataires pour déterminer le montant (16) des charges, les travaux d'amélioration des bâtiments, d'entretien, etc. Le service a même décidé de pousser (17) les enquêtes sociales, afin d'aider efficacement les locataires en difficultés, les personnes âgées et handicapées.

Ce programme, l'Office public départemental d'habitations à loyer modéré d'Ille-et-Vilaine y adhère totalement «car, dit le directeur, M. Pasquier, l'Office considère que l'acte de construire n'est qu'une étape (18), et que son action principale doit tendre vers (19) une gestion sociale, pour le bien-être de ses locataires». Dans cet esprit, M. Pasquier a adressé aux enfants de six à quatorze ans une lettre en ces termes: «Votre H.L.M. devant être prochainement équipée en jeux, j'ai besoin de connaître ceux vers lesquels vont vos préférences (toboggan, cheval basculant, etc.) afin de pouvoir mettre à votre disposition des jeux correspondant à vos désirs.

»Je compte sur vous pour que vous n'hésitiez pas à (...) faire part de (20) vos suggestions, étant entendu que (21) les installations projetées ne sauraient avoir la moindre incidence sur le coût du loyer payé par vos parents.»
[...]

Des architectes conscients que l'espace des habitations, ou celui des écoles, ne convient pas aux

11. people whose apartments open on this playground 12. jeunes enfants 13. un petit morceau 14. commence 15. living surroundings 16. la somme 17. to push further 18. une phase 19. viser à 20. communiquer 21. being agreed that

besoins ni aux souhaits des enfants, il y en a. Depuis quelques années, un Groupe d'études pour l'architecture s'est constitué, composé d'instituteurs, de psychologues, d'architectes. Son premier objectif: chercher, avec la participation des enfants, à aménager l'espace scolaire. Diverses expériences ont été réalisées dans des écoles. L'Education nationale voit la chose d'un très bon oeil (22). Du moins sur le papier.

Les réalisations--faut-il s'en étonner?--n'ont pas suivi.

[...]

Ces phénomènes de rejet et d'hostilité de la société à l'égard de l'enfant, les voilà si graves qu'ici et là montent quelques voix, encore timorées (23), il est vrai, mais c'est mieux que le silence.

En octobre dernier, Europe No. 1 [3] a lancé une opération choc (24): six mois de battage (25) radiophonique pour obtenir une charte des enfants. L'idée, généreuse, est partie de réalités qui font frissonner (26):

-- un enfant français sur quatre a déjà eu affaire aux policiers, au juge ou au psychiatre.

-- 8 000 enfants sont morts, en 1975, par la faute de leurs parents;

-- 4 800 enfants ont réussi à se suicider en 1975;

-- 45 000 enfants toxicomanes (27) ont été arrêtés dans la même année;

-- la délinquance juvénile a augmenté de 175% en cinq ans.

Plus qu'une charte, c'est le changement de l'état d'esprit collectif qu'il convient de (28) viser. Ce sera déjà bien si la campagne d'Europe No. 1 parvient à forcer la réflexion (29).

22. d'une manière favorable   23. timides   24. a very strong campaign   25. publicité   26. to shudder   27. drug addicts   28. it is advisable   29. obliger à penser

Carole Sandrel, La Société contre l'enfant, Stock, 1977. Extraits.

[1] Le Point est un journal hebdomadaire vendu dans toute la France.

[2] H.L.M.: Les habitations à loyer modéré sont géné-

87

ralement situées dans de hauts édifices--des tours--
bâtis surtout depuis la deuxième guerre mondiale,
autour des villes. Plusieurs tours groupées forment
«un grand ensemble».

[3] Europe No. 1 est une station radiophonique privée
dont l'émetteur est situé en Sarre et qui a une très
large audience en France, en Grande Bretagne, en
Belgique et en Suisse.

Pratique du vocabulaire

A. Trouvez dans un dictionnaire de langue française
   des mots de la même famille que:

   1. une charge:
   2. insalubre:
   3. un locataire:
   4. un jeu:
   5. aménager:
   6. convenir:

B. Choisissez quatre des mots que vous avez trouvés
   et utilisez chacun dans une phrase.

C. Remplacez les mots soulignés par un synonyme tiré
   du vocabulaire topique.

   1. Les jeunes enfants ont quelquefois la tentation
   de mettre les doigts dans les trous des dispositifs électriques qui se trouvent en bas des murs.
   2. Dans les jardins publics, on voit souvent
   «Défense de marcher sur les espaces plantés
   d'herbe».
   3. En période d'inflation, les prix montent
   constamment.
   4. Le chien de leurs voisins a marché sur les
   jeunes plantes de leur jardin.
   5. La municipalité a fait arranger un terrain de
   jeux spécialement pour les petits de l'école maternelle.

D. Relevez dans le texte les termes exprimant les
   activités extérieures des enfants ou s'y
   rapportant.

Questions sur le texte

1. Pourquoi tant de familles vivent-elles dans des logements trop exigus ou insalubres alors qu'il existe beaucoup d'appartements libres?
2. Pour quelles raisons certains jeunes hésitent-ils à fonder une famille?
3. Que souhaiteraient connaître les experts cités par Le Point?
4. Selon quelle logique laisse-t-on plus d'espace aux «grands» qu'aux petits? Qu'en pensez-vous?
5. A quels dangers les enfants sont-ils exposés dans les grands ensembles? Et dans les logements en général?
6. Comment les bâtisseurs pourraient-ils éliminer ces dangers? Le font-ils? Pourquoi?
7. Pourquoi les enfants ne peuvent-ils pas jouer librement dans les parcs et jardins publics parisiens?
8. Quelles objections les locataires d'immeubles élèvent-ils contre les expaces extérieurs de jeux et les bacs à sable?
9. Expliquez l'idée lancée par le Service d'action sociale de l'office d'H.L.M. d'Ille-et-Vilaine.
10. A quelle philosophie cet office adhère-t-il?
11. Qu'est-ce que M. Pasquier a demandé aux enfants dans sa lettre?
12. De quoi certains architectes sont-ils conscients? Que cherche à faire le Groupe d'études pour l'architecture?
13. D'après l'auteur de ce texte, Carole Sandrel, comment la société agit-elle vis-à-vis des enfants?
14. Quel était le but de la campagne radiophonique d'Europe No. 1? Selon l'auteur, qu'est-ce qui serait préférable?

Echange d'opinions

1. Renseignez-vous pour savoir si, dans votre état, il y a assez de logements pour les familles et les individus aux revenus modestes. Si la réponse est négative, pensez-vous que c'est le rôle du gouvernement d'assurer la construction de logements convenables, mais à loyer modéré? Des réformes seraient-elles nécessaires? Lesquelles?

2. Selon vous, le gouvernement devrait-il verser des subventions aux familles et individus qui ont des

moyens limités pour que chacun puisse vivre dans un cadre adéquat et salubre?

3. Certains réformateurs pensent que le gouvernement devrait assurer à tous un salaire garanti. Croyez-vous que cela serait une solution aux logements exigus et insalubres?

4. Dans une ville, qui devrait être responsable de l'aménagement et de l'entretien des espaces extérieurs de jeux? Des individus généreux? Les parents? Les services sociaux de la municipalité? Les administrations des églises? D'autres?

Activité
(Jeu dramatique professionnel; groupes de plusieurs étudiants)

Les locataires d'un grand ensemble se réunissent avec des travailleurs sociaux pour établir leurs besoins. Leurs buts sont de sensibiliser le conseil municipal à leurs besoins et d'amener des réformes en présentant un rapport à la commission d'urbanisme. Jouez les rôles différents dans une discussion.

Dossier 2

Les Enfants martyrs

I. L'ENFANT MARTYR: RESPONSABILITES ET SOLUTIONS?

Etude du vocabulaire topique

un enfant martyr: abused child
martyriser: to torture, to abuse
un méfait: misdeed
ignoble: vile
la délation = dénonciation: denunciation, informing
la haine: hatred
rosser = battre: to give (s.o.) a beating
le refoulement: inhibition, repression
l'égoïsme (m.): selfishness
se saisir de: to seize upon
un bourreau: tormentor; ici, child abuser
un châtiment: punishment
la misère: destitution
épuisé/e: exhausted
une correction: corporal punishment
un coup: blow
porter plainte en justice: to lodge a complaint before a court
pousser à bout: to try s.o.'s patience to breaking point
une enquête: investigation
fouiller: to search
des sévices (m.pl.): brutal corporal treatment
un foyer: children's home
inefficace: ineffective
préconiser: to advocate
une ecchymose: bruise

S'il y a bien un méfait qui soulève l'indignation générale, c'est le martyre d'un enfant. Certaines photographies, certaines histoires abondamment commentées provoquent des réactions en chaîne, et la plus ignoble délation, la plus horrible des

vengeances <u>percent</u> (1) dans ce pays d'apparence tranquille. A la lecture des lettres de haine, de vengeance, lettres anonymes ou signées, lettres d'insultes, il faut s'arrêter un instant. Comment ne pas penser alors: «Comme les hommes sont malheureux!»
Indignation générale. Oui, et pourtant...

Combien en ai-je vu d'enfants martyrs dont les parents vivaient apparemment bien contents, bien heureux, bien nourris, combien en ai-je vu qui m'expliquaient que leur gosse était un sale gosse et qu'il fallait le rosser. Et puis il y a tous les martyrs sans stigmates, tous les martyrs de la haine, du refoulement, du désespoir, de l'égoïsme, tous les abandonnés. Ceux-là même dont la justice ne peut se saisir puisqu'ils ne parlent pas.

La loi est <u>censée</u> (2) punir sévèrement les parents bourreaux. Dans les faits, elle ne le fait pas, et il vaut bien mieux tuer son propre enfant que tuer celui d'un autre. Mais même quand elle punit, à quoi cela sert-il? Les châtiments rigoureux sont le moyen pour la société représentée par la justice de <u>se «dédouaner»</u> (3) d'une situation qu'elle a provoquée dans la plupart des cas. Chômage, <u>éthylisme</u> (4), misère, racisme, habitations insalubres. Alors, dans ces cas, elle punit avec <u>un malin plaisir</u> (5). J'ai entendu un juge dire à un pauvre homme qui avait battu son enfant de deux ans et qui s'expliquait en répétant <u>inlassablement</u> (6): «Je l'aimais, moi, cet enfant, mais je n'avais pas de travail et je m'étais <u>soûlé</u> (7). J'étais soûl.» J'ai donc entendu ce juge lui dire: «Vous n'aviez qu'à ne pas boire.»

Il n'avait qu'à ne pas boire!

Bien sûr.

Résultat: deux ans de prison. C'est <u>dérisoire</u> (8) pour la mort d'un enfant et considérable pour une erreur due à des conditions de vie inacceptables.

Mais il y a des enfants martyrs qui appartiennent à d'autres catégories sociales, et curieusement on ne les voit jamais dans les tribunaux. Ils s'arrangent. Avec les médecins, la société, la justice. Oh, il ne s'agit pas de <u>«combine»</u> (9), mais seulement d'explications: «Je n'en pouvais plus. Cet enfant n'était pas normal, et sa mère et moi étions épuisés nerveusement.» Etc. Et c'est vrai que cela est fré-

1. se manifestent 2. supposée 3. to clear itself
4. alcoolisme 5. malevolent satisfaction 6. interminablement 7. got plastered 8. insignifiant
9. scheme

94

quent, c'est vrai que les parents martyrisent souvent un enfant en raison de (10) leur propre martyre personnel, qu'il soit affectif, physique, psychique ou moral; c'est vrai que la punition, si elle fait sensation, ne sert à rien, sauf quelques cas rarissimes (11). Ce n'est donc pas du côté du châtiment qu'il faut chercher la solution.

La loi autorise les parents à infliger des «corrections» à leurs enfants, à condition toutefois que les corrections ne deviennent pas «anormales», ce qui est bien difficile à déterminer.

Tout le monde en France, ou à peu près, croit avec force qu'une bonne gifle ne fait pas de mal. Comment peut-on oser toucher à un être humain, comment peut-on battre quelqu'un? Naguère (12), les hommes battaient les femmes, et tout le monde trouvait cela normal. Maintenant, les hommes battent leurs enfants, et tout le monde trouve ça normal. Non, ce n'est pas normal. Et comment s'étonner ensuite de la multiplication des bagarres (13), des violences, des coups? Le principe même de l'éducation, c'est l'exemple. Quel exemple donne-t-on à un enfant quand on le bat? N'y a-t-il pas moyen d'expliquer autrement?

Il n'y a qu'à regarder une mère battre son enfant pour s'apercevoir de tout ce qu'elle défoule de violence rentrée, de nervosité, de refoulement. C'est souvent à la limite du pathologique. Ne peut-on garder sa dignité et sa sérénité en toutes circonstances? C'est, bien sûr, un considérable effort à fournir sur soi-même.

Il faut absolument supprimer tout châtiment corporel. Comment?

Il serait effectivement «exagéré» qu'un enfant, dès qu'il reçoit une gifle, aille porter plainte en justice. Il nous semble indispensable d'informer, et particulièrement les jeunes couples, des effets désastreux des châtiments. Je sais qu'il est difficile d'éduquer notamment (14) les tout-petits sans la fessée traditionnelle, même si celle-ci est appliquée avec une relative douceur. Dans bien des cas, c'est l'enfant lui-même qui pousse à bout ses parents pour voir jusqu'où ils iront. Mais ce ne sont que des raisons de ne pas dramatiser un événement, ce ne sont des raisons qui le justifient. D'autre part, les

10. in direct proportion to 11. très rares 12. not long ago 13. querelles violentes 14. plus particulièrement

«coups» sont scandaleux de la part des professeurs ou des instituteurs. Il faut que l'autorité scolaire prenne en ce sens de très graves sanctions, allant jusqu'à l'interdiction d'exercer. Enfin, il est nécessaire que l'enfant lui-même puisse protester et aller devant une autorité compétente qui ordonnera une enquête. A la suite de cette enquête, des spécialistes se prononceront pour le maintien de l'enfant ou non dans son milieu familial.

A l'heure actuelle, quand un enfant est martyrisé par ses parents et que l'autorité en est saisie, l'enfant est placé dans un centre où il est en général très malheureux. Il faut éliminer la plupart des centres existants et leur substituer deux solutions.

Le placement dans une autre famille, placement définitif et non temporaire, à condition toutefois que l'enfant l'accepte. Ou la création de lieux de vie (15) dans lesquels l'enfant vivra libre, entouré, aidé dans sa tâche de formation et responsable de lui-même ainsi que d'une partie des activités du lieu en question. Ces centres existent déjà et les résultats sont encourageants. Cette accession à la responsabilité est le meilleur moyen pour l'enfant d'échapper à un passé traumatisant et déséquilibrant (16). Il doit dans la mesure du possible--c'est fréquemment le cas--pouvoir continuer à voir ses parents.

Enfin, il faut dire avec force combien sont négatives et scandaleuses les multiples campagnes de presse qui incitent à la délation en matière d'enfants martyrs. Savent-ils, ces journalistes, quels drames, quelles vieilles haines, quels ressentiments ils déchaînent en poussant ainsi les gens à se dénoncer? Tant que les solutions que nous proposons ne seront pas mises en place, savent-ils ce qui se passe quand on dénonce le «martyr» d'un enfant? Ce dernier est interrogé par la police, les parents sont visités par des assistantes sociales, on fouille, on interroge, on discute, on note. C'est affreux, et puis s'il y a les moindres sévices, la justice, les foyers, la solitude, l'hôpital, la séparation. Tout cela est un drame qui parfois est loin d'améliorer le sort de l'enfant. La répression et l'éducation sont trop mêlées. Dans l'avenir, il doit y avoir un comité «éducatif» dont le seul but est de déterminer si l'enfant est en bonne santé phy-

15. homes   16. causing emotional maladjustment

sique et morale, non de condamner ou de faire arrêter les parents. Ce sont deux choses différentes. Et Dieu sait si j'ai consacré une importante partie de ma vie à arracher des enfants à des parents bourreaux. Mais je n'ai dénoncé qu'une seule fois et parce que d'autres enfants auraient pu être les victimes. Dans la plupart des cas, on peut «arranger» en changeant autant que faire se peut (17) la situation économique, sociale et affective des parents. C'est possible.
Et puis, il y a l'alcool. Beaucoup de parents «bourreaux» sont des alcooliques. Sur ce plan, la société devrait prendre des mesures radicales. Eliminer la publicité de l'alcool, prévenir (18) dans les écoles, expliquer. Nous sommes pour la liberté des individus et donc pour leurs choix, mais encore faut-il les mettre devant des choix effectifs. [...]
Là encore, la justice n'est pas à même de régler les problèmes des enfants martyrs et la plupart des solutions qu'elle emploie sont inefficaces.

17. autant que possible   18. to act by prevention

Bertrand Boulin et al, La Charte des enfants, Stock, 1977. Extraits.

Pratique du vocabulaire

A. Cherchez dans un dictionnaire de langue française les antonymes des mots suivants. S'il existe plusieurs antonymes, choisissez celui qui correspond au sens des mots dans le texte:

1. ignoble: 6. l'égoïsme:
2. un méfait: 7. le refoulement:
3. inefficace: 8. un châtiment:
4. la haine: 9. la misère:
5. épuiser:

B. Expliquez brièvement mais clairement en français:

1. des sévices:
2. pousser à bout:
3. une correction:

C. En tant qu'assistante sociale, vous devez écrire un rapport sur un cas d'enfant battu. Vous emploierez les mots ou expressions qui suivent dans l'ordre qui vous convient:

un enfant martyr; une délation; rosser; un bourreau; se saisir de; un coup; porter plainte en justice; une fessée; une enquête; fouiller; un foyer.

Questions sur le texte

1. Comment certaines personnes réagissent-elles quand elles apprennent l'histoire d'un enfant martyr dans les journaux ou à la télévision?
2. Quelle est la signification de «pourtant» comme transition entre les premier et deuxième paragraphes?
3. Les cas d'enfants martyrs sont-ils toujours visibles? Expliquez.
4. Pourquoi vaut-il mieux «tuer son propre enfant que celui d'un autre»?
5. Selon les auteurs de cet extrait, qu'est-ce qui est très souvent responsable du fait que des parents maltraitent leurs enfants? Pourquoi?
6. Par quel mécanisme psychologique la société se dédouane-t-elle en punissant les crimes commis par les parents bourreaux?
7. Qu'est-ce qui pousse certains parents qui ne sont ni pauvres, ni au chômage, ni alcooliques, à martyriser leurs enfants?
8. Quel lien éducatif y a-t-il entre les punitions corporelles reçues par les enfants et les violences multiples parmi les adultes?
9. Quelles difficultés rencontrent les parents qui ne veulent donner ni gifles ni fessées pour punir leurs enfants? Quel comportement parental les auteurs conseillent-ils?
10. L'enfant martyr placé dans un centre est généralement très malheureux. Que suggèrent les auteurs comme solutions?
11. Qu'est-ce qui devrait caractériser les «lieux de vie» préconisés par les auteurs?
12. Pourquoi les campagnes de presse qui encouragent la délation sont-elles négatives?
13. Qu'arrive-t-il à un enfant victime de sévices?
14. A la place de la dénonciation, quels changements les auteurs recommandent-ils?

Echange d'opinions

1. D'après ce texte, la délation des parents bourreaux est «ignoble». Qu'est-ce que vous en dites?

2. Quelle est votre opinion personnelle sur la sentence rendue par un juge: deux ans de prison à un chômeur pour avoir tué son enfant quand il était soûl? Justifiez votre point de vue en réfléchissant à la question de la responsabilité: est-ce celle du père? Celle de la société?

3. Les auteurs de cet extrait répètent plusieurs fois que le châtiment des parents bourreaux ne sert à rien. Qu'en pensez-vous?

4. Etes-vous d'accord que l'enfant devrait pouvoir aller porter plainte devant une autorité compétente contre ses parents? Voyez-vous des différences entre cette démarche et la délation par les voisins?

5. Pensez-vous que les enfants martyrs devraient être soumis à la même procédure judiciaire que les adultes victimes de crime (interrogatoires par la police, parution au tribunal et dépositions comme témoin à charge contre le parent)?

Activité
(Jeu dramatique professionnel; groupes de trois étudiants)

Une infirmière scolaire a remarqué des ecchymoses sur le corps d'un jeune enfant. L'instituteur/trice lui apprend la situation très difficile de la famille. Une assistante sociale est mise au courant. Ensemble, les trois discutent du cas de l'enfant maltraité et considèrent des solutions possibles: assistance à la famille (logement convenable, embauche, allocations, aide ménagère, conseils aux parents, etc.) ou retirer l'enfant de sa famille pour le placer dans une famille adoptive, ou...?

II. L'ALCOOLISME, TUEUR D'ENFANTS

Etude du vocabulaire topique

l'alcool (m.): alcohol
un/e alcoolique: alcoholic
l'alcoolisme (m.)= l'éthylisme (m.): alcoholism
l'ivrognerie (f.): habitual drunkenness
maltraiter: to abuse, to batter
un/e buveur/euse: drinker
un trouble: malfunction, disease
trinquer: to clink glasses before drinking; (fam.) to suffer a loss
le pinard (fam.): wine
estropier: to cripple
l'ivresse (f.): drunkenness
ivre: drunk
guérir: to cure
ivrogne: drunken
un ivrogne, une ivrognesse: drunkard
intervenir: to intervene, to interfere
remarquer: to notice, to observe
cogner: to knock, to beat
être pris de boisson: to be drunk
frapper: to strike, to hit
projeter: to throw forcefully
rouer (qqn) de coups: to batter s.o.

Les conséquences du tabou de l'alcool sur l'enfant martyrisé n'ont jamais été calculées. Elles sont incalculables. Pour désigner (1) ce phénomène si inélégant: l'alcoolisme, pour ne pas dire l'ivrognerie, les gens distingués emploient aussi un euphémisme, tant ils ont peur (2) des gros mots (3): l'éthylisme. L'opuscule d'une éducatrice spécialisée

1. nommer 2. so afraid are they 3. mots grossiers

sur les enfants maltraités m'a, à cet égard (4), sidéré (5). [...] Pas l'ombre d'une pâle allusion à l'alcool et ses terrifiantes implications. Cela dans un pays où chaque citoyen absorbe l'équivalent de 30 litres d'alcool pur par an: le seul record mondial français! Deux fois plus que l'Allemand, trois fois plus que l'Anglais ou l'Américain, quatre fois plus que le Scandinave. Cela chez un peuple où les «buveurs d'habitude» sont quatre millions et les alcooliques psychiques ou dépendants un million et demi dont 400 000 femmes. Cela dans une nation où près de 50% des lits d'hôpital sont occupés pour trouble d'origine éthylique. Dans un pays, enfin, où l'alcoolisme coûte dix milliards de francs par an à la Sécurité sociale (1977). [...] «Les parents boivent, les enfants trinquent» [1]. L'inconscient collectif fit du célèbre slogan une dérision. Mais sait-on de combien de massacres de bambins (6) l'alcool est lourd? Veut-on le savoir?

Assez de l'odieux tabou de l'alcool, le plus répugnant, le plus pernicieux [...] Est-il admissible que le prestige du pinard soit tel qu'estropier en état d'ivresse son enfant soit une circonstance atténuante?

Car l'alcoolique n'est jamais guéri, nous dit un spécialiste ou presque jamais: 95% d'échecs. Et les juges des enfants qui rendent les petits à leur père ivrogne les condamnent absolument.

Arrêtons-nous pour une nouvelle plongée (7) dans les faits. «Les parents d'un enfant mort de mauvais traitements ont été condamnés à cinq ans dont quatre avec sursis (8). D'abord placé à l'Assistance [2], l'enfant avait été rendu à sa mère à la limite de la débilité mentale et à son père, alcoolique. Le soir de sa mort, il avait eu droit pour tout traitement à (9) des coups de pied dans le ventre. Les voisins, au courant (10), n'étaient pas intervenus et l'assistante n'avait rien remarqué...»

Il n'y a pas d'alcooliques non dangereux. On ne peut pas confier (11) un bébé--serait-il (12) le leur--à des gens qui boivent en moyenne (13) six litres de vin par jour. Ils cognent comme d'autres mangent ou boivent. Ils cogneront jusqu'à leur--ou plutôt la--mort. Un moment vient où l'homme se

4. de ce point de vue 5. étonné profondément 6. enfants 7. plunge 8. remission of sentence 9. had been entitled to 10. qui savaient 11. to entrust 12. even if he were 13. on an average

101

réduit à <u>très peu de chose</u> (14): une passion, un vice. L'alcool est une passion. N'en pas <u>tenir compte</u> (15) est folie.

«Un jeune homme de 28 ans, pris de boisson, a <u>grièvement</u> (16) blessé son bébé de 5 mois, samedi à T... [3] Alain R. a tout d'abord frappé l'enfant contre <u>la rampe</u> (17) de l'escalier, avant de le projeter sur le sol. Souffrant d'un traumatisme crânien, le bébé...»

«Il avait enfermé sa fille dans la machine à laver... Le tribunal a condamné à dix-huit mois de prison dont huit avec sursis, J.M.M. qui, sous l'effet de l'alcool, battait régulièrement son épouse hospitalisée <u>à plusieurs reprises</u> (18) et s'en prenait aussi à sa fille Hélène, 2 ans et demi...»

[...] Dans quelles proportions l'alcoolisme de l'un des parents ou des deux est-il responsable de la progression <u>affolante</u> (19) des cas d'enfants martyrisés? Dans celle de 70%, me précise-t-on à l'hôpital Bretonneau [4]; 75% des bourreaux sont alcooliques, disions-nous, selon d'autres statisticiens qui y voient la cause la plus importante des sévices. Un magistrat du tribunal de grande instance [5] de Paris, M. A. Noyer, après avoir <u>siégé</u> (20) vingt ans aux assises [6], va plus loin: «L'alcool agit dans 90% des cas de bourreaux d'enfants», dit-il. «L'ivrogne ne se contente nullement--on l'oublie--de cogner et de forniquer <u>à tort et à travers</u> (21), en état d'ébriété amoureuse. Il refuse de <u>consacrer</u> (22) son salaire aux besoins de la famille. S'il met de l'argent de côté, c'est toujours du mauvais côté: celui du bistrot.»

14. very little 15. prendre en considération 16. sérieusement 17. banister 18. repeatedly 19. très inquiétante 20. been on the bench 21. sans considérer les conséquences 22. donner

Pierre Leulliette, <u>Les Enfants martyrs</u>, Seuil, 1978. Extraits.

[1] Slogan choisi par la Ligue française contre l'alcoolisme. A cause du jeu de mots sur «trinquer», beaucoup de buveurs n'ont voulu voir que la drôlerie du slogan.

[2] L'Assistance publique était l'administration qui

gérait les établissements chargés de l'aide sociale et de la protection des enfants (orphelins, abandonnés, maltraités) à Paris et à Marseille.

[3] Les initiales de noms de lieu ou de personne sont souvent utilisées dans les journaux pour protéger l'anonymat.

[4] Hôpital de Paris qui porte le nom d'un médecin français célèbre pour ses travaux sur les maladies infectieuses.

[5] Un tribunal de grande instance est une juridiction qui a la compétence de juger les affaires civiles graves.

[6] La Cour d'assises est un tribunal qui juge les crimes.

Pratique du vocabulaire

A. Quels sont les synonymes de

1. l'ivresse:
2. observer:
3. frapper:
4. être pris de boisson:
5. l'éthylisme:

B. Le texte contient plusieurs mots similaires ou presque semblables en français et en anglais. Pouvez-vous expliquer en français les mots suivants? Essayez de ne pas consulter votre dictionnaire français.

1. un tabou
2. un euphémisme
3. un opuscule
4. une allusion
5. une dérision
6. odieux
7. répugnant
8. pernicieux
9. une circonstance atténuante
10. la débilité
11. crânien
12. l'ébriété
13. forniquer

C. Trouvez un mot de la même famille que:

1. intervenir:
2. l'alcoolisme:

103

3. guérir:
4. un buveur:
5. un ivrogne:

D. Complétez les phrases suivantes avec des mots ou expressions du vocabulaire topique:

1. Hier soir, dans une terrible colère d'ivrogne, il _____ le bébé sur le sol.
2. En France, on a l'habitude de _____ avec quelqu'un avant de boire ensemble.
3. Elle souffre de _____ du foie parce qu'elle boit trop.
4. Le _____ est le mot familièrement employé pour désigner le vin.
5. Ce garçonnet a été _____ quand son père l'a laissé pendu par les pieds à une branche d'arbre.

Questions sur le texte

1. Pour quelle raison les gens distingués emploient-ils un euphémisme, l'éthylisme, pour désigner l'alcoolisme?
2. Dites pourquoi l'auteur de ce passage, Pierre Leulliette, a été profondément étonné en lisant le petit livre d'une éducatrice d'enfants martyrs.
3. En moyenne, combien de litres d'alcool pur les Français absorbent-ils par an? Et les Américains?
4. Quelle différence y a-t-il entre un «buveur d'habitude», c'est-à-dire un ivrogne et un alcoolique?
5. En France, la Sécurité sociale couvre partiellement les frais d'hospitalisation, de traitement, et les frais médicaux et pharmaceutiques. Montrez par quelques exemples concrets pourquoi l'alcoolisme coûte si cher au gouvernement.
6. Expliquez le jeu de mots: «Les parents boivent, les enfants trinquent».
7. Pourquoi l'alcoolisme est-il un tabou? Pourquoi est-ce un tabou pernicieux? Quelle est, par exemple, la conséquence de ce tabou devant un tribunal?
8. Pierre Leulliette dit: «Il n'y a pas d'alcooliques non dangereux». Justifiez son point de vue en racontant, à votre façon, l'un des

exemples qu'il cite.
9. D'après divers experts, dans quelles proportions l'alcoolisme des parents est-il responsable des cas d'enfants martyrisés?
10. Quelles sont les trois raisons pour lesquelles, selon l'auteur, un parent alcoolique est nuisible à ses enfants?

Echange d'opinions

1. Aux U.S.A., la cause principale des sévices sur les enfants est-elle l'alcoolisme? Ou l'emploi des drogues? Ou la frustration et la tension dues à diverses causes émotionnelles, financières, sociales, etc.? Faites quelques recherches et comparez entre vous les faits et les chiffres que vous avez trouvés.

2. Pierre Leulliette parle surtout de l'alcoolisme des hommes. Aux Etats-Unis, quelle est la proportion de femmes alcooliques par rapport à l'alcoolisme masculin? Qu'est-ce qui vous semble le pire dans une famille: l'alcoolisme du père ou celui de la mère? Pourquoi?

3. L'auteur écrit que «'alcoolique n'est jamais guéri, ou presque jamais» et que «l'alcool est une passion». Par ailleurs, des spécialistes disent que l'alcoolisme est une maladie que l'on peut contrôler. Quelle est votre opinion?

4. Les psychologues savent que les adultes qui ont été des enfants martyrs ont eux-mêmes tendance à maltraiter leurs enfants. L'alcoolisme rend ce problème encore plus complexe. Quels moyens est-ce qu'un parent alcoolique et bourreau d'enfants peut employer pour sortir de cette situation?

Activité
(Jeu dramatique professionnel; en grands groupes ou la classe entière)

Dans une émission télévisée, «A vous la parole», sur les violences physiques et verbales commises sur leurs enfants par les parents alcooliques, une travailleuse sociale et deux psychologues représentant respectivement le groupe des Alcooliques anonymes et celui des Parents anonymes donnent des réponses et

des conseils aux téléspectateurs qui téléphonent.
Imaginez les questions et les réponses.

III. LE VIOL DES ENFANTS

Etude du vocabulaire topique

grièvement: severely
blesser: to wound
nier: to deny
combattre: to fight against
dénoncer: to denounce, to inform against
violer: to rape
un violeur: rapist
un attentat à la pudeur: gross sexual misconduct
séquestrer: to keep s.o. locked in illegally
inavouable: unavowable, shameful (secrets)
avouer: to admit, to acknowledge
tout haut: out loud
traduire devant un tribunal: to prosecute
perpétrer: to perpetrate, to commit
haïr: to hate
retomber sous la coupe de (fam.): to be again under
s.o.'s thumb
l'auteur (m.) (d'un viol, d'un crime, etc.):
perpetrator
la victime : victim, survivor
signaler: to report
un inceste: incest
incestueux: incestuous
avoir des relations sexuelles = avoir des rapports
physiques: to have intercourse

On n'ose pas y croire, et pourtant il y a en
France, chaque année, une moyenne de 8 000 enfants
tués et de 18 000 grièvement blessés par leurs
parents. Or (1), on n'enregistre (2) guère plus d'un
millier de condamnations... Pourquoi toutes ces

1. now (without temporal significance) 2. records

victimes innocentes, et pourquoi cette mansuétude (3)? Misère, alcoolisme, hérédité, transplantation (4), inadaptation... Mais si forte que soit l'influence des conditions de vie, il serait insensé (5) d'attribuer au déterminisme du milieu des crimes aussi abominables. Nier la responsabilité humaine revient à favoriser l'extension du mal et à paralyser ceux qui le combattent. Or on dirait que de tous les horizons, une espèce de tolérance entoure les bourreaux. La police se fait prudente, la justice clémente (6): Les enfants ne sont-ils pas, traditionnellement, la propriété de leurs parents? Les travailleurs sociaux qui, bien que légalement déliés (7) du secret professionnel, refusent de «dénoncer», les psychologues qui cherchent sans trouver, les voisins qui n'ont rien entendu, les enseignants (8) qui n'ont rien vu, les médecins qui préfèrent ne rien dire... Cette conspiration du silence profite au crime. Seule notre intervention peut y mettre fin, car notre responsabilité à tous est engagée (9), et pas seulement celle des organismes spécialisés. [...]

Enfin, il y a, et ce n'est pas un phénomène marginal, ce que l'«International Congress on child abuse and neglect» dénonce sous le terme de sexual abuses.

Une responsable du ministère de la Santé me dit l'atmosphère irréelle de la maison du Bon Pasteur [1] qu'elle vient d'inspecter, en Lozère, où quinze petites mamans--célibataires (10) de treize ans--ont toutes été violées par leur père.

Il est rare que la presse évoque ce problème. Je lis, pourtant: «Deux ans de prison pour un grand-père, père de ses deux petits-enfants. La cour d'assises a condamné à deux ans dont quatorze mois avec sursis Y.V., 50 ans, 'pour attentat à la pudeur sur une mineure de 18 ans [2] par ascendant' [3] ... Enfermée à clé, séquestrée quand elle menaçait de partir ...» explique le journal [...].

Selon les statistiques d'une femme dont le métier est de recueillir (11) sur les ondes (12) l'inavouable pour s'en faire l'écho (13), 70% des femmes violées l'ont été par un membre de leur famille et

3. leniency 4. relocation 5. absurde 6. généreuse
7. libérés 8. instituteurs, professeurs 9. involved
10. unmarried 11. to gather 12. à la radio 13. le
répéter

sous leur toit. Dans l'ordre: par leur père, puis
par le second mari de la mère, enfin par le frère.
Des chiffres qui portent sur dix ans de courrier.
L'essentiel des viols se passerait dans la famille
entre 8 et 16 ans. Mais personne ne les avouerait
tout haut ni surtout sur le moment. Pour un enfant,
la honte et le danger sont trop grands. Comment
espérer traduire dans ces conditons devant les tribunaux tous les incestes perpétrés sur les mineures?
Au pire, on voit le père condamné à deux ou trois
ans, et revenir. La fille, haïe par sa mère, retombe
sous la coupe de ce père. Et que dire des incalculables conséquences dont la frigidité définitive
n'est qu'un aspect? Certains souvenirs sont in-
destructibles.

Pierre Leulliette, Les Enfants martyrs, Seuil, 1978.
Extraits.

[1] Nom souvent donné à des foyers catholiques pour
enfants maltraités ou abandonnés et qui se réfère à
la parabole du bon pasteur--the Good Shepherd--dans
l'Evangile.

[2] Les adolescents arrivaient à l'âge de la majorité
légale à 21 ans. La loi de 1974 a baissé l'âge
auquel on devient majeur à 18 ans.

[3] En termes légaux, les ascendants sont tous les
parents dont on descend.

Pratique du vocabulaire

A. En utilisant le suffixe -ation, formez des noms à
   partir des verbes suivants:

   1. dénoncer: 3. séquestrer:
   2. violer: 4. perpétrer:

   Attention, quel nom exprime l'action de nier?
   Quelle est la différence entre un viol et une
   violation?

B. Quels sont les mots du vocabulaire topique qui
   correspondent aux définitions suivantes:

   1. acte de violence par lequel un homme a des

relations sexuelles avec un être humain, contre sa volonté:

2. relations sexuelles entre proches parents:

3. frapper d'un coup qui cause une lésion à l'organisme:

4. acte immoral qui choque le sentiment de décence:

C. Donnez les antonymes de:

1. aimer:
2. parler tout bas:
3. blesser légèrement:
4. avouer:

D. Ecrivez un paragraphe avec les mots qui suivent:

incestueux; violer; une victime; traduire devant un tribunal; l'auteur (du viol); combattre.

Questions sur le texte

1. A quelles causes physiologiques, psychologiques et sociales sont dues tant de victimes innocentes?
2. La différence numérique entre les enfants tués ou gravement blessés par leurs parents et les parents condamnés est considérable. Comment expliquez-vous que la justice pardonne si souvent?
3. D'après l'auteur, Pierre Leulliette, pourquoi serait-il insensé d'attribuer la responsabilité des crimes et des viols à l'influence du milieu?
4. Au nom de quel principe la police est-elle prudente et la justice clémente?
5. P. Leulliette parle d'une «conspiration du silence». Illustrez cette expression en expliquant le comportement des enseignants, des travailleurs sociaux, des médecins, des psychologues.
6. Pourquoi est-ce notre responsabilité à tous d'intervenir?
7. Comment les quinze célibataires de treize ans du Bon Pasteur sont-elles devenues enceintes?
8. Résumez ce que raconte le journal sur une mineure de 18 ans.
9. Dans quelles circonstances se passent la plupart

des viols? Quel âge les femmes violées ont-elles, en général?
10. Pourquoi les mineures hésitent-elles à avouer qu'elles ont été violées?
11. Que deviennent les rapports psychologiques entre la mineure, sa mère et l'homme de la famille?

Echange d'opinions

1. Leulliette écrit que «la conspiration du silence profite au crime». Les auteurs de La Charte des enfants pensent que la délation crée de graves problèmes pour l'enfant. Discutez les arguments pour et contre ces deux points de vue opposés.

2. Nous avons surtout parlé jusqu'à présent de violence physique et de violence sexuelle. De quelles autres formes de cruauté un enfant ou un/e adolescent/e peut-il/elle être victime?

3. Pour quelles raisons diverses un petit garçon ou une petite fille garde-t-il/elle le silence sur le fait qu'il/elle a été victime d'attouchements ou même de rapports sexuels avec un adulte?

4. A votre avis, pourquoi notre société, jusqu'à tout récemment, a-t-elle préféré garder le silence sur les cas d'inceste?

5. Selon des statistiques, aux U.S.A., six millions de femmes sont rouées de coups chaque année et 2 000 à 4 000 d'entre elles sont battues à mort. Seulement 16% des viols sont signalés à la police. Quels liens psychologiques voyez-vous, chez la victime et chez l'auteur de violences, entre les mauvais traitements infligés aux enfants et les violences faites aux femmes?

Activité
(Jeu dramatique professionnel; groupes de quatre ou cinq étudiants)

En septembre 1984, le cinquième congrès international de ISPCAN (the International Society for the Prevention of Child Abuse and Neglect) a eu lieu à Montréal, sous les auspices du Comité québécois de la protection de la jeunesse. En tant

111

que représentants d'organisations sociales,
sanitaires, légales et communautaires à ce congrès,
vous présentez vos vues personnelles sur le thème
suivant: Arrêter les mauvais traitements aux enfants, c'est notre responsabilité à tous.

Dossier 3

Les Enfants et adolescents désavantagés

I. LES DEBILES MENTAUX

Etude du vocabulaire topique

Un/e débile mental/e: mentally defective child
un/e enfant arriéré/e: backward child
un/e enfant retardé/e: retarded child
un/e enfant inadapté/e: maladjusted child
un/e kinésithérapeute: physical therapist
un/e orthophoniste: speech therapist
un/e pédopsychiatre: child psychiatrist
la petite enfance: early childhood
l'univers (m.) affectif: the world of emotions
les relations (f.): interactions
le handicap: handicap
les proches (m.): near relations
le retard: backwardness
épanouissant: nurturing (which allows s.o. to blossom out)
s'épanouir: to blossom out
infantiliser: to cause s.o. to be, or to keep s.o. in an infantile stage
inférioriser: to cause s.o. to feel inferior
une exigence: requirement, need
soutenu/e: supported
aggraver: to aggravate, to increase
l'arriération (f.): retardation
être tenu/e à l'écart: to be kept in the background
une carence affective: lack of affection
entraver: to hinder
surprotecteur/trice: overprotective
un schéma: pattern
un comportement: behavior
un grand adolescent: older adolescent
un débile léger: mildly retarded
atteint/e: affected, impaired
un établissement: institution
mixte: co-ed

L'enfant arriéré a <u>suscité</u> (1) un intérêt grandissant à mesure que l'on s'est occupé de plus près de son éducation, et de son insertion sociale.
[...]
L'importance du nombre des enfants retardés, qui constituent une part importante des «enfants inadaptés» (on considère qu'un quart environ des enfants <u>d'âge scolaire</u> (2) sont inadaptés aux situations scolaires ordinaires), a imposé la recherche de solutions éducatives et pédagogiques qui soient organisées, codifiées et non laissées au hasard ou à des initiatives <u>restreintes</u> (3).
[...]
A mesure que de meilleures réalisations étaient proposées à ces enfants dans <u>le but</u> (4) de <u>tirer parti au maximum</u> (5) de leurs possibilités individuelles, le courant d'intérêt suscité par leur rééducation amenait tout un faisceau de spécialistes à progresser dans la connaissance de leur développement: éducateurs spécialisés, kinésithérapeutes, orthophonistes, pédagogues spécialisés, pédopsychiatres, qui apportent leur contribution à la découverte du monde intérieur de l'enfant inadapté.

Parallèlement, on portait un intérêt nouveau aux moyens de compréhension, de perception, de communication précoces qui précèdent le langage dans le développement de l'enfant. Cette meilleure connaissance des moyens de communication de l'enfant qui ne peut pas ou ne peut que très mal s'exprimer par le langage, a rendu plus attentif à l'approche du monde de l'enfant arriéré, ce monde où peuvent rester prévalentes des sensations, ou satisfactions élémentaires, rappelant certaines périodes d'évolution de la petite enfance sans y être vraiment comparable (par exemple, certaines habitudes de <u>bercement</u> (6), de <u>balancement rythmé</u> (7), la satisfaction tirée de certains rythmes, de mélodies, de contacts). Comme avec le petit enfant c'est souvent par un «prélangage» que l'adulte peut essayer de communiquer, pré-langage où compte plus l'attitude, le ton que le contenu parlé.

L'exercice de la rééducation d'enfants arriérés, les publications qui <u>traduisent</u> (8) de façon généralement très concrète l'expérience d'éducateurs spécialisés, permettent de progresser dans la décou-

---

1. a créé 2. school age 3. limitées 4. l'intention
5. to maximize 6. rocking 7. rhythmic swinging 8.
expriment

verte de l'univers affectif de l'enfant retardé, de mieux comprendre les difficultés qui sont inévitables dans ses relations avec les autres. Comme pour l'enfant normal le but des éducateurs est certes (9) d'utiliser au maximum ses possibilités sur le plan (10) intellectuel, moteur, pratique, mais aussi de l'aider à trouver un équilibre aussi satisfaisant que possible.

Dans la conquête de cet équilibre entrent en jeu (11) de nombreux éléments. Certains sont identiques à ceux qui jouent un rôle (12) dans le développement de tous les enfants: éléments liés au (13) tempérament, conditions relationnelles pendant la petite enfance. Mais, du fait du handicap de l'enfant, il existe des nuances particulières.

[...]

Finalement, l'équilibre des enfants inadaptés dépend de l'ensemble des réactions des proches: tristesse, envie de protéger, enthousiasme pour «faire quelque chose».

Il en est (14) qui, malgré leur retard et leurs difficultés, trouvent un climat très épanouissant, avec une juste dose d'aide, d'affection qui ne les infantilise pas trop, qui ne les traite pas trop «en marge des autres» [1], sans vivre douloureusement (15) les échecs. L'enfant ne se sent pas infériorisé, lamentable (16) à côté des autres, mais il ne doit pas être non plus l'individu exceptionnel auquel tout est permis et tout est dû. Compte tenu de (17) ses limites--connues, acceptées--son éducation répond aux mêmes exigences que celle des autres enfants; elle doit idéalement se dérouler (18) dans un climat de sécurité affective, mais aussi lui apprendre à se passer de la tutelle (19) des adultes (très tardivement (20) pour certains), à contrôler ce qu'il est permis de faire et ce qui est défendu, à utiliser au mieux ses possibilités sans que cela se fasse au détriment des autres membres de la famille.

Plus encore que l'enfant normal, l'enfant handicapé (21) a besoin de se sentir entouré (22), soutenu et de sentir un fond (23) de sécurité. Très sensible aux marques d'affection ou d'intérêt, il est

9. indeed 10. in the area 11. are at work 12. play a part 13. related to 14. there are children 15. avec souffrance 16. pitiful 17. quand on a pris en considération 18. avoir lieu 19. la protection 20. lentement et tard 21. handicapped 22. aidé et aimé 23. une base

117

lui-même souvent très affectueux et attachant (24).
Par contre, il ressent souvent avec angoisse les
tensions, les désaccords (25), les problèmes que sa
présence crée. Cette angoisse qu'il ne comprend pas,
il ne sait guère comment l'exprimer.
Il est certain que bien des attitudes
pathologiques dans l'acceptation de l'entourage (26)
sont à l'origine de troubles du développement qui
aggravent l'arriération elle-même. Le plus souvent,
il s'agit d'enfants mal acceptés qui sont traités
sans chaleur (27) pendant la petite enfance et
nettement (28) tenus à l'écart. Les parents sont
parfois si profondément traumatisés ou déroutés (29)
qu'ils ne savent pas comment traiter cet enfant qui
n'est pas comme les autres. Ne sachant comment
s'y prendre (30), ils ne lui parlent pas, ne jouent
pas avec lui, ne cherchent pas à éveiller (31) son
intérêt et créent un climat de carence affective qui
ne fait qu'aggraver le déficit des acquisitions, avec
parfois une note particulière d'indifférence,
d'absence de contact avec les êtres (32).
Parfois, l'enfant peut être rejeté par l'un des
parents l'autre compensant alors ce rejet par une
attention exclusive qui entrave aussi le
développement affectif de l'enfant. Celui-ci reste
plus longtemps encore dépendant de ce parent surpro-
tecteur et ne se hasarde (33) qu'avec ambivalence et
retenue (34) dans une situation qui requiert une
certaine autonomie.
Dès qu'il peut trouver une place dans un centre de
rééducation, l'enfant inadapté élargit son horizon à
tout point de vue. Il entre en relations avec
d'autres adultes; d'autres enfants vont l'accepter ou
le rejeter. Il vit aussi à son rythme personnel
l'expérience que l'enfant normal fait dans le monde
scolaire. Il ne la vit généralement guère avant
l'âge de six ou sept ans.
Même, à cet âge, la vie en collectivité pose
encore de gros problèmes, surtout chez les enfants
qui ont été très infantilisés chez eux. Combien (35)
arrivent dans un centre sans avoir jamais fait
d'autre expérience alimentaire (36) que celle de la
purée ou des aliments mixés. L'adaptation est très

24. has an engaging personality 25. disagreements
26. family circle 27. warmth 28. clairement 29.
baffled 30. procéder 31. to awaken 32. êtres
humains 33. se risque 34. la réserve 35. so many
(children) 36. dietary

118

laborieuse pour les enfants qui doivent être placés
d'emblée (37) dans un centre en internat [2], généralement pour des raisons d'éloignement (38). La
formule des établissements de rééducation en demi-
externat [3] qui permet aux enfants de retrouver le
soir leur cadre familial est certainement la
meilleure.

L'affectivité (39) de l'enfant est évidemment plus
ou moins dépendante de l'importance de son retard
intellectuel. Mais, alors qu'il est relativement
facile de mesurer les possibilités mentales de
l'enfant (on dit qu'il a un âge mental de trois ans,
ou cinq ans, ce qui le compare aux performances de
l'enfant normal qui a réellement trois ou cinq ans),
il n'est guère possible de parler avec précision d'
«âge affectif». Tout d'abord parce qu'il est aven-
tureux (40) de comparer vraiment le développement
affectif de l'enfant arriéré à celui de l'enfant
normal et aussi parce que souvent le développement de
l'affectivité est paradoxal: un enfant arriéré de
douze ans dont l'âge mental serait environ trois ans
est différent et plus compliqué au point de vue
affectif qu'un enfant de trois ans; ses relations
avec les autres sont autrement (41) riches et complexes; il a une somme d'expériences différentes, des
exigences qui lui sont propres.

Le problème de la sexualité est plus délicat
encore chez ces enfants. Il est généralement admis
que le développement de leur sexualité suit plus ou
moins, au début, les schémas que l'on décrit chez
l'enfant normal, mais que certains se fixent à des
modes d'expression primitifs de la sexualité. Il est
plus difficile de savoir jusqu'à quel niveau va ce
développement: certains arrivent (42), à un âge
plus tardif (43) que l'enfant normal, à vivre une
«situation oedipienne» (44), parfois même à la dépasser (45), mais ce n'est pas toujours le cas.

Pendant toute leur enfance, on peut constater
des manies (46) et des jeux sexuels, comme chez
l'enfant normal, mais souvent de façon moins
camouflée (47), plus directe, plus durable ou
compulsive. Ces enfants ayant peu de jugement, se
montrant particulièrement influençables, sont parfois

37. directly 38. because they have to be removed
from their family 39. the emotional life 40.
hasardeux 41. beaucoup plus 42. réussissent à 43.
later 44. oedipal 45. to transcend 46. inveterate
habits 47. déguisée

entraînés dans (48) des aventures collectives, ou à des comportements sexuels pathologiques.

La période de l'adolescence est particulièrement difficile. Leur puberté physiologique se déroule souvent conformément à (49) leur âge réel alors qu'ils ont encore une intelligence et une affectivité de petit enfant. Certains peuvent traverser une période très difficile au point de vue caractériel, où le contrôle des instincts sera malaisé (50). D'autres, au contraire, gardent longtemps des comportements et des goûts infantiles.

Le niveau de compréhension limite beaucoup les possibilités d'information et les explications qui peuvent être données sur la sexualité. Aux enfants qui peuvent comprendre certaines explications, il faut les prodiguer (51) en termes aussi simples que possibles, et les répéter plusieurs fois si l'on veut arriver à être compris. Les réalités auxquelles ils sont confrontés--apparition des règles, naissance dans la famille--restent entourées d'un certain halo magique, malgré tout ce que l'on peut expliquer.

Ce problème de l'information et de l'éducation sexuelle prend toute son importance chez les grands adolescents et, à plus forte raison, lorsque ces enfants deviennent adultes. Les efforts prodigués pour les informer--lorsqu'il s'agit de débiles légers, qui peuvent comprendre certaines explications--sont souvent couronnés de succès relatifs (éveil de la curiosité qui dépasse (52) parfois les intentions de l'éducateur). Le vrai problème est en fait celui de la vie sexuelle et sentimentale de l'ensemble des débiles mentaux.

En effet, tous les efforts actuels (53) concourent à les faire accéder à (54) une vie aussi normale que possible, sur le plan social, professionnel, sportif, etc., mais aucune réponse ne peut encore être donnée à la question que pose leur vie sexuelle. Pour l'immense majorité de ces handicapés, il n'est pas possible actuellement de fonder une famille, d'en assurer la subsistance; mais cette réalité ne peut guère être exposée (55) d'emblée comme une évidence négative aux jeunes débiles mentaux qui s'interrogent sur (56) leur avenir ou posent des questions qui concernent la sexualité en général et

48. led into   49. en conformité avec   50. difficile
51. to give unsparingly   52. exceeds   53. current
54. to give access to   55. présentée   56. se posent
des questions sur

non leurs problèmes propres.

Si certaines sociétés tendent à (57) résoudre le problème en préconisant la stérilisation des débiles mentaux les plus atteints, à l'opposé certains groupements ont pu avancer (58) que seule la création d'établissements mixtes pour débiles mentaux adultes pourrait leur apporter une vie satisfaisante... On est très loin d'avoir trouvé un moyen terme (59) acceptable.

57. tend to   58. to posit   59. middle term

Drs Claude Kohler et Paule Aimard, De l'enfance à l'adolescence, Casterman, 1977.   Extraits.

[1] Which does not keep them too much on the fringe of their social group.

[2] En internat: situation de l'élève interne qui est logé et nourri dans l'établissement scolaire qu'il fréquente.

[3] En externat: situation de l'élève qui vient suivre les cours d'une école mais qui n'y vit pas. En demi-externat, les enfants prennent le repas de midi à l'école.

Pratique du vocabulaire

A. a) Trouvez les trois mots de la famille de «retardé» contenus dans le texte.   Employez les quatre mots dans des phrases.

   b) Trouvez un mot de la famille de «handicap» et employez les deux mots dans des phrases.

   c) Trouvez un mot de la famille de «affectif» et employez les deux mots dans des phrases.

B. Quel est l'équivalent français de

   --early childhood?
   --an infant?
   --infantile?

C. En quoi consiste le métier

--de kinésithérapeute?
--de pédopsychiatre?
--de pédagogue spécialisé/e pour les désavantagés mentaux?
--d'orthophoniste?

E. Complétez le paragraphe B avec des mots de la colonne A. Faites tous les changements nécessaires.

A	B
soutenu	Les rapports entre _____ et ses proches posent de sérieux problèmes. Les _____ sont bonnes quand l'enfant trouve dans sa famille un climat _____, quand il est _____ et entouré. Car l'enfant désavantagé a les mêmes _____ affectives qu'un enfant normal. Mais quelquefois, _____ des parents aggrave les problèmes. S'ils rejettent l'enfant, ils créent en lui _____; s'ils se montrent surprotecteurs, ils _____ son développement vers une certaine indépendance.
une exigence	
les relations	
épanouissant	
un enfant retardé	
entraver	
un comportement	
une carence affective	

Questions sur le texte

1. Qu'est-ce qui a amené divers spécialistes à progresser dans la connaissance du développement des enfants retardés?
2. Pourquoi l'étude des périodes d'évolution de la petite enfance aide-t-elle à comprendre le développement de l'enfant arriéré? Dans quel domaine, particulièrement, la comparaison est-elle utile?
3. Qu'est-ce qui permet de faire des progrès dans la compréhension des émotions de l'enfant retardé?
4. Dans quelles conditions un enfant mentalement désavantagé peut-il trouver un climat épanouissant?

5. De quoi un enfant retardé a-t-il besoin tout autant qu'un enfant normal pour progresser dans son éducation?
6. Mais de quelles façons est-il différent de l'enfant normal dans sa vie affective?
7. Expliquez avec précision comment le comportement de certains parents aggrave l'arriération.
8. Comment l'attitude surprotectrice des parents peut-elle aussi entraver le développement de l'enfant?
9. Quelles expériences nouvelles un enfant retardé fait-il quand il entre dans un centre de rééducation? Pourquoi les auteurs de cet extrait pensent-ils que le demi-externat est préférable à l'internat?
10. Pourquoi ne peut-on pas parler avec précision «d'âge affectif»?
11. Quels sont les schémas du développement de la sexualité chez l'enfant retardé?
12. Qu'est-ce qui rend la période de l'adolescence particulièrement difficile? Que peut-on faire pour aider les adolescents moins sévèrement atteints?
13. Pourquoi la vie sexuelle et sentimentale des grands adolescents et des adultes retardés pose-t-elle un vrai problème?
14. Quelles solutions sont préconisées par différentes sociétés?

Echange d'opinions

1. Pensez-vous qu'il serait préférable pour un enfant retardé de rester à la maison et de fréquenter une école publique ou bien d'être interne dans un centre de rééducation?

2. A votre avis, est-ce que la société devrait permettre aux personnes très retardées d'avoir des enfants? Dans quelles conditions? Dans quelles circonstances?

3. Selon vous, quel devrait être le rôle de l'Etat en ce qui concerne le soutien financier, les programmes de rééducation, le placement dans un emploi, etc. pour les jeunes adultes retardés?

4. Y a-t-il une place dans notre société pour les adultes retardés? Dans quelles conditions?

<u>Activité</u>
(Jeu dramatique professionnel;   groupes de quatre étudiants)

Le père et la mère d'un enfant retardé ont une discussion avec un psychologue et la directrice des programmes spécialisés. Les parents veulent que leur enfant aille dans une école publique mais le psychologue et la directrice pensent qu'un centre de rééducation répondrait mieux aux exigences de l'enfant.

Etude du vocabulaire topique

un/e I.M.O.C. = un/e infirme moteur d'origine
cérébrale: a person with brain damage in the motor
area
une atteinte: impairment
une amélioration: improvement
la récupération: recuperation
la scolarité: schooling
la croissance: growth
un nourrisson: nursling
traiter: to treat
un diagnostic: diagnosis
anoxique: anoxic
ictérique: icteric
prématuré/e: premature
le traitement: treatment
efficace: effective
dépister: to detect
un désordre = un trouble: disorder
la thérapie rééducative: occupational therapy
un/e pédiatre: pediatrician
un chirurgien orthopédiste: orthopaedic surgeon
un/e audiophoniatre: audiologist
un/e ophtalmologiste: ophthalmologist
un/e orthoptiste: orthoptist, orthoptics specialist
un appareilleur: prosthetist
aboutir à: to result in
la paralysie cérébrale: cerebral palsy
sensoriel/le: sensory
les troubles (m.) de la vue: sight disorders
une thérapeutique: therapeutics
une rééducation d'entretien: maintenance therapy
une réunion de synthèse: team meeting where all
observations are pooled
prévoir: to plan, to forsee
une béquille: crutch
un fauteuil roulant: wheel chair

L'O.M.S. [1] donne la définition suivante de l'enfant handicapé: «L'enfant qui ne peut participer pendant un laps de temps (1) appréciable aux activités sociales, récréatives, éducatives ou professionnelles de son âge».

Cette définition s'applique parfaitement à l'I.M.O.C., dont les trois caractères essentiels sont:

--une atteinte le plus fréquemment périnatale;
--une séquelle motrice prédominant sur les autres;
--une non-immuabilité, donc la possibilité d'amélioration.

L'évolution spontanée de l'I.M.O.C., les conséquences des handicaps moteurs et associés expliquent notre conception de la rééducation.

L'atteinte cérébrale étant le plus souvent néonatale, c'est éducation que nous devrions dire, et adaptation plutôt que réadaptation.

Mais l'usage a depuis longtemps prévalu (2) d'utiliser ces termes comme chez l'adulte, et nous continuerons à les utiliser. Mais nous pensons, quoique nous utilisions indifféremment rééducation ou réadaptation, qu'il existe une différence entre les deux, et que les définitions de ces deux termes, telles que les a données Monsieur Poniatowski lorsqu'il était ministre de la Santé (1973), devraient être unanimement acceptées: «La rééducation fonctionnelle vise à (3) obtenir la récupération maximum des fonctions du malade. La réadaptation fonctionnelle vise à adapter le sujet avec son handicap à une vie sociale, scolaire ou professionnelle aussi habituelle que possible.»

La rééducation ne serait alors que le premier stade de la réadaptation, elle serait essentiellement médicale et à visée motrice (4), alors que la seconde serait à visée sociale (5) par l'intermédiaire de la scolarité et du métier. Mais les deux sont continuellement et étroitement imbriquées (6) afin de saisir dès le début et tout au long de sa vie l'I.M.O.C. dans tous ses aspects, dans sa «globalité».

[...]

L'ensemble des handicaps que peut présenter l'I.M.O.C. retentira (7) en permanence sur la vie de

1. un espace de temps 2. has prevailed 3. aims at 4. aiming at improving motor functions 5. aiming at facilitating social adaptation 6. overlapping 7. aura des répercussions

l'individu. Mais, au fur et à mesure de la croissance du patient, rééducation et réadaptation pas-
seront par quatre étapes dont la dominance sera successivement: médicale, scolaire, pré-profession-
nelle, enfin socio-professionnelle.

Tels seront donc les aspects différents de ces
périodes de la vie de l'I.M.O.C., du nourrisson à
l'adulte. Un certain nombre d'entre eux, trop peu
atteints ou au contraire au-dessus (8) de toutes
ressources, ne seront pas justiciables (9) d'une
telle organisation.

Mais ceux dont nous aurons à nous occuper seront
rendus à la vie normale dès que possible.
[...]

Etape médicale

Pour répondre au vieux précepte médical: «traiter
vite, fort et longtemps», l'intervention de l'équipe
médicale doit débuter tôt, traiter tout et se poursuivre (10) si nécessaire des années.

Traiter vite: c'est vers le quatrième mois après
la naissance que, dans la majorité des cas, commence
à apparaître la possibilité d'un diagnostic précis
chez ceux que Mademoiselle Köng a dénommés (11)
«bébés-risques», anoxiques, ictériques, prématurés.
C'est à ce moment-là que l'enfant doit être mis en
traitement (12), sauf celui, sans erreur possible,
totalement normal.

Tous les autres I.M.O.C., certains ou douteux,
doivent être pris en charge (13).

Le traitement, comme nous le verrons, est
inoffensif (14), indolore (15), efficace, et mieux
vaut traiter pour rien, à notre avis, un enfant
normal ou dont le diagnostic prête à discussion (16),
que de ne pas traiter un I.M.O.C.

Le temps perdu ne se rattrape jamais.

Traiter fort oblige à dépister et à traiter très
tôt tous les désordres associés.

Ceci nécessite donc la réunion (17) d'une équipe
fort complète de spécialistes: pédiatre, médecin de
rééducation, chirurgien orthopédiste, audiophoniatre,

8. beyond   9. will be outside the scope   10. se
continuer   11. a appelés   12. être traité   13. must
be put under medical responsibility   14. harmless
15. painless   16. is debatable   17. the coming
together

ophtalmologiste, qui, chacun avec sa compétence particulière, apportera le maximum de chance de diagnostic exact et de traitement efficace.

Bien entendu, une équipe para-médicale de kinésithérapeutes, d'orthophonistes, d'orthoptistes, d'infirmières, d'appareilleurs, apportera son concours (18).

La réadaptation de l'I.M.O.C. est donc un travail d'équipe, où chacun a son rôle à jouer, et où seule la conjugaison (19) des efforts de toutes disciplines médicales, para-médicales aboutit au résultat espéré, grâce à l'unité de conception des buts à réaliser, à la continuité dans l'effort.

Nous ne saurions trop le répéter, le médecin «homme orchestre», quelles que soient sa discipline, sa formation et son expérience, n'est plus susceptible (20) d'apporter au malade autant qu'une réunion de compétences dans toutes les disciplines.

Cette réunion ne doit pas être une simple juxtaposition de bonnes volontés, mais vraiment une équipe aussi soudée (21) que le pack d'avants d'une grande équipe de rugby.

Pour aboutir au résultat final qui est la mise au travail (22), et donc l'indépendance sociale, ce groupe doit parfaitement s'articuler avec la ligne de trois-quarts, constituée par les psychologues, assistantes sociales, éducateurs, maîtres de l'enseignement scolaire, puis professionnel.

Chacun, dans son domaine, contribue pour sa part, avec efficacité, à saisir l'ensemble des problèmes que peut poser l'I.M.O.C.

La paralysie cérébrale n'est jamais un handicap moteur isolé, toujours se surajoutent (23) des troubles associés: sensoriels, sensitifs, intellectuels..., qui influeront sur l'état moteur, les possibilités de rééducation et d'insertion dans la vie.

Il est évident que troubles de la vue, retard mental par exemple rendent plus difficile la rééducation, et plus lents et plus restreints les progrès.

Mais, inversement, les difficultés motrices retardent (24) l'éveil (25) et le développement intellectuel de ces malades. D'où (26) l'absolue nécessité d'un traitement en même temps du handicap

18. son aide   19. consolidation   20. capable   21. solid   22. employment   23. are added   24. delay   25. awakening   26. hence

moteur, des troubles associés, mais également la collaboration avec l'équipe pédagogique, et cela dès le début par le jardin d'enfants, l'école maternelle.

Ce sera donc l'organisation d'une véritable équipe médico-pédagogique, parfaitement soudée, qui est indispensable, et qui, par une collaboration de tous les instants, poursuivra le même but (27), le même idéal de l'enfant handicapé, surtout du plus complexe de tous, l'infirme moteur d'origine cérébrale.

Traiter longtemps veut dire que les thérapeutiques intensives du début ne se limitent pas à la période où l'on peut obtenir un maximum d'amélioration. Elles doivent se poursuivre par une «rééducation appelée d'entretien», qui doit se continuer jusqu'à l'âge adulte si nécessaire.

Etape scolaire

Si, les premières années, la rééducation médicale constitue l'essentiel de la réadaptation, à dater d'un moment (28), variable avec chaque enfant, où l'amélioration a atteint un plafond définitif, la priorité doit être donnée à la scolarité.

Celle-ci devient l'élément essentiel et, sur le plan médical, doit être simplement associée à une rééducation d'entretien, qui évite une régression, et parfois peut entraîner un progrès supérieur à celui qu'entraîne le temps.

«En effet, la particularité de l'I.M.O.C., c'est que sa rééducation n'est jamais terminée, tout progrès accompli ne l'est pas une fois pour toutes (29), et il faut sans cesse continuer de façon à (30) faire toujours de nouveaux progrès, mais surtout de manière à (30) ne pas perdre ce qui a été gagné» (Llorens).

Il n'y a donc pas à cette période uniquement scolarité, mais primauté (31) de l'enseignement.

De même que lors de l'étape médicale du début, il est nécessaire, pour éveiller au maximum l'intelligence de l'enfant, de faire ce que nous pourrions appeler une «scolarité d'initiation», ou une «scolarité d'éveil» par le jardin d'enfant, la classe maternelle, les études primaires (32).

Ceci nous montre ce que peuvent avoir d'un peu

27. will work towards the same end 28. à partir d'un moment 29. once and for all 30. in order to 31. priorité 32. études élémentaires

artificiel nos différentes étapes, et qu'il doit toujours exister association du médical et de l'éducatif: à l'étape médicale, ce sera un traitement intensif, jumelé à (33) une scolarité d'initiation; à l'étape scolaire, un traitement d'entretien et une scolarité normale.

L'âge, le niveau intellectuel, l'état fonctionnel, la connaissance des troubles associés permettent une orientation adéquate de l'enfant au mieux de ses possibilités et de ses besoins.

Aussi est-ce une réunion de synthèse permettant à chaque membre de l'équipe médico-pédagogique d'exprimer son avis, de le confronter avec celui des autres membres de l'équipe, qui précise (34) l'enseignement à donner: primaire, secondaire, technique, soit dans des établissements ordinaires, soit dans des établissements spécialisés.

Etape pré-professionnelle

Les années passent; l'instruction, comme autrefois la rééducation, a obtenu le plafond, paraissant définitif des acquisitions scolaires; l'âge est là, il devient indispensable de prévoir l'orientation de l'I.M.O.C.

Une nouvelle réunion de synthèse médico-pédagogique professionnelle prévoit alors l'orientation vers une profession intellectuelle, un métier manuel, un poste de travail (35). Le sujet est alors orienté vers une école professionnelle, une faculté (36), un centre d'apprentissage (37) normal ou spécialisé.

Etape socio-professionnelle

Depuis de nombreuses années, tous ceux qui se sont occupés de l'I.M.O.C. voient l'aboutissement (38) de leurs efforts: la recherche (39) et l'obtention (40) du métier, seul moyen de donner au handicapé une indépendance sociale.

Ainsi médecins, para-médicaux, enseignants, éducateurs, voient la réalisation du but auquel ils s'étaient attachés depuis le départ (41): faire du handicapé un homme à part entière [2], en lui per-

33. coupled with 34. indique avec précision 35. work assignment 36. college 37. vocational school 38. le résultat 39. l'action de chercher 40. le fait d'obtenir 41. le commencement

mettant de vivre, comme un normal parmi les normaux.

Dr Maurice Cahuzac, L'Enfant I.M.O.C., Masson, 1980.
Extraits.

[1] L'Organisation mondiale de la santé.

[2] Qui jouit de tous les avantages et de tous les
droits attachés à la qualité d'être humain.

Pratique du vocabulaire

A. Donnez les formes masculines et féminines des
adjectifs correspondant aux noms suivants:

1. moteur: 4. éducation:
2. récréation: 5. naissance:
3. école: 6. sens:

B. Un certain nombre de noms de spécialités médicales
mentionnées dans ce texte sont apparentés en
français et en anglais. Trouvez-les puis cherchez
dans un dictionnaire les composés grecs et latins
sur lesquels ils sont formés. Expliquez la
signification de ces noms en vous servant de leur
étymologie.

C. Quels sont les antonymes de

1. douloureux: 6. efficace:
2. utilisable: 7. espéré:
3. normal: 8. une régression:
4. offensif: 9. adéquat:
5. l'ordre:

D. Vous travaillez dans un centre de rééducation.
Vous devez envoyer une courte lettre aux parents
d'un I.M.O.C. Composez cette lettre en vous
servant des mots suivants (et d'autres, si vous
voulez) dans l'ordre que vous jugerez bon:

dépister, une amélioration, des troubles, un
diagnostic, un pédiatre, un appareilleur, prévoir,
la croissance, traiter, efficace.

131

1. Quels sont les caractères essentiels d'un
   I.M.O.C.? Pourquoi son cas correspond-il à la
   définition d'un handicapé?
2. Quel est le but de la rééducation fonctionnelle?
   Et celui de la réadaptation fonctionnelle?
3. Quel précepte médical doit suivre l'équipe
   médicale qui traite un I.M.O.C.?
4. Vers quel âge peut-on former un diagnostic
   précis? Pourquoi le Dr Cahuzac pense-t-il qu'il
   est préférable de traiter même les cas douteux de
   dysfonctionnement cérébral?
5. Pour quelles raisons est-il nécessaire qu'une
   équipe complète de spécialistes s'occupe de
   l'I.M.O.C.?
6. Sur quel principe Cahuzac insiste-t-il comme
   étant le principe indispensable à l'amélioration
   physique et intellectuelle et à l'insertion
   sociale de l'I.M.O.C.?
7. Pourquoi une rééducation d'entretien doit-elle
   prolonger les thérapeutiques intensives de
   l'enfance?
8. Lorsque l'I.M.O.C. a atteint un plafond
   d'amélioration physique et sensorielle, qu'est-ce
   qui doit prendre la priorité sur le traitement
   médical?
9. Expliquez l'idée que les différentes étapes ne
   sont pas seulement successives mais jumelées.
10. Quelle est la fonction de la réunion de synthèse
    au début de la scolarité?
11. A quoi sert la réunion de synthèse qui a lieu
    pendant l'adolescence?
12. Quel est l'aboutissement des efforts de l'équipe
    médico-pédagogique qui s'occupe d'un I.M.O.C.?
13. Quel est son but?

Echange d'opinions

1. En ce qui concerne les handicapés moteurs,
   certains professionnels pensent que c'est surtout
   aux faiblesses du patient que devrait s'adresser
   le traitement médico-pédagogique. D'autres
   estiment que le traitement devrait surtout
   chercher à développer ses points forts. Quelle
   est votre opinion?

2. La question soulevée à propos de l'enfant retardé
   se pose aussi à l'égard de l'I.M.O.C.: doit-il

fréquenter une école publique ou doit-il être placé dans un centre de rééducation, en externat ou en internat?

3. On entend souvent l'objection suivante: des fonds publics importants sont dépensés pour l'éducation des handicapés, alors que des enfants surdoués (extremely talented) ne reçoivent que peu ou pas de soutien de l'Etat. Etant donné qu'il y a des limites aux dépenses publiques, qui devrait avoir la priorité?

4. La société devrait-elle permettre aux infirmes moteurs sévèrement atteints d'avoir une vie sexuelle et familiale?

Activité
(Jeu dramatique professionnel; groupes de quatre étudiants)

Les personnages sont:
--David, un garçon de neuf ans, atteint de paralysie cérébrale. Il peut se déplacer sans l'aide d'un fauteuil roulant, en utilisant des béquilles, mais il manque de coordination et ses muscles sont faibles.
--La kinésithérapeute, attachée à cette école publique.
--Le professeur d'éducation physique qui connaît les besoins spéciaux des handicapés.
--L'infirmière scolaire, qui a le dossier sanitaire de David.

David se tient à l'écart de ses camarades de classe parce qu'il se sent physiquement inférieur et il refuse de participer à tous les jeux, même ceux auxquels il pourrait prendre part. Après une réunion préalable avec le médecin scolaire, la kinésithérapeute, l'infirmière et le professeur d'éducation physique se réunissent avec David pour répondre aux objections de celui-ci et pour lui présenter un programme d'activités physiques.

Dossier 4

Les Adolescents perturbés

I. LES ADOLESCENTS TOXICOMANES

Etude du vocabulaire topique

(un/e) toxicomane: drug addict or addicted to drugs
la toxicomanie: drug dependence
une drogue: drug
un médicament psychotrope: psychotropic drug
une dépendance: dependence
un/e drogué/e: drug addict
le commerce de la drogue: drug traffic
un trafiquant de drogues: drug pusher, dealer
le cannabisme: addiction to marijuana
le chanvre indien: Indian hemp
la poudre: powder
l'herbe (f.): grass
un opiacé: opiate
par voie orale: orally
une piqûre intra-musculaire: intramuscular injection
intra-veineux/euse: intravenous
sous-cutané/e: hypodermic
un dérivé: derivative
une accoutumance: habit, habituation
une escalade: progression
euphorisant/e: euphoriant
la privation: withdrawal
s'adonner à: to take to, to become addicted to
infectieux/euse: infectious
une septicémie: septicemia
se piquer: to inject oneself with a drug, to shoot up
l'asepsie (f.): asepsis
une cicatrice: scar
métabolique: metabolic
le surdosage: overdose
une urgence: emergency
le coma: coma
un tranquillisant: tranquilizer
réticent/e: reluctant
la cure de sevrage = le sevrage: withdrawal treatment

intoxiquer: to intoxicate
un neuroleptique = un sédatif: sedative
l'état (m.) de besoin: being strung out
un hypnotique = un narcotique = un somnifère:
hypnotic, narcotic, sleeping pill
l'agitation (f.): shaking
vomissements (m.): vomiting
la diarrhée: diarrhea

   Les toxicomanies sont une déviance d'ordre socio-
culturel et psychologique. Les adolescents sont les
plus vulnérables et les plus exposés aux dangers de
l'usage des drogues. La crise de l'adolescence joue,
à cet égard, un rôle important: avant de devenir un
adulte, le jeune passe par une période de
déséquilibre et d'immaturité, au cours de laquelle il
arrive qu'il recherche des plaisirs immédiats et des
compensations. Aussi crédule qu'anti-conformiste,
il se laisse séduire (1) par les mirages des rites
illusoires de rassemblements (2) au cours desquels il
s'étourdit de (3) bruit, de paroles et de musique.
C'est au cours d'une de ces rencontres qu'il va
connaître la drogue, devenue aujourd'hui un phénomène
de société.
   La toxicomanie consiste dans l'absorption
volontaire, abusive et répétée de psychotropes: dans
cette condition, elle entraîne une dépendance
psychique et physique. Le chiffre (4) des vrais
toxicomanes dans notre pays est difficile à
apprécier: il paraît avoisiner (5) 25 000 à 30 000.
On sait que 80% des drogués ont moins de 25 ans,
et que les filles sont deux fois moins nombreuses que
les garçons. Cette épidémie atteint tous les milieux
socio-culturels: les fils de cadres supérieurs, de
pères exerçant des professions libérales, sont plus
menacés (6) que d'autres, encore que la proportion de
fils d'ouvriers atteigne 30%. Les milieux agricoles
sont moins touchés.
   Depuis une dizaine d'années, cet usage va
croissant, inquiète les pouvoirs (7) publics. La
presse, la radio, la télévision, relatent
quotidiennement des accidents graves causés par
l'usage de la drogue, voire de plusieurs drogues.
Chez les adolescents, cet usage est plus étendu et

1. he lets himself be enticed 2. gatherings 3. il
se perd dans 4. number 5. être proche de 6. en
danger 7. les autorités

sévit (8) à un âge plus jeune qu'autrefois: le commerce de la drogue à la porte des lycées en est aujourd'hui le témoignage. Une université parisienne fut l'objet, il y a quelques années, d'une bruyante offensive commerciale de trafiquants de drogues.

Le cannabisme marque, le plus souvent, l'initiation à la drogue: le chanvre indien est utilisé sous forme de macération, de poudre et surtout de cigarettes («herbe»). Les effets d'une intoxication majeure par cette drogue ont été remarquablement étudiés en 1845, par Moreau, de Tours, qui a décrit les désordres neurologiques et neuro-végétatifs, la dissociation des idées, l'altération du jugement, la désorientation des notions de temps et d'espace et aussi le sentiment d'euphorie et de joie. Rien n'est à changer à sa description. Il semble que la marijuana soit utilisée surtout par les contemplatifs, alors que l'alcool l'est plutôt par les actifs et les violents.

La toxicomanie par les cigarettes de marijuana est largement répandue dans plusieurs pays; aux Etats-Unis, 8 à 9 millions de personnes en fument régulièrement; elle est cultivée partout et n'importe qui peut s'en procurer. [...] Sous cette forme, elle est une drogue considérée comme «douce».

Mais cette toxicomanie par la marijuana, pour bénigne qu'elle soit, ouvre la voie vers des «paradis artificiels» plus démoniaques: la cocaïne, l'acide lysergique (LSD), la mescaline, qui entraînent, outre les troubles propres au chanvre indien, une dépersonnalisation dramatique. Quant aux opiacés, surtout l'héroïne utilisée par voie orale, intra-musculaire, intra-veineuse, c'est la plus dure, la plus dangereuse, et la plus utilisée des drogues. On sait que les drogues psycho-stimulantes, dont l'amphétamine et ses dérivés, entraînent, elles aussi, une accoutumance dangereuse.

Le premier contact de l'adolescent avec la drogue lui apporte un effet magique: un plaisir immédiat; s'il s'ennuie, une stimulation agréable; bref, un sentiment de bien-être. Par cette solution de facilité, il échappe aux contraintes de la vie sociale qu'il ne veut plus affronter. Il se réfugie dans ce monde facile qu'il croit meilleur.

Il risque alors de passer à l'absorption de drogues «dures», en une escalade qui suit l'usage des cigarettes de marijuana. L'absorption de ces nou-

8. exerce ses ravages

139

velles drogues va entraîner chez lui un état de
dépendance physique et psychique, des modifications
du comportement, une pulsion si irrésistible qu'il va
user de la drogue d'une façon continue ou périodique
afin de retrouver ses effets euphorisants et éviter
le malaise de la privation. Il peut s'adonner à
plusieurs drogues, «sacrements du démon»: il devient
l'esclave d'un maître impitoyable, l'accoutumance, le
besoin auquel on ne résiste pas. Une telle toxicomanie crée l'aliénation, puis la déchéance (9).
L'adolescent engagé dans le chemin absurde et déper-
sonnalisant de la drogue, n'ayant des réalités du
monde extérieur qu'une vision caricaturale, n'a
d'autre ressource que la satisfaction immédiate et
éphémère d'un besoin irrésistible. Esclave de lui-
même, il l'est aussi de ses bourreaux, les trafiquants, dont il ne peut s'arracher.

La carrière et l'insertion sociale sont
compromises, le travail est devenu impossible. Les
suicides sont fréquents. Les complications infectieuses, septicémies, chez certains sujets qui «se
piquent» dans des conditions douteuses d'asepsie (on
en observe les cicatrices pigmentées sur les trajets
des veines superficielles, au pli du coude, au dos
des mains et des pieds), sont redoutables (10), en
raison de (11) l'altération profonde de l'état général, de la perte de poids, des tares viscérales,
hépatiques entre autres, entraînant des troubles
métaboliques irréversibles.

Le surdosage est la cause principale de la mort
rapide de l'héroïnomane. Un geste d'urgence s'impose
face à une grande crise dramatique ou un état de
coma: l'admission d'urgence dans un service
hospitalier de réanimation.

Jean-Pierre Frejaville, Françoise Davidson et
Maria Choquet, effectuant des recherches sur un
échantillon représentatif de lycéens de trois régions
de France, ont mis en évidence le rôle important de
la personnalité des consommateurs de drogues.

«Ceux qui se caractérisent par l'expansibilité, la
sociabilité, le non-conformisme, sont sans doute en
risque devant les drogues, notamment les drogues
dites mineures qu'ils considèrent comme sans danger.
Mais sont plus menacés ceux qui sont en proie à des
difficultés relationnelles familiales et extra-fa-
miliales pouvant entraîner l'inadaptation sociale

9. la dégradation 10. très dangereuses 11. à cause
de

140

dont l'usage des produits toxiques peut aussi être l'expression». Des difficultés personnelles profondes, se traduisant par l'isolement, l'absence d'amis, l'ennui, le caractère passif des loisirs, suggèrent un pronostic plus réservé pour l'avenir.

Les groupes «à haut risque» représentent 13% de la population lycéenne étudiée. La consommation habituelle ou fréquente de médicaments contre la nervosité (12), l'ennui et l'insomnie, tels les tranquillisants, les psychotropes légers, pourrait entraîner une prédisposition aux toxicomanies. Les mêmes auteurs ont étudié aussi la corrélation entre la personnalité et l'usage des médicaments, des boissons alcoolisées et du tabac.

[...]

Une action internationale vigoureuse doit être poursuivie pour limiter la culture de certaines plantes médicinales et leur importation dans notre pays; les mesures répressives les plus sévères s'imposent (13) contre les trafiquants de drogue.

Mais l'action que nous retenons, c'est l'information et l'éducation des adolescents les plus vulnérables à la drogue. Collective, à l'école, à l'université, l'information risque de connaître le même déchet (14) que celle qui est dirigée contre l'alcool et le tabac. Les auditeurs sont souvent prévenus (15) et réticents et les dénouements dramatiques leur paraissent inconstants, improbables et lointains.

L'information doit être simple, honnête, compétente, impartiale, suivie d'un dialogue. Elle peut être utilement complétée par cette incitation: «Si vous voulez en savoir plus, consultez tel ou tel document...». Elle ne doit jamais être teintée de (16) la moindre nuance répressive, mais uniquement marquée par le souci de compréhension, de conseil et d'aide.

Elle doit se situer dans une action globale visant au maintien de la santé physique et psychique et de l'équilibre social. L'information la mieux reçue est celle qui exerce une réflection personnelle, adressée à un adolescent donné.

Les médecins praticiens doivent être au fait des risques de l'usage de ces produits et attirer l'attention de leurs consultants sur les inconvénients de l'abus de barbituriques ou de tran-

12. la surexcitation 13. are imperative 14. la perte 15. ont des préjugés 16. colorée de

quillisants. Ce sont les mieux placés pour conseiller utilement ces adolescents à risque.

[...]

A l'égard des victimes de drogues dures, la conduite à tenir est une psychothérapie faite de dialogue, de recherche, de motivation, de rétablissement de la communication avec l'environnement, l'école, la famille... En raison de l'acuité (17) irrésistible du sentiment de besoin, la cure nécessite l'hospitalisation dans une ambiance psychologique de sympathie et de fermeté. Elle doit être libre, acceptée par l'intoxiqué et même réclamée par lui. La porte de l'établissement est ouverte à ceux qui veulent partir et retourner à leur esclavage. L'administration de neuroleptiques, de méprobamate, peut-être de méthadone, peut aider à supporter les souffrances de l'état de besoin. Si le malade le demande, son anonymat doit être respecté.

[...]

Il est important d'amener les toxicomanes à demander ou à accepter une prise en charge. L'ouverture récente de Centres d'accueil et d'Etablissements de soins permettra de recevoir un nombre plus important de malades.

[...]

Les toxicomanes sont souvent sans ressources; ils ne travaillent plus depuis un certain temps, et ils ont besoin d'une aide financière. Il convient de ne pas isoler la toxicomanie par les psychotropes des autres déviances qui frappent aussi électivement les adolescents: troubles psycho-pathologiques, tendances suicidaires (18), délinquances, enfants qui souffrent d'être abandonnés.

[...]

Ajoutons enfin les conséquences de la toxicomanie d'une mère sur l'enfant nouveau-né. Quand la mère absorbe des psychotropes d'une manière habituelle (morphine, héroïne, hypnotiques, tranquillisants, neuroleptiques), les conséquences sont dangereuses pour le foetus et le nouveau-né. Ces intoxications sont redoutables du fait de l'immaturité des systèmes enzymatiques de l'enfant et de la persistance prolongée des produits, accentuant l'affinité de ces drogues pour les protéines du système nerveux central.

Trois syndromes peuvent être observés et sont souvent associés: retard de croissance intra-utérin

17. l'intensité 18. tendances au suicide

(si la mère consomme quotidiennement des narcotiques), syndrome d'imprégnation (le nouveau-né est
endormi), syndrome de sevrage, apparaissant 2 à 10
jours après la naissance une fois le produit éliminé
(agitation, tremblements, cris prolongés, convul-
sions, vomissements et diarrhée).
   Des thérapeutiques appropriées doivent être
appliquées d'urgence.

Conclusion

   Les toxicomanies constituent un·phénomène nouveau
lié à des facteurs caractériels, familiaux, sociaux,
complexes et multiples dont le traitement est
difficile. Peut-on tolérer les «petits» toxicomanes,
qui restent tels pendant des années ou toute leur
vie, sans jamais devenir des malades? Et que faire
devant les «grands» toxicomanes dont la vie est menacée dans l'immédiat, ou va se traîner lamentablement
dans la douloureuse misère de l'inadaptation humaine
et sociale?

Georges Desbuquois, **L'Enfance malheureuse**, Flammarion, 1979.   Extraits.

Pratique du vocabulaire

A. Relevez dans le texte le nom des huit drogues
   mentionnées avec leur article défini. Employez
   trois d'entre eux dans des phrases.

B. En vous servant du vocabulaire topique, expliquez
   quelles sont les conséquences, réelles ou possibles, d'une toxicomanie.

C. En utilisant le vocabulaire topique, dites quels
   sont les effets physiologiques de l'état de besoin
   ou privation.

D. Répondez brièvement mais complètement aux
   questions suivantes:

   1. Qu'est-ce qu'un opiacé?
   2. Quels sont les effets physiologiques et psychologiques d'un narcotique?
   3. Quelles drogues sont des narcotiques?

4. Quelles drogues sont hallucinogéniques?
5. Quelles drogues sont des stimulants?
6. Quelles sont les différentes méthodes d'absorption d'une drogue?

Questions sur le texte

1. Pourquoi les adolescents sont-ils plus vulnérables à la tentation des drogues?
2. Quelle est la définition de la toxicomanie?
3. Dans quels milieux socio-culturels trouve-t-on des drogués?
4. Dans quelles tranches d'âge l'usage de la drogue est-il le plus étendu?
5. Pourquoi la toxicomanie par la marijuana peut-elle être dangereuse?
6. Que recherche l'adolescent qui s'adonne à une drogue?
7. Quels traits de personnalité les consommateurs de drogues peuvent-ils présenter? Dans quelles situations problématiques se trouvent-ils souvent?
8. A quels autres produits toxiques certains types de personnalité ont-ils aussi recours?
9. Que peuvent faire les milieux médicaux et scolaires pour encourager les adolescents à ne pas se droguer?
10. Qu'est-ce qui doit caractériser l'information sur les drogues?
11. Dans quelles conditions les victimes de drogues dures ont-elles les meilleures chances de surmonter leur toxicomanie?
12. Pourquoi une femme enceinte ou qui allaite ne devrait-elle pas s'adonner aux drogues?

Echange d'opinions

1. Etes-vous pour la légalisation de la marijuana? Présentez vos arguments pour et/ou contre.

2. Pensez-vous que la loi devrait autoriser les médecins à administrer de la morphine à leurs patients atteints d'une maladie incurable?

3. Est-ce que vous êtes en faveur de l'emploi contrôlé de l'héroïne pour les toxicomanes?

4. A votre avis, l'emploi abusif de l'alcool doit-il

être considéré comme une toxicomanie?

5. Estimez-vous qu'il est juste que des fonds publics soient utilisés pour couvrir des traitements de désintoxication coûteux?

Activité
(Jeu dramatique professionnel; groupes de deux étudiants)

Imaginez le dialogue entre un/e drogué/e et une assistante sociale. Le/la drogué/e est convaincu/e qu'il/elle peut dominer sa toxicomanie et essaie de persuader l'assistante sociale de l'aider à trouver un emploi. Celle-ci, par contre, cherche à convaincre le/la toxicomane qu'il/elle a d'abord besoin de subir une cure de sevrage avant de pouvoir assumer des responsabilités professionnelles.

Etude du vocabulaire topique

la minceur: slimness, thinness
maigrir: to lose weight, to grow thin
avaler: to swallow
une bouchée: mouthful
une obsession: obsession
l'anorexie (f.) mentale: anorexia nervosa
une diète: diet
une perte: loss
un appétit: appetite
un jeûne: fast
se purger: to purge
vomir: to vomit
un laxatif: laxative
un amaigrissement: wasting away
l'aménorrhée (f.): amenorrhea
la menstruation: menstruation
la température corporelle: body temperature
le lanugo: lanugo
la maigreur: thinness, emaciation
se mettre au régime: to go on a diet
la balance: scales
anorexique: anorexic
squelettique: gaunt
suicidaire: suicidal
le suicide: suicide
se suicider: to commit suicide
la boulimie: bulimia
boulimique: bulimic
un excès de table: over-indulgence in eating
une compulsion: compulsion

Vous avez une adolescente qui, depuis six mois,

maigrit à vue d'oeil (1)? Qui commence à ressembler à un fil de fer (2)? Prenez le temps de l'observer... Elle a développé toutes sortes de manies? Elle vous prépare d'énormes gâteaux... dont elle n'avale pas une bouchée? Elle mange debout, avale son repas en trois minutes? Vous constaterez probablement aussi qu'elle se coiffe, s'habille, fait sa chambre selon un rituel particulier. Obsessif.

Inquiétez-vous un peu. Votre fille souffre d'anorexie mentale. Il s'agit d'un désordre de l'alimentation caractérisé par une diète extrême, et qui touche de plus en plus d'adolescents et de jeunes adultes.

Il y a quelques mois, une vedette de la musique pop, Karen Carpenter, mourait à l'âge de 35 ans, victime de l'anorexie mentale-- du grec an, sans, et orexis appétit: perte de l'appétit.

Quatre-vingt-quinze p. cent des anorexiques sont des filles. Ou elles réduisent constamment leur alimentation, ou elles alternent de longs jeûnes avec des repas gargantuesques (3) dont elles se purgent en vomissant ou en avalant des laxatifs!

Trois symptômes caractérisent la maladie: la restriction alimentaire (moins de 1000 calories par jour), l'amaigrissement--qui dépasse rarement 50 p. cent du poids et s'établit le plus souvent entre 10 et 30 p. cent--et l'aménorrhée (absence des menstruations). Signes cliniques: le rythme cardiaque, la tension artérielle, la température corporelle s'abaissent. Un fin duvet (4) couvre la peau; c'est le lanugo.

«L'anorexie mentale s'accompagne de la négation de sa maigreur et de sa maladie, ajoute le Dr Jean Wilkins, médecin à la clinique des adolescents de l'hôpital Sainte-Justine. La majorité refuse tout traitement.»

La maladie est «multidimensionnelle». Paul Garfinkel et David Garner, deux médecins torontois, pionniers dans le traitement difficile de l'anorexie ont effectué une étude psychosociale et concluent à des prédispositions individuelles génétiques et à des caractéristiques spécifiques de la famille et de la société.

C'est une approche individuelle et familiale qu'utilise Robert Pauzé, psychologue à la clinique de Sainte-Justine. Il décrit un cas type:

1. visiblement   2. wire; ici, beanpole   3. binges   4. poils très fins

«L'adolescente a 13 ou 14 ans. <u>Sage</u> (5) à l'école comme à la maison, elle n'a jamais présenté de problème particulier. A cet âge, l'image que l'on se fait de son corps est cruciale. Plus de 70 p. cent des adolescentes se mettent au régime ou surveillent la balance. Ainsi, elle cherche et arrive à contrôler son poids.

«Fière de son succès, elle s'aime <u>d'autant qu'</u> (6) elle réussit à le maîtriser. Il s'installe alors un cercle vicieux: plus elle s'estime, plus elle contrôle, plus elle contrôle, plus elle s'estime! Personne n'arrive plus à la convaincre de manger. Si le médecin échoue, c'est l'hospitalisation.»

Le problème primordial de l'adolescente, c'est de trouver son identité. Alors que certaines sortent avec les garçons, se joignent à une <u>gang</u>, se perdent dans la musique, l'anorexique fait son premier geste d'autonomie au coeur de sa famille. Dans <u>la démesure</u> (7), voilà ce qui est pathologique.

On trouve des dénominateurs communs aux cas d'anorexie. Un intérêt abusif des parents dans l'éducation de leurs enfants, une absence de frontière entre les deux, un manque d'autorité dans la famille, des conflits précis à l'intérieur de la dynamique familiale.

«Ma stratégie, dit Robert Pauzé, c'est de rompre le cycle de l'anorexie par l'entremise des parents. Une fois qu'il est brisé, je reçois la jeune fille pour parler de son image d'elle-même, de son <u>manque de confiance</u> (8), de son rapport avec les autres, de ses difficultés.»

Du plus commun au plus spécifique, les influences qui causent l'anorexie touchent au plus profond de la personnalité. D'abord, c'est l'environnement qui bombarde l'adolescente de vedettes squelettiques, de mannequins minces comme des fils, de revues <u>bourrées</u> (9) de recettes d'amaigrissement. C'est ensuite le milieu familial (le plus souvent aisé) qui accorde une importance extrême à l'apparence et au succès.

Au coeur de tout se loge la peur de l'autonomie. Comme l'écrivait Elspeth Cameron (<u>Starvation Diet</u>, <u>Saturday Night</u>, décembre 83): «Les anorexiques sont loin d'être suicidaires, mais à des degrés divers et pour des raisons radicalement différentes, elles semblent à la fois <u>dévier</u> (10) l'autonomie et

5. calme et docile 6. all the more that 7. l' excès
8. lack of self-confidence 9. remplies 10. to deflect

craindre le stress et la sensation de perte de contrôle qui l'accompagnent. Dans un mouvement instinctif d'autorité, les anorexiques se tournent contre leur propre corps.»

Des conditions familiales, le stress, un régime trop éprouvant peuvent provoquer la maladie. On peut être anorexique toute sa vie: le tiers des malades s'en tirent parfaitement, autant ne s'en sortent pas complètement mais fonctionnent bien. Le reste sont des malades chroniques. Certaines même en meurent... images tordues immolées à nos valeurs.

Claude Montpetit-Fortier, «Les Filles malades de la minceur», L'Actualité, avril 1984. Extraits.

Pratique du vocabulaire

A. Quels verbes correspondent aux noms suivants:

1. un jeûne: 4. la maigreur:
2. la minceur: 5. une purge:
3. le suicide: 6. un vomissement:

B. Quels adjectifs correspondent aux noms suivants:

1. la maigreur: 5. une obsession:
2. l'anorexie: 6. la minceur:
3. le suicide: 7. une compulsion:
4. la boulimie: 8. un squelette:

Quelle est la forme féminine des adjectifs tirés de «obsession» et de «compulsion»?

C. Parmi les mots que vous avez trouvés dans les exercices A et B, choisissez-en six pour leur utilité médicale, apprenez-les par coeur et utilisez-les dans six phrases.

D. Complétez le paragraphe suivant en choisissant parmi les mots et expressions donnés. Faites tous les changements nécessaires.

la perte de l'appétit   la balance
un laxatif   la menstruation
vomir   une bouchée
des excès de table   l'aménorrhée

149

un amaigrissement   se mettre au régime

On peut identifier l'anorexie par certains symptômes et par un certain comportement. Le nom «anorexie» signifie ____. L'adolescente anorexique n'avale que quelques ____ de son repas. Son ____ est visible. Elle surveille constamment son poids et ____. Elle souffre d'une température corporelle basse et d'____. Quelquefois, elle alterne son régime très sévère avec des ____ dont elle se purge en prenant ____ ou en se faisant ____.

Questions sur le texte

1. Qu'est-ce que l'anorexie? Par quoi se caractérise-t-elle?
2. Dans le comportement d'une adolescente, quels sont quelques-uns des signes les plus apparents d'anorexie mentale?
3. Quels sont les symptômes de ce désordre? Quels en sont les signes cliniques?
4. Selon les Dr Garfinkel et Garner, qu'est-ce qui peut être à l'origine de l'anorexie?
5. Pourquoi un si grand nombre d'adolescentes se mettent-elles au régime? Dans quel cercle vicieux se trouvent-elles prises? Quel est le danger?
6. Comment la société peut-elle influencer un adolescent à devenir anorexique?
7. Et quelle est la part de responsabilité de la famille?
8. Quelle stratégie familiale et individuelle Robert Pauzé utilise-t-il avec les anorexiques?
9. Comment les adolescentes anorexiques semblent-elles réagir vis-à-vis de l'autonomie?
10. Quelles sont les possibilités d'avenir pour les anorexiques?

Echange d'opinions

1. D'après ce que vous savez, quelles sont les ressemblances et les différences entre l'anorexie et la boulimie?

2. A votre avis, y a-t-il une similarité entre la boulimie et l'alcoolisme?

3. Pensez-vous que l'anorexie et la boulimie soient des troubles d'origine psychologique ou d'origine neuropsychologique?

4. Croyez-vous que l'emploi des antidépresseurs soit efficace dans le changement de comportement et d'attitude des anorexiques et des boulimiques?

5. Quels sont les traits de comportement émotionnel associés à l'anorexie et à la boulimie?

Activité
(Jeu dramatique professionnel; groupes de cinq étudiants)

Imaginez la première rencontre entre une anorexique, quelques membres de sa proche famille et un psychologue.

-- L'anorexique est une jeune adolescente qui appartient à une famille bourgeoise.
-- Le père, qui pense surtout à son travail et à sa réussite professionnelle, est froid et distant avec sa femme et ses enfants.
-- La mère, qui est maîtresse de maison, est perfectionniste, aveugle aux problèmes de sa famille, et ne vit que pour et par ses enfants.
-- Le frère, dix-sept ans, est un garçon à problèmes; il boit et se drogue.
-- Le psychologue qui utilise une approche familiale pour traiter l'anorexie, va essayer, dans cette séance initiale, de comprendre la dynamique des relations de cette famille.

Troisième Partie

L'Age adulte

Dossier 1

Les Maladies graves

I. CANCER DU SEIN: UN ESPOIR CONTAGIEUX

Etude du vocabulaire topique

une maladie: disease, illness
grave: serious, critical
le cancer: cancer
un sein: breast
une boule: lump
la palpation: palpation
une radio = une radioscopie: radioscopy
une biopsie: biopsy
une ablation: mastectomy; ablation
inéluctable = inévitable: inevitable
mutiler: to mutilate
un bloc opératoire: surgical center
une tumeur: tumor
la chimiothérapie: chemotherapy
la radiothérapie: radiotherapy
une intervention chirurgicale = une opération:
operation
un/e opéré/e: patient operated upon
un secours = une aide: help
rescapé/e: person who survived (a disaster)
une amputation: amputation
les soins (m.): medical or surgical care
gonfler: to swell
une prothèse: prosthesis
un bonnet de soutien-gorge: a cup of a bra
un/e cancérologue: cancer specialist
l'oncologie (f.): oncology
la leucémie: leukemia
un essaimage = une métastase: metastasis

    A la consultation de la Fondation Curie [1], à
Paris, Claire attend. Elle attend le verdict du
médecin qui l'a convoquée, après l'examen de cette

petite boule lovée (1) dans son sein gauche. On la sent bien à la palpation. On la discerne à la radio. Mais la biopsie doit renseigner sur sa nature. Figée (2) dans son fauteuil, fuyant le regard des autres, Claire espère encore. Elle contemple ses mains: ligne de coeur, ligne de vie... Surtout ne pas céder à la panique qui monte.

La nouvelle, redoutée, va cueillir (3) Claire de plein fouet (4). C'est bien un cancer. Et développé au point que l'ablation du sein est inéluctable. Tout bascule (5) pour la jeune femme. Elle a 35 ans. Elle voit sa vie finie. C'est odieux, injuste. Revenue chez elle, Claire va se couper du monde pendant deux semaines, répit dérisoire (6) que lui ont donné les chirurgiens...

Ainsi commence l'histoire que racontent Yannick Bellon et Françoise Prévost, dans leur film «L'Amour nu», qui vient de sortir. C'est le long cheminement (7) psychologique d'une femme mutilée. Pourtant, la vie ne s'arrête pas au bloc opératoire, démontre Françoise Prévost.

Cette situation dramatique n'est pas propre au cinéma. En France, le cancer du sein atteint 25 000 femmes chaque année. Il représente à lui seul le quart de l'ensemble des tumeurs qui les frappent. «Mais on peut affirmer que la moitié d'entre elles guériront définitivement», dit le Dr Jean Gest, directeur de l'Institut de sénologie [2] à l'hôpital René-Huguenin, de Saint-Cloud.

Ce succès est dû aux progrès de la chimiothérapie, de la radiothérapie et de la chirurgie. Aujourd'hui, les interventions sont moins mutilantes. Mais à la condition que les tumeurs ne dépassent pas 3 cm. Au-delà, malheureusement, l'ablation du sein reste inévitable. Or c'est encore le sort de 80% des victimes de ce cancer. Un prix lourd, mais le prix de la vie.

A ces désespérées, un groupe de femmes apporte le témoignage chaleureux d'un retour possible à une vie normale. Ce sont les volontaires de l'association Vivre comme avant.

Une chaîne d'amitié. A l'origine, se trouve une Américaine: Francine Timothy. Opérée à Paris, en 1968, elle se souvient des douloureux moments de solitude et d'angoisse qu'elle a traversés alors.

1. nestled 2. pétrifiée 3. prendre 4. head-on 5. topples over 6. ridiculously insignificant 7. la progression

«J'éprouvais l'impérieux besoin de parler à quelqu'un qui m'aurait comprise, une femme qui aurait
vécu la même chose que moi.»

C'est aux Etats-Unis que Francine Timothy trouve
ce secours, avec l'association Reach to Recovery,
fondée en 1953 par Terese Lasser. Elle permet aux
femmes rescapées de l'amputation d'un sein d'assister
moralement, dans les hôpitaux, celles qui viennent de
subir cette intervention. Francine Timothy y
travaille sept ans. En 1975, revenue en France, où
elle s'installe définitivement, elle n'a qu'un but:
créer aussi un semblable mouvement d'«espoir contagieux». Avec **pugnacité** (8), elle frappe à toutes les
portes. Le Pr Pierre Denoix, à Villejuif, lui ouvre
la sienne, ainsi que celles de la télévision.
Francine Timothy sème l'espoir. Son message va
toucher une Parisienne, parmi tant d'autres: Denise
Escudier.

Elle aussi est une rescapée, depuis deux ans. La
rencontre de cette Américaine obstinée, aux manières
suaves, et de cette Parisienne dynamique, passionnée,
engendre (9) Vivre comme avant. L'idée-force qui les
anime est simple: ouvrir les hôpitaux, convaincre
les médecins que l'association ne se substituera
jamais à eux, mais qu'elle est d'abord un complément
bénéfique (10) aux soins irremplaçables qu'ils
apportent.

Que peuvent bien offrir Francine Timothy et Denise
Escudier? Une oreille attentive à l'angoisse qui
monte chez les opérées, l'assurance qu'on peut **s'en
tirer** (11), puisqu'elles vivent, elles qui sont
passées par là. **Accessoirement** (12), elles donnent
une petite balle en **caoutchouc** (13), dont le
maniement facilite la rééducation des muscles du
bras, qui peut gonfler après l'opération, ainsi
qu'une prothèse en dacron qui se glisse dans le
bonnet du soutien-gorge. C'est peu, mais c'est
inestimable.

En six années, épaulée par la Ligue nationale
contre le cancer, Vivre comme avant a ouvert vingt-
six **antennes** (14) à travers la France. Les
animatrices, toutes **bénévoles** (15), ont été recrutées
par Denise Escudier. A elle seule, celle-ci a visité
plus de 6 000 opérées. Francine Timothy pousse plus
loin sa croisade. Elle a conquis, en Europe et dans

8. la combativité 9. donne naissance à 10.
bienfaisant 11. get through it 12. in addition 13.
rubber 14. branches 15. volontaires

le monde, dix-neuf pays [3] à sa philosophie généreuse. En avril 1982, Vivre comme avant tiendra à
Paris son deuxième congrès international. L'angoisse
n'a pas de frontières.

Annie Kouchner, «Cancer du sein: un espoir contagieux», L'Express, 16 octobre 1981.

[1] La Fondation Curie a été créée en 1921 par Marie
Curie. La Fondation est le département des applica-
tions thérapeutiques et médicales de l'Institut du
Radium, lui-même fondé dès 1909 par Marie Curie.

[2] La sénologie est la branche de la médecine qui
s'occupe de traiter les maladies des seins.

[3] Selon Francine Timothy qui nous a très gentiment
accordés une interview, il y a, depuis 1983, trente-
six antennes et vingt-six pays situés dans cinq con-
tinents.

A. Classez les mots suivants selon leur association
   avec

   a) le diagnostic du cancer,

   b) le traitement du cancer,

   c) les suites d'une ablation du sein.

   mutiler   la palpation
   une prothèse   le bloc opératoire
   une radio   gonfler
   une biopsie   une intervention chirurgi-
   la radiothérapie   cale
   une amputation   une boule
   la chimiothérapie

B. Quels noms correspondent aux verbes suivants?

   1. gonfler: 4. amputer:
   2. guérir: 5. mutiler:
   3. palper: 6. soigner:

C. Complétez le paragraphe qui suit de façon logique
   à l'aide de termes du vocabulaire topique.

160

Aux Etats-Unis, le cancer du _____ frappe une femme sur onze. La _____ régulière est très recommandée par les médecins car elle permet de découvrir _____ suspecte. Si un cancer est détecté assez tôt, _____ _____ n'est pas toujours nécessaire. Une _____ cancéreuse peut-être traitée par _____ ou par _____. Mais quelquefois, _____ du sein est inévitable. Grâce à Terese Lasser aux U.S.A. et à Francine Timothy en France, _____ de cette opération ont maintenant l'espoir de pouvoir surmonter les obstacles physiques et émotionnels. Les animatrices bénévoles de <u>Reach to Recovery</u> et de Vivre comme avant apportent _____ précieux aux _____. Entre autres, elles leur donnent _____ en dacron qui se met dans _____ du _____.

Questions sur le texte

1. Quels examens médicaux Claire a-t-elle déjà subis? De quel autre examen attend-elle le résultat?
2. Quelle nouvelle le médecin apprend-il à la jeune femme?
3. En France, combien de femmes sont atteintes d'un cancer du sein annuellement? Et combien sont frappées d'une tumeur cancéreuse? Le taux de guérison du cancer du sein est-il bon ou mauvais?
4. A quoi est dû ce succès relatif?
5. Qui est à l'origine de l'association Vivre comme avant? Quelle expérience douloureuse cette Américaine a-t-elle faite?
6. Qu'est-ce que l'association <u>Reach to Recovery</u>? Pourquoi Francine Timothy a-t-elle travaillé pour cette association pendant sept ans?
7. Qu'a fait Francine Timothy quand elle est revenue en France? Est-ce que son entreprise a été facile?
8. Qui est Denise Escudier? A quoi a-t-elle contribué?
9. En quoi consiste l'aide bénéfique que Francine Timothy, Denise Escudier et les animatrices bénévoles de Vivre comme avant apportent aux femmes rescapées de l'amputation d'un sein?
10. Sur le plan national, comment l'association Vivre comme avant s'est-elle développée?
11. Au niveau international, comment la philosophie de Francine Timothy a-t-elle pris racine?

Echange d'opinions

1. Après avoir lu la transcription de l'entretien avec Francine Timothy (dans la section Documents), discutez les questions qui vous intéressent le plus.

2. A votre avis, à quels problèmes divers les femmes amputées d'un sein font-elles face? Comment ces problèmes peuvent-ils être surmontés?

3. Pensez-vous que l'aide de volontaires rescapées de l'amputation d'un sein peut être bénéfique pour les femmes qui viennent de subir cette intervention? Pourquoi et à quelles conditions?

4. Quel traitement vous semble préférable: une mastectomie, la chimiothérapie ou un traitement par les hormones? Expliquez vos raisons.

5. Quelle est votre opinion sur les greffes du sein?

Activité
(Jeu dramatique professionnel; groupes de deux étudiants)

Vous êtes infirmière dans le service chirurgical d'un hôpital (section cancer) et l'une de vos opérées, qui vient de subir l'ablation d'un sein, est très angoissée. Vous parlez avec elle pour l'encourager et lui montrer qu'elle peut surmonter ses problèmes physiques et émotionnels.

II. DIABETE: LA GUERRE DU SUCRE

Etude du vocabulaire topique

le diabète: diabetes
l'insuline (f.): insulin
le pancréas: pancreas
diabétique: diabetic
une hérédité: heredity
héréditaire: hereditary
être prédisposé/e à: to be susceptible to
la glycémie: blood-glucose level
un/e malade = un/e patient/e = patient;
malade (adj.): sick, ill
un régime: diet
sévère: strict
un équilibre: balance
un féculent = un hydrate de carbone: carbohydrate
le diabète insulino-dépendant ou diabète sucré:
diabetes mellitus
le diabète obèse ou diabète de la maturité:
diabetes insipidus
la sueur: sweat; être en sueur: to be in a sweat
un tremblement: shaking
tomber sans connaissance = s'évanouir: to lose
consciousness, to faint
un évanouissement: faint
un malaise: fit of faintness; minor ailment
bénin/bénigne: benign
l'artériosclérose (f.): arteriosclerosis
la cécité: blindness (physical)
le taux: rate
un nerf: nerve
un rein: kidney
l'urine (f.): urine
une aiguille: hypodermic needle
hépatique: hepatic
un édulcorant: sweetener
une ordonnance: prescription
ordonner: to prescribe

163

Huit cent mille Français sont atteints de diabète. Huit sur dix s'en sortent en menant une guerre impitoyable au sucre. Les autres, pour survivre, s'injectent, chaque jour, l'insuline que le pancréas ne produit plus. Mais, chez certains, cela ne suffit pas. Leur diabète est trop instable. C'est pour eux que la médecine a inventé le pancréas artificiel. Pierre Cuisiat, 25 ans, est l'un des premiers à l'avoir testé. Il témoigne.

«J'étais sucré.» Diabétique. A 20 ans.

Tout avait commencé, un mois plus tôt, par une consultation chez un ami médecin. Depuis quelque temps déjà, une fatigue ne me quittait plus. Une soif insatiable me faisait avaler des litres d'eau. Pour mon médecin, les symptômes étaient transparents. Verdict sans appel: diabète. «Tu vas subir quelques examens complémentaires. Mais, d'abord, y a-t-il des cas de diabète déclaré dans ta famille?» Cette question, que j'avais écartée, exorcisée même, me revenait brutalement en pleine figure. Oui, il y en avait: mon père, ma soeur, probablement ma grand-mère, même si, à sa mort, la maladie n'avait pas été diagnostiquée.

Avec une telle hérédité, j'étais prédisposé à la maladie. La fragilité de mon pancréas faisait de moi un diabétique en devenir. Mais pourquoi aujourd'hui, et pas dans vingt ou trente ans, comme dans le cas de mon père? La réponse, je ne la connaissais pas avec certitude. Pas plus que les chercheurs qui s'interrogent sur les causes du diabète. Faute de comprendre le processus physiologique, je ne pouvais pas ne pas me souvenir des quatre années précédentes. J'avais délibérément provoqué mon corps en mangeant trop souvent du pain et du chocolat. J'étais puni par où j'avais péché! Une semaine d'hospitalisation à l'Hôtel-Dieu [1] me permit de prendre toute la mesure de ma maladie. Ma nouvelle vie serait désormais réglée par deux piqûres quotidiennes et une alimentation excluant tout sucre primaire.

Aujourd'hui encore, on parle de diabète comme on disait phtisie (1) il y a un demi-siècle, sans faire de différence entre l'angine de poitrine (2) et la tuberculose. Derrière le mot «diabète» se cachent au moins deux maladies qui n'ont que peu de points communs. En fait, est déclarée diabétique toute personne dont la glycémie (le taux de sucre dans le

1. phthisis 2. angina

164

sang) est anormalement élevée, au-delà de 1,20 gramme par litre. Trop de sucre dans le sang: l'assimilation du glucose par les cellules, dont il est l'aliment principal et indispensable, ne se fait pas, ou se fait mal. L'insuline, une hormone sécrétée par le pancréas et ayant précisément pour tâche (3) de faciliter cette assimilation, ne remplit plus son rôle. Mais ce défaut de fonctionnement de l'organisme a plusieurs origines. Des malades sécrètent assez d'insuline--parfois même ils en produisent trop--mais souffrent d'un problème d'utilisation du glucose par leurs cellules périphériques: ce sont les diabétiques obèses. A l'opposé, les diabétiques insulino-dépendants manquent d'insuline: leur pancréas s'autodétruit progressivement, un peu comme s'il était atteint d'un cancer.

Dans le premier cas, un régime sévère, sans «sucres rapides» (pâtisseries, bonbons), suffit le plus souvent au malade pour recouvrer un poids et une glycémie équilibrés. Dans le second, une simple modification des habitudes alimentaires ne résout pas tout. A défaut de sucres rapides, trop difficilement assimilables, les cellules doivent se nourrir des glucides contenus, par exemple, dans les fruits et les féculents, qui offrent l'avantage de se transformer selon un processus plus long et plus régulier. D'où leur dénomination de «sucres lents».

Il reste que ces glucides ont besoin d'insuline pour être assimilés par l'organisme. Or, dans un pancréas malade, les îlots de Langerhans, qui contiennent l'insuline, ne sont pas en mesure de la libérer en quantité suffisante. Pour compenser ce déséquilibre, le diabétique doit se faire des injections d'insuline. Ce diabète s'appelle insulino-dépendant ou «diabète sucré», par opposition au diabète obèse ou «diabète de la maturité».

Mon cas relevait, comme pour 160 000 autres Français de tout âge, de la seconde catégorie. Et de ce diabète-là, on ne guérit pas.

Je me retrouvais condamné pour le reste de mes jours au régime «sans sucres» et aux deux injections quotidiennes. En dix ans, j'ai constaté que ce n'est pas le plus lourd handicap du diabétique. «La piqûre fait partie de la toilette», a coutume de dire le Pr Henri Lestradet. C'est un acte assez facile dans la vie quotidienne.
[...]

3. le rôle

Le régime, accompagné de quelques écarts (4) voluptueusement savourés, ne me pèse pas trop non plus. L'abandon du sucre m'a fait découvrir le goût et le parfum (5) de nombreux aliments. Pour certains diabétiques, c'est une véritable torture. Moi, je m'y suis fait (6) sans problèmes. Les vraies contraintes de la maladie sont d'un autre ordre. Psychologiques: il faut assumer une complète médicalisation de sa vie. Et surtout physiologiques: le traitement vise à rétablir un équilibre impossible.

Chez un être sain, le pancréas délivre l'insuline à la demande, et en temps réel. Vous faites un repas, vous mangez une friandise (7), vous êtes victime d'un stress... Aussitôt, l'insuline nécessaire à l'assimilation des sucres est libérée. Dans le cas d'un diabète sucré, il n'y a pas cette souplesse (8) d'adaptation. Les piqûres sont faites à heure fixe, généralement avant les repas. Selon le nombre d'injections, il s'agit d'insulines dites «rapides» (dont la durée d'action s'étend de deux à huit heures), «semi-lentes» (de douze à seize heures), ou «lentes» (vingt-quatre heures et plus). Mais dans tous les cas leur action est standardisée, elles sont incapables de répondre aux inévitables variations du besoin insulinique. En adoptant une attitude «moyenne», le diabétique navigue en permanence entre deux écueils (9): l'hyperglycémie (trop de sucre dans le sang, manque d'insuline) et l'hypoglycémie (trop peu de sucre dans le sang, excès d'insuline).

Comme tous les diabétiques, je me souviendrai toujours de ma première crise profonde d'hypoglycémie. C'était au printemps, à Barcelone. Avec une équipe de cinéastes, je faisais des repérages (10). Nous logions dans l'appartement d'une amie. Une nuit, je me suis réveillé, le visage et le corps en sueur, pris de tremblements convulsifs. Une faim terrible me tenaillait le ventre (11). J'avais besoin de sucre, et vite. Je me suis levé et suis sorti de la chambre. La cuisine était là, à gauche dans le couloir, cinq mètres plus loin. Cinq mètres de trop. Le couloir vacillait (12) comme la coursive (13) d'un navire (14) dans la tempête.

4. dietary indiscretions 5. l'arôme 6. je m'y suis habitué 7. delicacy 8. la flexibilité 9. essaie d'éviter...deux dangers 10. synchronizing of soundtrack and film 11. me torturait l'estomac 12. oscillait 13. fore and aft gangway 14. un bateau

Pétrifié, je m'accrochais au mur, à la recherche désespérée d'un équilibre. Je me suis écroulé (15), sans connaissance. Beaucoup plus tard (une minute, une heure?), je suis sorti de mon évanouissement et j'ai pu atteindre enfin, le corps brisé (16), ce pot de confitures tant convoité (17). La secousse avait été rude! Mais j'ai appris, depuis, en parlant avec d'autres diabétiques, que j'avais été victime d'un malaise somme toute bénin. Pour d'autres, l'hypoglycémie se manifeste par des crises d'une violence inouïe, des comportements aberrants, parfois même destructeurs. Elle peut conduire à de vrais comas. J'ai eu relativement de la chance dans l'apprentissage de ma maladie. Connaissant désormais les symptômes de l'hypoglycémie, j'ai su enrayer (18) le processus avant qu'il prenne des proportions catastrophiques.

Une hypoglycémie, si elle se prolonge, peut entraîner une atrophie du cerveau, les cellules n'étant plus alimentées. Quant à l'hyperglycémie, ses conséquences à long terme sont encore plus dramatiques. Elles sont le plus souvent liées à l'accumulation de sucre qui, peu à peu, obstrue la circulation normale du sang. Risques encourus: toutes les formes d'artériosclérose, dont la cécité, l'irrigation des petits canaux qui tapissent (19) le fond de l'oeil ne pouvant plus se faire. Mais les nerfs, les reins, les membres peuvent également être atteints. Statistiquement, le diabétique insulino-dépendant voit son espérance de vie réduite d'un tiers. Heureusement, un diabète correctement traité parvient généralement à faire mentir les statistiques.

Un traitement correct, c'est une alimentation régulière, des piqûres quotidiennes et une hygiène de vie scrupuleuse, car les défenses naturelles du corps aux infections et aux lésions sont émoussées (20). Enfin, c'est une surveillance constante de la glycémie (au moins trois fois par jour, par analyse des urines, ou, s'il y a besoin d'une mesure instantanée, par analyse du sang).

Ces informations sont les seules dont dispose le diabétique pour naviguer au plus près (21), c'est-à-dire pour ajuster le mieux possible à ses besoins réels les doses d'insuline qu'il s'injecte.

15. tombé soudainement 16. extrêmement fatigué 17. désiré 18. arrêter 19. recouvrent 20. affaiblies 21. to sail on a wind

Cette accumulation de contraintes semble indiquer une vie draconienne (22). Mais, dans la réalité, ce sont autant de mécanismes et de réflexes que l'on intègre.
[...]
De ma rencontre avec le Pr Lestradet date la modification de mon regard sur le diabète. Décidé à ne plus subir sans comprendre, je suis les efforts des chercheurs vers de nouvelles thérapeutiques. Sur les origines de la maladie, aucun résultat n'apparaît vraiment concluant (23), mais les explications a posteriori du diabète m'intéressent moins que les possibilités de le rendre plus supportable. Les investigations en cours (24) portent sur trois paramètres: la qualité et les conditions de production de l'insuline, son temps de réponse à la demande de l'organisme, et la suppression de la piqûre, qui, si elle n'est pas douloureuse, n'en demeure pas moins le principal frein à une normalisation de la vie. C'est probablement dans le domaine de l'insuline que les résultats les plus spectaculaires ont été obtenus. Grâce aux progrès de la biologie, le diabétique disposera, dans quelques années, d'une insuline fabriquée en laboratoire en tout point comparable à l'insuline humaine.

Les recherches actuelles portent sur la piqûre. Pour éviter sa répétition, certains diabétiques hospitalisés sont équipés de «pompes à insuline»: une aiguille implantée en permanence dans la peau est reliée à une «poche insulinique» placée sur le ventre qui délivre à heures fixes la quantité nécessaire au malade. Mais ce n'est pas non plus une solution miracle: l'inconfort de l'appareil incommode (25) le malade et lui interdit (26) de le porter en permanence. En outre, la régulation de la glycémie ne se montre pas plus efficace.

Pour équilibrer idéalement la glycémie d'un diabétique, on devait concevoir une machine capable d'analyser les besoins en insuline et en sucre, et d'y répondre en temps réel. Beaucoup de médecins et de chercheurs en rêvaient. De nombreuses tentatives eurent lieu. Les Américains, les premiers, ont surmonté les difficultés de l'entreprise. Ils ont mis au point un «pancréas artificiel», fiable (27), relativement simple à utiliser, et pas trop encombrant (28). En 1980, un Biostator était installé à

22. harsh 23. conclusive 24. in progress 25. inconveniences 26. l'empêche 27. reliable 28. bulky

l'hôpital Hérold, dans le service du Pr Lestradet. Le 10 février dernier [1981], j'avais rendez-vous avec lui pour une visite de routine. Soudain il m'a demandé: «Voulez-vous passer deux jours sous pancréas artificiel?» J'ai accepté sans hésiter.

Me voilà dans la chambre où est installé le pancréas artificiel. Il se trouve à la tête du lit, à la place de la table de nuit. Le Biostator est une machine de la dimension d'un meuble de bureau. Avec son réseau de minuscules tubulures (29) en spirales, il fait d'abord penser à un alambic (30) futuriste. De cet enchevêtrement (31) de fins tuyaux (32) part un tube de verre relié à un boîtier encastré (33). C'est là que s'effectue l'analyse de la glycémie. A ma droite, un clavier (34) composé de chiffres, d'où partent des ordres et des programmes qui alimentent un mini-ordinateur (35) intégré. Au-dessus, un écran (36) sur lequel s'inscriront mes mécanismes internes--taux de glycémie, consommation d'insuline et de glucose. J'apprendrai le fonctionnement de mon corps en regardant défiler (37) des chiffres, qu'une imprimante (38) relèvera (39) minute après minute.

Pendant quarante-huit heures, deux médecins, Jean-Jacques Robert et Philippe Dieterlen, ne me quittent pas. Ils m'expliquent les différentes phases de l'expérience à laquelle je vais être soumis. Midi: la préparation commence.

[...]

Reste à programmer le Biostator. Le Dr Dieterlen lui donne l'ordre de délivrer de l'insuline sitôt que (40) la glycémie passe le seuil (41) de 1 gramme par litre et que le glucose tombe au-dessous de 0,60 g/l. En outre, il définit un quotient de variation de la glycémie. Si on s'en écarte (42), il ordonne à la machine de rectifier la pente (43) afin d'éviter toute chute (44) brutale du taux de glucose dans le sang. En complément, l'écran affiche le taux moyen de glycémie dans la minute précédente, le nombre d'unités d'insuline ou de glucose injectées dans le même temps, ainsi qu'un récapitulatif (45) des données (46) fournies par l'appareil depuis le début de l'expérience.

---

29. pipes 30. a still 31. tangle 32. tubes 33. built-in case 34. keyboard 35. micro-computer 36. terminal 37. passer sans interruption 38. printer 39. will read 40. aussitôt que 41. threshold 42. s'en éloigne 43. gradient 44. la baisse 45. un résumé 46. data

Allongé sur mon lit, je suis réduit à l'immobilité. Cinq longs tuyaux hérissent mon bras gauche (47). Un cathéter est aussi placé en permanence dans mon bras droit. C'est là que, toutes les heures, on me prélève du sang pour faire une analyse comparative de ma glycémie et vérifier le fonctionnement du Biostator.

[...]

Au cours de la deuxième matinée, sous pancréas artificiel, on me soumet à des tests pour évaluer ma production de glucose hépatique. L'expérience prend fin à midi. Encore deux jours et demi à l'hôpital pour subir des examens complémentaires et mettre en pratique les enseignements (48) du Biostator. Je dois me familiariser avec un nouveau traitement, à base d'insulines rapide et semi-lente, pour tenir compte de mes faibles besoins en période de repos et de mes réactions rapides à l'injection d'insuline. Je vais ainsi me rapprocher sensiblement (49) de l'équilibre tant recherché.

Cependant, le principal enseignement de l'expérience réside dans le témoignage du Biostator sur ma maladie. Deux jours avec lui valent mieux que mille heures de documentation sur le diabète. Il m'a offert une clef essentielle pour mieux le connaître et le maîtriser.

47. my left arm is bristling with   48. leçons   49. de façon appréciable

Pierre Cuisiat, «Diabète: la guerre du sucre», L'Express, 24 juillet 1981. Extraits.

[1] L'Hôtel-Dieu est le nom donné à l'hôpital principal de certaines villes, toujours de fondation ancienne. Ainsi, ∗l'Hôtel-Dieu de Beaune est célèbre. Employée sans indication de ville, l'expression désigne toujours celui de Paris.

Pratique du vocabulaire

A. Relisez le texte pour y trouver des mots apparentés en français et en anglais qui se rapportent au diabète et qui ne paraissent pas dans le vocabulaire topique.

Employez quatre de ces mots dans des phrases.

B. Donnez un antonyme de:

1. bénin: 3. reprendre connaissance:
2. un équilibre: 4. le malaise:

C. Quels noms correspondent aux adjectifs qui suivent?
Faites attention de garder le même sens.

1. rénal: 5. aveugle:
2. héréditaire: 6. diabétique:
3. cérébral: 7. urinaire:
4. nerveux: 8. pancréatique:

D. Trouvez les mots ou expressions qui correspondent aux définitions suivantes:

1. Produit de la sécrétion des glandes sudoripares de la peau:
2. Hormone sécrétée par le pancréas:
3. Le fait de perdre connaissance:
4. Très rigoureux, très strict:
5. Substance qui provient de certaines plantes et qui est un hydrate de carbone:
6. Avoir une tendance naturelle à...:
7. Alimentation qui observe certaines règles pour raisons de goûts ou de santé:
8. Prescription médicale d'un traitement, de médicaments:

Questions sur le texte

1. Quels sont les symptômes du diabète? Pourquoi Pierre Cuisiat aurait-il dû prendre des précautions de régime?
2. Sur quelle base médicale déclare-t-on qu'une personne est diabétique?
3. On distingue deux sortes de diabètes: expliquez les origines différentes de ces deux maladies.
4. Comment un diabétique obèse peut-il équilibrer son taux de glycémie?
5. Quel régime un diabétique insulino-dépendant doit-il suivre et que doit-il faire pour compenser son déséquilibre en insuline?

171

6. D'après Pierre Cuisiat, quelles sont les contraintes imposées par le diabète?
7. Combien de types d'insulines existe-t-il et quelle est leur durée d'action?
8. Pourquoi le diabétique navigue-t-il en permanence entre l'hyperglycémie et l'hypoglycémie?
9. De quels effets physiologiques P. Cuisiat a-t-il souffert lors de sa première crise profonde d'hypoglycémie? Quelles peuvent être les manifestations d'une crise plus sévère?
10. Quelles sont les conséquences à long terme de l'hyperglycémie?
11. En quoi consiste le traitement correct du diabète insulino-dépendant?
12. Pierre Cuisiat dit qu'il suit «les efforts des chercheurs vers de nouvelles thérapeutiques». Dans quel domaine les progrès de la biologie sont-ils les plus spectaculaires?
13. Que peut-on faire pour éviter la répétition des piqûres d'insuline aux diabétiques hospitalisés?
14. La régulation de la glycémie reste le problème le plus important. Quelle invention répond à ce problème? Pourquoi P. Cuisiat a-t-il accepté sans hésitation de faire l'expérience de cette machine?
15. Est-ce que l'expérience de P. Cuisiat a été positive? Pourquoi? Qu'a-t-il appris?

Activité
(Recherches et enquête)

Renseignez-vous sur les questions suivantes:

1. Quels sont les pourcentages de diabétiques insulino-dépendants et de diabétiques obèses aux U.S.A.? Ce taux varie-t-il suivant l'âge, le sexe ou la classe socio-économique?

2. Quels aliments et quelles boissons fréquemment achetés par les consommateurs américains contribuent à un taux élevé de glycémie?

3. D'où provient l'insuline achetée en pharmacie? Est-ce qu'elle coûte cher?

4. Le diabète insulino-dépendant étant une maladie héréditaire et inguérissable, est-ce que la proportion des diabétiques augmente par rapport à la population?

Echange d'opinions (basé sur vos recherches)

1. Pensez-vous que le coût de certains médicaments indispensables, comme l'insuline, et celui de certains tests très utiles, comme celui du pancréas artificiel, devraient être gratuits pour les malades qui disposent de faibles revenus?

2. A votre avis, est-ce que les généticiens devraient pouvoir faire des recherches sur les foetus venus avant terme (et morts) et ayant une hérédité diabétique? Justifiez votre opinion.

3. Comment peut-on aider les diabétiques à reconnaître et à accepter leur maladie, puis à se soigner?

4. Dites ce que vous pensez du diabète en tant que maladie héréditaire, en l' envisageant particulièrement dans la perspective du mariage, des grossesses, des enfants, et des risques d'impuissance, de stress, de difficultés psychologiques et financières.

III. LES MALADIES CARDIO-VASCULAIRES:
LE COEUR DES HOMMES

Etude du vocabulaire topique

le coeur: heart
cardiaque: cardiac
vasculaire: vascular
un vaisseau sanguin: blood vessel
l'athérosclérose (f.): atherosclerosis
une thrombose: thrombosis
l'hypertension (f.): hypertension
prendre la tension de qqn: to take s.o.'s blood pressure
un infarctus du myocarde: myocardial infarct
un/e cardiologue: heart specialist
une rechute: relapse, set-back
une hémorragie cérébrale: cerebral hemorrhage
les séquelles (f.) = les suites (f.): aftereffects
l'embonpoint (m.): plumpness
une graisse = un lipide: fat, lipid
l'appareil (m.) circulatoire: circulatory system
une artère: artery; l'artère coronaire: coronary artery
l'aorte (f.): aorta
un capillaire: capillary
un globule rouge: blood corpuscle
un globule blanc: white cell
une greffe: transplant
une angine de poitrine: angina pectoris
une apoplexie: stroke
un anévrisme: aneurysm
l'ischémie (f.): ischemia
la plaque sanguine: blood plaque
un caillot de sang: blood clot
une embolie: embolism
un cardio-stimulateur: pace-maker

Plus de 2 millions de Français frappés, chaque année,

et 204 000 morts... Le coeur, le cerveau sont des cibles (1) privilégiées (2) pour des maladies redoutables qui commencent dans le sang et dans les vaisseaux. Or nous n'avons pas la même égalité des chances devant ce fléau (3). Sommes-nous bien soignés? Néglige-t-on cette calamité? Le Pr Jacques Caen, l'un de nos spécialistes les plus éminents, à l'hôpital Lariboisière, à Paris, répond à ces interrogations inquiètes.

L'Express: On le répète souvent, beaucoup de Français paient chaque année un lourd tribut aux (4) maladies vasculaires: athérosclérose, dégénérescence de la paroi des vaisseaux ou thrombose, hypertension. Quelle est l'importance réelle de ces maladies?

Jacques Caen: Elles représentent invariablement la principale cause de morbidité et de mortalité en France, et cela depuis longtemps. Sans la moindre réduction en perspective. On note même une progression du phénomène. Chaque année, plus de deux millions de personnes seraient atteintes avant l'âge de 70 ans. C'est une estimation, certes, difficile à vérifier. En revanche, nous savons combien en meurent: 198 000 en 1977, 204 000 en 1980...

L'Express: Comment s'explique cet accroissement?

Jacques Caen: La médecine peut se targuer de (5) progrès nets dans l'éradication de certains fléaux, notamment les maladies infectieuses, sous contrôle depuis 1950. Elle parvient également à réduire les méfaits (6) des leucémies et de quelques cancers, grâce aux apports (7) des scientifiques au cours de ces dix dernières années. Mais les efforts de recherche et de développement restent trop chichement (8) mesurés pour la plupart des maladies vasculaires. Donc, la médecine piétine (9) en ce domaine.

L'Express: Quelques-unes de ces maladies sont mieux soignées, cependant?

Jacques Caen: C'est exact pour l'infarctus du myocarde. Près de 300 000 cas chaque année. Les cardiologues parviennent à combattre sa gravité, car ils ont des traitements d'urgence, ils pratiquent des interventions palliatives. De ce fait, beaucoup d'infarctus guérissent, les rechutes sont souvent contenues. Toutefois, une réussite limitée ne doit

1. targets   2. primary   3. scourge   4. are heavily taxed by   5. se vanter de   6. résultats pernicieux 7. contributions   8. pauvrement   9. ne fait aucun progrès

pas masquer les autres réalités: un bon nombre de ces maladies restent <u>funestes</u> (10). Ainsi, les affections cérébrales vasculaires.

L'Express: Ce qu'on appelle les hémorragies cérébrales?

Jacques Caen: Les hémorragies et les thromboses: 69 000 morts, l'an passé. Manifestement, il n'y a pas eu d'amélioration réelle dans la compréhension de leurs mécanismes, dans l'emploi des thérapeutiques possibles. <u>Les neurologues</u> (11) ne peuvent prévoir qui fera ces accidents, ni quelle sera <u>l'ampleur</u> (12) des séquelles handicapant les rescapés provisoires: dans certains cas, vingt années de vie amoindrie, de paralysie, dans d'autres davantage. Les humains n'ont pas la même égalité des chances, selon les maladies vasculaires qui les frappent.

L'Express: Est-ce semblable partout? On a bien enregistré une diminution des accidents vasculaires aux Etats-Unis.

Jacques Caen: Au prix, il faut le préciser, d'une campagne vigoureuse, orchestrée par le Dr Henry Blackburn, de Minneapolis. Les Américains deviennent obèses. Le Service national de la santé s'est inquiété. Les dangers de l'hypertension, de l'embonpoint, des habitudes alimentaires anormales ont été mis en évidence. Et le développement du sport a été prôné. Maintenant, 30 millions d'Américains font leur jogging quotidien. Et, sur leur table, les édulcorants remplacent le sucre, les graisses végétales <u>supplantent</u> (13) les graisses animales. Résultat: de 1970 à 1980, les maladies vasculaires ont régressé de 19% chez les hommes. Blackburn espère que la baisse atteindra 30%. Néanmoins, ces maladies restent encore là-bas les plus meurtrières. [...] Pour ce qui concerne la diminution des maladies vasculaires en Amérique, je dois souligner qu'elle a été enregistrée chez les hommes. Pas chez les femmes.

L'Express: Il y aurait une inégalité des sexes devant ces maux?

Jacques Caen: Les tableaux de mortalité, en Occident, disent que l'homme est plus souvent victime des infarctus. Et que la femme meurt plus des maladies de l'appareil circulatoire, ou d'attaques cérébrales, ou d'hypertension. <u>Ce constat</u> (14) a prêté à discussion, car une donnée n'a pas été prise en compte: <u>l'espérance de vie</u> (15), plus longue en moyenne chez

---

10. mortelles 11. neurologists 12. wide extent 13. supersede 14. established fact 15. life expectancy

la femme. Toutefois, il se confirme maintenant que les femmes connaissent un développement accéléré des maladies vasculaires. Il croiserait bientôt celui que l'on mesure chez les hommes.

L'Express: Sait-on pourquoi?

Jacques Caen: J'y vois trois raisons. D'abord, à l'époque où l'on considérait que les troubles vasculaires étaient le lot des P.d.g. [1], des cadres, on a soigné les hommes avec plus d'application (16), comme s'ils avaient une plus grande valeur sociale... Le pli (17) est demeuré. Les femmes qui gardent les enfants à la maison, celles que les soucis ménagers dédébordent (18) restent moins accessibles aux trop rares campagnes de prévention. En outre, par manque de temps, deux sur trois ne pratiquent aucun exercice volontaire.

La deuxième raison tient à l'extension de la contraception féminine. Il est démontré, de manière tout à fait claire, que les accidents dus à la pilule sont pour moitié vasculaires. On les a crus liés à des manifestations de la coagulation du sang. En fait, on s'aperçoit maintenant que certains anovulatoires (19), en particulier les oestrogènes, sont dangereux pour la paroi des vaisseaux sanguins. Cela résulte de travaux menés en différents endroits, y compris dans mon laboratoire.

Troisième élément: le tabac. Son usage tend à diminuer chez les hommes. Cette restriction n'a pas touché les femmes. Une sur quatre s'adonne à présent à la cigarette. Or la fumée inhalée modifie aussi la paroi des vaisseaux: en Grande-Bretagne, des expériences effectuées sur des animaux l'ont prouvé. J'ajoute que toute future mère qui fume peut faire partager à l'enfant qu'elle porte le risque de cette même altération. Ainsi, des nouveau-nés viennent au monde avec, déjà, des lésions des vaisseaux. Les médecins disent communément que les maladies vasculaires sont la conséquence de l'âge mûr (20). Pour moi, elles débutent souvent dans l'enfance.

L'Express: Le tabac, dans ce cas, n'est vraisemblablement pas seul en cause?

Jacques Caen: On ne veille pas assez, en effet, sur (21) la nutrition de l'enfant. Quand elle est trop riche, voire surabondante, elle se révèle nocive (22) pour la paroi artérielle. Aujourd'hui, les enfants,

---

16. attention   17. l'habitude   18. who are snowed under with domestic worries   19. oral contraceptives   20. la maturité   21. fait attention à   22. dangerous

mieux soignés que dans le passé, sont plus grands et paraissent plus forts qu'avant. Les pédiatres en tirent fierté, je le sais. [...] Ils devraient se préoccuper davantage de ce que deviendront leurs patients lorsqu'ils auront 40 ou 50 ans.
[...]
L'Express: Condamnez-vous l'effet des excès en graisses chez les enfants?

Jacques Caen: En graisses et en sucres. Je pense que les sucreries jouent un rôle plus pernicieux. On ne dira jamais assez aux parents: «Faites plus attention aux hydrates de carbone qu'aux lipides.»

L'Express: Vous venez d'évoquer plusieurs fois la vulnérabilité des vaisseaux sanguins. Peut-on la discerner, maintenant?

Jacques Caen: La paroi des artères au contact du sang est tapissée par (23) une fine pellicule (24) composée de cellules appelée endothélium. C'est une barrière naturelle de protection, fragile, néanmoins. Quand elle est lésée (25), si peu que ce soit, la blessure, à plus ou moins long terme (26), constitue une «épine irritative (27)», comme disait déjà François Broussais en 1838... Là naîtra la maladie vasculaire. Depuis une dizaine d'années, nous savions explorer l'endothélium. Voilà deux ans environ, nous avons également appris à mieux cultiver in vitro des cellules endothéliales, en commençant avec du tissu de cordon ombilical. Désormais, nous savons «faire» des endothéliums d'aorte comme des endothéliums de capillaires dans nos cultures. Ce qui ouvre des horizons nouveaux. Par exemple, la possibilité d'étudier en éprouvette la sensibilité des cellules endothéliales à la nicotine ou bien aux médicaments.

Grâce à cette méthode, nous avons fait une découverte récente dans mon service. Vous le savez, les diabétiques sont très exposés aux attaques vasculaires. On accusait l'action des sucres et des graisses, on accablait la coagulation. Or nous avons trouvé un «plus», en mettant au contact d'une culture endothéliale des globules rouges anormaux prélevés chez des diabétiques. Les globules ont collé (28) à l'endothélium, ils s'y sont accrochés! C'est une «association» contre nature, donc l'amorce (29) d'une

22. dangereuse 23. lined with 24. very thin layer
25. affected by a lesion 26. sooner or later 27. irritative thorn, protuberance 28. have stuck 29. le commencement

lésion. Elle explique mieux les accidents vasculaires. Notre travail, avec Jean-Luc Wautier, a été
publié, en juillet 1981, dans le «New England Journal of Medecine», une revue américaine qui fait autorité. Il faut maintenant vérifier le phénomène in
vivo, chez l'homme.
L'Express: C'est une voie nouvelle de recherche?
Jacques Caen: Disons que la connaissance du mécanisme des maladies vasculaires a fait un pas supplémentaire. La culture endothéliale montre également
comment les graisses interviennent dans ces maladies.
Non pas parce que tel malade fait un peu trop de
cholestérol, mais parce que les graisses agissent au
niveau de la paroi vasculaire: certaines graisses,
essentiellement des lipoprotéines de faible densité.
Elles adhèrent à l'endothélium, elles forment une
«épine irritative».
L'Express: Les vaisseaux qui irriguent le cerveau
diffèrent-ils de ceux qui alimentent (30) le coeur?
Jacques Caen: Vous m'embarrassez, nous manquons
encore de certitudes. C'est cela qu'il faut étudier:
le vaisseau cérébral, le vaisseau cardiaque, le vaisseau périphérique, les vaisseaux rétiniens (31). Une
chose est sûre: c'est au niveau du vaisseau que se
fait la lésion!
[...]
L'Express: Revenons à l'inégalité des humains devant
les maladies. Voyez-vous une solution?
Jacques Caen: Il faut à la France une Fondation pour
le vaisseau. Il y a bien une Fondation pour le coeur
et, depuis peu, une Fondation pour la leucémie. Mais
toujours pas de Fondation pour le vaisseau. C'est
aberrant (32). Voilà une urgence!
L'Express: Qu'apporterait-elle?
Jacques Caen: D'abord, la possibilité d'apprécier
enfin la portée globale (33) et le coût réel des maux
vasculaires. Ensuite, elle coordonnerait (34), au
plan national, les recherches et leurs applications
directes. Cette fondation devrait prochainement
sortir. Nous l'ébauchons (35), à quelques-uns: des
biocliniciens, des médecins épidémiologistes et des
chirurgiens vasculaires, avec des responsables des
grandes industries pharmaceutiques. L'un de nos objectifs communs avec les chirurgiens consiste à combattre les complications des greffes de vaisseaux

30. nourrissent 31. retinal 32. absurde 33. full
effect 34. would coordinate 35. conceive its out-
lines

sanguins. Elles entraînent fréquemment des thromboses. Il en va de même avec la circulation extra-
corporelle du sang, nécessaire pour certaines opérations lourdes. Bientôt, même des cancérologues devraient nous rejoindre.

L'Express: En quoi la cancérologie est-elle con-
cernée?

Jacques Caen: La migration des cellules tumorales
passe par les vaisseaux. C'est au niveau de l'endothélium, sur la paroi vasculaire, que viennent se
nicher (36) les cellules malignes. Ce constat con-
duira peut-être certains cancérologues à modifier
leur stratégie des soins. Les médecins savent que,
si l'on fait un examen anatomo-pathologique chez ceux
qui meurent au-delà de 80 ans, on trouve pratiquement
chez tous un cancer qui ne s'est pas développé.
Alors, la question est déjà posée: «Ne vaut-il pas
mieux laisser tranquille (37) un cancer d'origine,
mais l'empêcher de s'étendre et bloquer l'essaimage?»
L'oncologie, c'est-à-dire l'étude du cancer,
oeuvrerait de la sorte avec l'hématologie, l'étude du
sang.

36. se placer 37. leave alone

Pierre Accoce et Sophie Lannes, «Le Coeur des
hommes», L'Express, 18 juin 1982. Extraits.

[1] Un P.d.g. est le Président directeur général
d'une compagnie ou d'une manufacture industrielle,
etc.

Pratique du vocabulaire topique

A. En vous servant du vocabulaire topique, dites en
   quoi consiste l'appareil circulatoire. De quoi se
   compose le sang?

B. D'après l'article que vous venez de lire et vos
   propres connaissances, que pouvez-vous dire sur

   1. la coagulation du sang?
   2. le cholestérol et ses effets sur les vaisseaux
   sanguins?

3. la nicotine et ses effets sur les vaisseaux sanguins?

C. Expliquez en français les termes médicaux suivants:

1. une apoplexie:
2. un anévrisme:
3. un infarctus du myocarde:
4. une embolie:
5. l'hypertension:
6. une angine de poitrine:

D. Faites des phrases avec les mots qui suivent:

les suites; une rechute; une greffe; l'embonpoint; la plaque sanguine.

Questions sur le texte

1. Pourquoi peut-on dire que les Français paient un lourd tribut aux maladies vasculaires? Sont-elles en régression ou en progression?
2. Dans quels domaines la recherche médicale a-t-elle fait des progrès? Pourquoi n'en fait-elle que très peu en ce qui touche les maladies vasculaires?
3. Comment les cardiologues parviennent-ils à guérir beaucoup d'infarctus du myocarde?
4. De quelles séquelles peuvent être victimes ceux qui survivent à une affection cérébro-vasculaire?
5. Que font beaucoup d'Américains pour éviter les dangers de l'obésité et de l'hypertension?
6. En quoi consiste l'inégalité des sexes devant les maladies vasculaires?
7. Résumez les trois raisons qui expliquent que les femmes sont plus sujettes que les hommes à ces maladies?
8. En ce qui concerne certains anovulatoires, à quelles conclusions les expériences de laboratoire ont-elles mené?
9. Quels sont les effets de la nicotine sur la paroi des vaisseaux? Pourquoi une femme enceinte devrait-elle s'abstenir de fumer?
10. Que faut-il éviter pour donner à un enfant une nutrition saine, qui n'a pas d'effets pernicieux sur la paroi des artères?

11. Le Pr Jacques Caen dit qu'il peut cultiver des cellules endothéliales _in vitro_. Pourquoi cette découverte est-elle importante en ce qui concerne la nicotine? les médicaments? les globules rouges anormaux prélevés chez des diabétiques? certaines graisses? ·
12. Qu'est-ce qu'une Fondation pour le vaisseau permettrait de faire?
13. Quelles peuvent être les suites d'une greffe de vaisseaux sanguins?
14. Pourquoi les cancérologues devraient-ils travailler en association avec les hématologues?

Echange d'opinions

1. Les maladies cardio-vasculaires et cérébro-vasculaires font de sérieux ravages parmi la population des pays industrialisés. Quelles mesures de prévention sont prises par les services de santé américains--l'Institut américain de la Santé, par exemple--pour réduire les accidents fatals et les maladies? Pensez-vous que ces mesures soient suffisantes ou pouvez-vous en suggérer d'autres?

2. Quelle est votre opinion sur la greffe d'un coeur artificiel? et la greffe du coeur d'un donneur? Considérez les aspects physiques, psychologiques, religieux et économiques de la question.

3. Estimez-vous que la greffe du coeur d'un primate (par exemple un babouin) sur un être humain qui ne pourrait pas survivre sans greffe se justifie? Donnez vos raisons.

4. Les victimes d'attaques cérébro-vasculaires deviennent souvent des «légumes», c'est-à-dire qu'elles sont paralysées, aphasiques, leurs capacités sensorielles sont réduites. Discutez les techniques de rééducation (autorégulation, c'est-à-dire _biofeedback_, etc.) que vous connaissez.

5. Une des séquelles de l'apoplexie est la dépression car, même après un rétablissement physique complet, plusieurs patients souffrent de handicaps mentaux angoissants. Comment leurs problèmes mentaux et psychologiques peuvent-ils être résolus ou du moins réduits?

6. Les accidents cérébraux font d'autres victimes:
   la famille. Qu'est-ce qu'on fait, ou pourrait
   faire, pour aider les familles qui doivent soudain
   s'occuper d'un invalide?

Activité
(Jeu dramatique professionnel; groupes de deux
étudiants)

Vous êtes médecin généraliste ou cardiologue.
Un/e de vos malades souffre d'hypertension et est
donc menacé/e d'une attaque cérébro-vasculaire. Recréez la conversation qui a lieu dans votre cabinet
alors que vous conseillez votre malade qui vous pose
des questions sur la nutrition, les exercices et les
médicaments nécessaires à son état de santé.

IV. RHUMATISMES: PEUT-ON GUERIR?

Etude du vocabulaire topique

un rhumatisme: rheumatism
le dos: back
une hanche: hip
la boue: mud
un charlatan: quack
un/e rhumatisant/e: rheumatic
une arthrose: osteoarthritis
un/e rhumatologue: rheumatologist
une articulation: joint
une polyarthrite juvénile: juvenile rheumatoid arthritis
la spondylarthrite: spondylitis
ossifié/e: ossified
la colonne vertébrale: spinal column
le cou: neck
une arthrite: rheumatoid arthritis
une épaule: shoulder
un genou: knee
aigu/aiguë: acute
la fièvre: fever
un antigène: antigen
la polyarthrite rhumatoïde: polyarticular rheumatoid arthritis
un doigt: finger
un poignet: wrist
un coude: elbow
une cheville: ankle
aliter: to confine to bed
la membrane synoviale: synovial membrane
un os: bone
une induration: induration
une fêlure: fracture
le rhumatisme articulaire aigu: rheumatic fever
la lombalgie: low back pain
un lumbago: lumbago
une hernie discale: herniated disc

une scoliose: scoliosis
une névralgie: neuralgia
une prothèse totale (de la hanche, du genou, etc.):
total (hip, knee, etc.) replacement

Les 12 millions de Français qui souffrent
périodiquement de rhumatismes ne disposent encore que
de traitements qui soulagent. Mais la recherche
laisse entrevoir quelques lueurs d'espérance.

Andrée Brehal, 50 ans, redoute chaque retour de
l'automne. Aux moindres variations du temps--
nombreuses en Normandie--la douleur due à ses
rhumatismes, au dos, aux hanches, augmente. Mais,
cette année, elle appréhende (1) davantage l'épreuve
(2). Car elle ne se soignera pas. «J'arrête, nous a-
t-elle écrit. La médecine ne peut rien pour moi».
   En dix ans, elle en a vu des spécialistes, en
privé et à l'hôpital! Elle a avalé jusqu'à vingt
comprimés (3) par jour. «Pour rien», dit-elle. Dans
le dos des médecins, elle a tout tenté: acupuncture,
boues chaudes, même les charlatans à 300 francs la
séance. Mais les douleurs sont restées. Andrée
Brehal--c'est décidé--y renonce: «Quand j'aurai trop
mal, je m'abrutirai (4) seule, à l'aspirine, le pain
des rhumatisants.»
   La maladie qui désespère cette femme est connue:
arthrose, compliquée de sciatiques à répétition. Un
cas banal. Mais il nous interpelle (5), car des
millions de Français souffrent du même mal. Comme
Andrée Brehal, beaucoup cèdent à l'accablement (6).
Selon le Dr Philippe Stora, rhumatologue à Paris,
près de la moitié des rhumatisants, démoralisés par
les difficultés notoires (7) des traitements, ne
prennent pas les médicaments prescrits. L'opinion
dédaigne les rhumatismes. Les Pouvoirs publics les
négligent. Ils constituent pourtant une calamité.
[...]
   Ne devrait-on pas dire fléau? Une enquête de
l'Institut national de la santé et de la recherche
médicale (Inserm), en 1974-1975, a établi que 22% de
la population française, soit près de 12 millions de
personnes, souffrent périodiquement de rhumatismes.

1. craint 2. la souffrance qui éprouve le courage
3. tablets 4. will stupefy myself 5. calls for our
attention 6. le découragement 7. bien connues

Elle a montré que ces troubles occasionnent, <u>bon an mal an</u> (8), 22 millions de consultations et visites de généralistes.

Le Dr Yves Chaouat, secrétaire général de l'Association française de lutte antirhumatismale, à Paris, estime à plus de 4 millions les Français touchés par les formes sévères de ces maux.

<u>La rançon</u> (9) de la vieillesse, avancent certains. «Aucun âge n'est <u>épargné</u> (10)», corrige le Dr Chaouat. Certes, le risque s'accroît avec le vieillissement: 23% des rhumatisants ont 45 ans et 41%, 65 ans. Mais 5% de ceux qui sont touchés entrent à peine dans leur vingtième année. Des milliers d'enfants, aussi, connaissent <u>les affres</u> (11) du dos <u>tordu</u> (12), des articulations nouées.

<u>Le retentissement</u> (13) social du coût de ces maladies reste sous-évalué. Chaque année, elles font perdre 20 millions de journées de travail, révélait l'étude de l'Inserm citée plus haut. Elles sont les premières responsables de l'invalidité. En diagnostic, traitements, rééducation, infirmités et pensions, c'est par milliards de Francs qu'il faut compter.

Le Dr Chaouat l'a attesté au «Quotidien du médecin», lors du XVe Congrès international de rhumatologie, tenu à Paris, en juin dernier: «Certaines pathologies, notamment le cancer et les maladies cardio-vasculaires, sont «sentimentalement» plus vivement ressenties par le public et les responsables gouvernementaux, ce qui fait qu'elles sont considérées comme plus importantes. Pourtant, il faut reconnaître que l'on ne peut pas comparer le coût d'un cancer, par exemple, avec celui d'une polyarthrite juvénile, qui dure toute la vie. L'aspect invalidant des maladies rhumatismales a, globalement, des conséquences <u>pécuniaires</u> (14) désastreuses...»
[...]

Fréquemment, les malades s'exaspèrent de la lenteur des progrès en médecine. C'est, entre autres patients, le cas des rhumatisants. Andrée Brehal, notre correspondante, n'a pas manqué de le relever. Son père, avant elle, était grand rhumatisant. La spondylarthrite bloquait ses hanches. Les ligaments qui lient les vertèbres entre elles s'étaient ossifiés, <u>de telle sorte que</u> (15) la colonne s'était

8. taking one year with another 9. penalty 10. spared 11. grandes douleurs 12. twisted 13. répercussions 14. financières 15. so that

transformée en barre osseuse, du cou au coccyx. Et
l'ankylose avait gagné, faisant du malheureux un
gisant (16). La maladie d'Andrée est très
différente. Toutefois, ses médicaments, qu'elle refuse à présent, ne différaient guère à ses yeux de
ceux qu'elle voyait chez son père et qui restèrent
inopérants (17): des calmants, des fébrifuges (18),
des anti-inflammatoires. Voilà pourquoi elle aban-
donne, dit-elle. Mais a-t-elle été, au préalable
(19), suffisamment éclairée?
Faite d'errements (20), l'histoire naturelle de
ces maladies remonte à Baillou, un médecin de Louis
XIII. Aujourd'hui encore, leurs causes restent,
presque toutes, inconnues. Néanmoins, les mécanismes
de leur apparition se laissent enfin entrevoir.
On dénombre deux cents rhumatismes environ,
classés, pour la commodité de l'esprit, en deux
grandes familles. L'une pour les arthrites. Elles
se manifestent en frappant les articulations et la
colonne par une inflammation: une réaction cellulaire, tissulaire et humorale, qui répond à une
agression d'insaisissables agents. La seconde ras-
semble les arthroses. Elles «signent» une dégénérescence: les cartilages des articulations ou les
disques intervertébraux se détériorent, mais la cause
originelle reste une énigme.
Des progrès récents ont amélioré l'étude des
arthrites, l'exploration du processus inflammatoire.
[...]
Les chercheurs ont identifié quelques rares
substances qui déclenchent des inflammations.
Tantôt, ce sont des microcristaux de calcium aux noms
savants: pyrophosphates ou hydroxyapatites. Ils
forment des calcifications, bloquent l'épaule,
paralysent le genou ou la hanche. Ils entraînent
souvent des tendinites, des bursites. Parfois, ces
substances sont des germes: salmonelles, shigelles,
chlamidiae, voire des streptocoques. Habituellement
responsables de troubles intestinaux ou d'urétérites,
ces germes déclencheraient également des arthrites
chroniques.
Dans le cas de la polyarthrite aiguë, étudiée
depuis bientôt soixante ans, tout commencerait par
l'une de ces infections, banale, escortée de (21)
fièvre. Mais la polyarthrite ne frappe pas aveuglé-

16. forcing (him) to remain lying on his back   17.
inefficaces   18. fever-reducing drugs   19. auparavant
20. erreurs   21. accompagnée de

ment. Elle vise des individus prédisposés, qui naissent sous une mauvaise étoile tissulaire. Nous possédons tous dans nos cellules notre carte d'identité génétique. Elle nous différencie les uns des autres. Mais certains, parmi nous, portent des marqueurs particuliers, des antigènes, sur leurs globules blancs. Or les rhumatologues ont remarqué que les malades atteints de polyarthrite aiguë partageaient cette particularité héréditaire.

Le même phénomène touche les victimes de la spondylarthrite, en grande partie des hommes, quelquefois des adolescents. Dans leur sang, ils portent la preuve qu'ils appartiennent à un groupe tissulaire commun, en l'occurence le club HLA 27. Que l'on ne se méprenne (22) pas, les gènes détectés ne sont pas les gènes du mal. Leur présence ne signifie pas davantage qu'ils sont indispensables au déclenchement de la maladie. Elle indique seulement la propension à cette apparition. Et savoir cela, c'est déjà énorme. Rechercher l'anomalie révélatrice devient un test diagnostic de routine. Une inflammation qui se «reconnaît» tôt se soigne mieux. On la contrôle. Voici qu'une ère nouvelle s'ouvre en rhumatologie, une révolution peut-être: le temps de la vraie prévention.

Le traitement de la polyarthrite rhumatoïde, la PR, une inflammation majeure des articulations, devrait également s'en trouver changé. C'est la PR qui tord les doigts, qui raidit (23) les poignets, les coudes ou les chevilles. Dans ses formes graves, elle condamne au fauteuil roulant, elle alite irrémédiablement. Sept fois sur dix, elle touche les femmes, en général à la maturité. Ses signes sont visibles à la radio chez 97% des humains âgés de plus de 60 ans. Là encore, la prédisposition génétique existe, inscrite dans les globules blancs. Les malades atteints appartiennent, en majorité, au groupe tissulaire HLA DW4.

Connaître une telle propension révèle des horizons insoupçonnés aux chercheurs. Ils espèrent cerner maintenant l'un des agents responsables de la PR. Probablement un virus qui s'infiltrerait dans les cellules de la membrane synoviale des articulations mobiles. Il participerait à la destruction de ces articulations.

Devant ces perspectives qui s'offrent, les savants, on le comprend, ont longtemps négligé la

22. se trompe   23. stiffens

seconde famille des rhumatismes, les arthroses. Mais
ils mettent les bouchées doubles (24) pour rattraper
ce retard. Les travaux présentés au XVe Congrès, en
juin, le montrent.

Enterrée, l'hypothèse selon laquelle les arthroses
seraient une conséquence naturelle du vieillissement
du cartilage. Quand on fait «mûrir» ce cartilage en
éprouvette, il ne présente aucun des signes relevés
chez celui des vrais arthrosiques. En revanche,
l'action des facteurs mécaniques, qui explique l'apparition des arthroses, n'est pas discutée.

Sous l'effet des chocs, des charges (25) suppor-
tées (26), des mouvements répétés, le cartilage
s'érode et se fissure. L'os qu'il recouvre durcit.
Cette dernière métamorphose intrigue d'ailleurs les
chercheurs. Certains se demandent même si une telle
induration ne serait pas responsable de
l'agrandissement des fêlures du tissu cartilagineux.

Car le cartilage est un tissu vivant, contrairement à ce qui a été cru longtemps. Il est
formé de cellules très actives, dans une matrice
fortement chargée en eau. Les biologistes ont constaté que ce cartilage paraissait plus hydraté chez
les arthrosiques. De là à penser que les arthroses
pourraient être, avant tout, des maladies cellulaires
comme tant d'autres, il n'y avait qu'un pas. Il a
été franchi (27).

Mais les origines de ces maladies supposées
restent à percer. Au gré des hypothèses, on parle de
surproduction de collagène dans le cartilage, d'enzymes «sauvages» libérées par les cellules du même
cartilage, d'une perturbation secondaire du métabo-
lisme général des lipides. Et, puisque l'ordon-
nancement qui régit (28) la vie moléculaire ne peut
être systématiquement écarté (29) de ce domaine, là
encore on évoque une prédisposition génétique!

24. do the job in double-quick time 25. loads 26.
portées 27. taken 28. gouverne 29. éloigné

Pierre Accoce, «Rhumatismes: peut-on guérir?»,
L'Express, 9 octobre 1981. Extraits.

A. Relevez dans le texte cinq noms apparentés en
   français et en anglais qui n'apparaissent pas dans
   le vocabulaire topique et qui désignent des

parties du squelette. Employez-les dans des phrases.

B. Donnez une courte définition de

1. une bursite:
2. la goutte:
3. la sciatique:
4. l'ostéoporose (f.):
5. la calcification:

C. Faites un peu d'anatomie en français.

1. Quelles sont les trois articulations des bras? Et les trois articulations des jambes?
2. Comment s'appellent les extrémités mobiles des mains? Et celles des pieds?
3. Quel nom donne-t-on à la tige osseuse articulée qui soutient le squelette de la base du crâne au coccyx?

D. Complétez ce paragraphe de façon logique en vous servant des mots de la liste du vocabulaire topique:

Il y a environ deux cents _____ mais on les classe en deux grandes catégories. Les _____ causent une inflammmation des articulations et sont quelquefois accompagnées de _____. Les _____ se manifestent par une dégénérescence des cartilages. Certains rhumatismes sont extrêmement graves, comme _____ qui touche les articulations et le coeur et qui frappe surtout des enfants. D'autres rhumatismes sont très douloureux: _____ qui affecte en majorité des hommes, provoque une ossification des ligaments qui lient les vertèbres entre elles et _____ qui touche plutôt les femmes, raidit les articulations et déforme les doigts. De plus, de très nombreuses personnes qui ont périodiquement mal au dos souffrent de _____. Les rhumatismes sont le triste lot des vertébrés. On a même trouvé leurs traces sur _____ des dinosaures!

Questions sur le texte

1. Pour quelles raisons Andrée Brehal redoute-t-elle, particulièrement cette année, le retour de l'automne?
2. Qu'a-t-elle essayé pour guérir? Avec quel résultat?
3. En quoi le cas de Mme Brehal est-il typique?
4. Qu'est-ce qui fait dire à l'auteur de cet article que les rhumatismes sont un fléau? Qui peut devenir rhumatisant?
5. Expliquez, en appuyant votre réponse sur quelques chiffres, pourquoi les rhumatismes ont des conséquences pécuniaires désastreuses.
6. De quelle façon la spondylarthrite affecte-t-elle le squelette?
7. Quels sont les effets des arthrites? Et ceux des arthroses? Les causes de ces maladies sont-elles bien connues?
8. Quelles peuvent être les causes des inflammations rhumatismales?
9. Qu'est-ce que les chercheurs ont découvert en ce qui concerne les victimes de polyarthrite aiguë? Et en ce qui concerne les malades atteints de spondylarthrite ou de polyarthrite rhumatoïde?
10. Pourquoi la découverte d'une propension héréditaire à un certain type de rhumatisme est-elle un pas important dans le progrès du traitement précoce de la maladie?
11. Concernant les arthroses, quelle hypothèse a été abandonnée à la suite d'expériences de laboratoire?
12. Qu'est-ce qui arrive aux cartilages des articulations sous l'effet des facteurs mécaniques? Et quelle action la détérioration des cartilages a-t-elle sur les os?
13. Selon une hypothèse récente, à quel type de maladie pourraient être rattachées les arthroses?
14. Finalement, dans le cas des arthroses tout comme dans celui des arthrites, qu'est-ce que les chercheurs évoquent?

Echange d'opinions

1. A votre connaissance, quelles mesures de prévention peuvent être prises par les êtres jeunes et sains pour éviter les rhumatismes, sous une forme ou sous une autre?

2. Que pensez-vous de certaines méthodes thérapeutiques des rhumatismes, comme l'arthrite par exemple, qui suivent un modèle holistique (appelé aussi globaliste)?

3. Quelle est votre opinion sur les traitements auxquels ont recours certains rhumatisants comme l'acupuncture, les bains de boue chaude, la chiropraxie, le magnétisme, le port de bracelets de cuivre, etc.? Pensez-vous que ces traitements peuvent être dangereux ou inutilement coûteux et qu'on devrait conseiller aux rhumatisants de se faire traiter uniquement soit par la médecine traditionnelle, soit par l'ostéopathie?

4. Les rhumatisants posent souvent la question de savoir s'ils devraient faire des exercices physiques pour assouplir leurs articulations et ralentir la progression de leur maladie, bien que les exercices soient souvent douloureux. Quelles sont vos idées à ce sujet?

Activité
(Jeu dramatique professionnel; groupes de deux étudiants)

Recréez la conversation entre un médecin ou un infirmier et un malade qui doit avoir une prothèse totale de la hanche. Le malade qui souffre, souhaite l'opération mais s'inquiète quand même des risques et des conséquences possibles. Le médecin ou l'infirmier informe le malade et l'encourage à subir l'opération à cause des améliorations qu'elle apportera dans sa vie quotidienne.

Dossier 2

Questions de sexualité

I. LA MENOPAUSE EN DOUCEUR [1]

Etude du vocabulaire topique

la ménopause = le retour d'âge: menopause
ovarien/ne: ovarian
l'oestrogène (m.): estrogen
hormonal/e: hormonal
contre-indiqué/e: contraindicated
une contre-indication: contraindication
une bouffée de chaleur: hot flash
l'ostéoporose (f.): osteoporosis
une sécrétion: secretion
un ovaire: ovary
une hormone: hormone
enrayer: to check, to arrest
le foie: liver
une enzyme: enzyme
métaboliser: to metabolize
la micronisation: micro encapsulation
se diffuser: to spread slowly, to be diffused
la progestérone: progesterone
l'hypophyse (f.): hypophysis or pituitary gland
par voie buccale: orally
par voie transcutanée: by application of a transderm patch
un effet secondaire: side effect
la climatérique: climacteric, perimenopausal
la dyspareunie: dyspareunia

On commence à comprendre que le traitement hormonal de la ménopause est parfois indispensable.

Dire non à la ménopause. La femme de 50 ans qui le désire a, peut-être, une raison supplémentaire de <u>clamer</u> (1) son refus. Lors des IIes Journées de

1. crier

l'Association française pour l'étude de la ménopause, l'Afem, le Dr Henri Rozenbaum, son président, a souligné le risque cardio-vasculaire que courait la femme dont les fonctions ovariennes ont cessé. «Mais, affirme ce médecin, on peut y remédier grâce aux oestrogènes naturels.»

Le traitement hormonal de la ménopause passait, il y a vingt ans, pour (2) un caprice (3). La cinquantaine, affirmait-on est un «cap» à franchir (4). Il le reste. Inéluctable. Cependant, ce concept est aujourd'hui discuté: «La ménopause, dit le Dr Rozenbaum, n'est pas seulement l'arrêt des règles, mais un nouvel état biologique. La femme, du fait de sa longévité, va vivre vingt-cinq ans en carence hormonale.»

Certaines s'en accommodent (5). Mais huit sur dix souffrent de troubles physiques et psychiques qui empoisonnent leur vie. Le traitement hormonal, quand il n'est pas contre-indiqué, aide à combattre les bouffées de chaleur. Il ralentirait l'usure (6) du squelette, l'ostéoporose. Il redresserait même une véritable injustice (7) biologique: «La privation hormonale, écrit le Dr Sacha Geller, de Marseille, dans son livre "Non à la ménopause", n'a aucune justification en dehors de l'inaptitude à la grossesse. Que diraient les hommes si, par lubie (8), ils se voyaient brusquement privés, à la cinquantaine, des attributs de la virilité? Cette différence de comportement de la nature envers l'un et l'autre sexes introduit, notamment au plan osseux, une discrimination sexuelle injustifiée.»

Lorsque les sécrétions de l'ovaire se tarissent (9), le risque de maladies cardio-vasculaires doublerait chez la femme rendue stérile. La femme féconde, en revanche (10), semble être protégée, à condition qu'elle ne fume pas, qu'elle ne soit ni hypertendue (11) ni hypercholestérolémiée. L'étude effectuée à Framingham, aux Etats-Unis, attribuerait ce rôle protecteur aux oestrogènes. Les femmes de 40 ans soumises à une ménopause précoce ou chirurgicale courraient, en effet, le même danger que leurs aînées... Ainsi, privée d'hormones, la femme changerait de «sexe lipidique». Le rapport mani-

2. était considéré comme 3. une idée ou un désir déraisonnable 4. une difficulté à surmonter 5. la supportent 6. la détérioration 7. would right an injustice 8. caprice 9. run dry 10. au contraire 11. suffering from high blood pressure

chéen [2] du «bon» et du «mauvais» cholestérol ne
jouerait plus à son avantage.
  Selon le Dr Rozenbaum, les hormones naturelles
utilisées pour traiter la ménopause pourraient, si
les résultats des travaux actuels se confirmaient,
permettre d'enrayer l'évolution vers l'athéroscle-
rose. Tous les oestrogènes ne seraient pas béné-
fiques, ajoute ce médecin. L'hormone de synthèse
devrait même être bannie (12). Sa molécule présente
une légère modification qui contraint (13) le foie à
un énorme travail d'épuration. Les enzymes chargées
de la transformation chimique mettent du temps à
repérer l'anomalie. Ce labeur s'accomplirait au
détriment d'autres fonctions. «Le foie, gêné, explique le Dr Rozenbaum, risque de modifier les facteurs de coagulation sanguine. Il augmente aussi
certaines graisses du sang, les triglycérides.»
  L'hormone naturelle, absorbée en comprimés, n'aurait pas ces inconvénients. Sa molécule est rapidement métabolisée. Elle ne surcharge donc pas le
foie. De plus, la micronisation des comprimés permet
à l'hormone de se diffuser lentement dans le sang.
Le traitement aux oestrogènes naturels, associés à la
progestérone, permettrait aux femmes de se prémunir
en partie contre les risques cardio-vasculaires.
Pourtant, cette hypothèse séduisante (14) mérite
confirmation.
  L'Afem commence donc, cette année, une recherche,
en collaboration avec un spécialiste de
l'hypertension, le Dr Pierre Corvol, de l'hôpital
Broussais, à Paris. Bientôt, grâce aux travaux d'un
biologiste, le Pr Hervé Degrelle, une protéine va
permettre d'ajuster le traitement. «Car, souligne
Rozenbaum, on ne peut remplacer la régulation
qu'exerce l'hypophyse quand on donne des hormones par
voie buccale.»
  A l'hôpital Necker, à Paris, l'équipe du Pr Pierre
Mauvais-Jarvis préfère employer ces hormones par voie
transcutanée. Contenues dans un gel étalé (15) sur
la peau, elles se diffusent progressivement. Une
étude récente effectuée par cette équipe démontrerait
que ce mode d'absorption des oestrogènes ne perturbe
pas les graisses du sang.
  Depuis trente ans, le traitement hormonal de la
ménopause ne cesse de s'affiner (16). Mais les
femmes qui le subissent sont encore des pionnières.

12. rejetée 13. force 14. qui plaît 15. spread out
16. to be refined

Troublée par <u>cet éventail</u> (17) de recherches parfois contradictoires, une participante du groupe d'information qu'anime Annie Vagogne, l'International Health Foundation, à Paris, s'étonne: «Alors, la médecine <u>patauge</u> (18)?» «Aux femmes qui sont séduites, la médecine n'offre qu'un modèle, répond le Dr Régine Sitruk-Ware, de l'hôpital Necker. Mais il faut faire <u>les retouches</u> (19) adaptées à chacune.» Un traitement <u>cousu main</u> (20).

17. ce choix   18. flounders   19. alterations   20. hand-sewn

Annie Kouchner, «La Ménopause en douceur», <u>L'Express</u>, 17 décembre 1982.

[1] en douceur: graduellement et aisément

[2] Le terme manichéen est une référence au manichéisme (Manichaeism). Il est pris ici au sens figuré pour signifier la coexistence de deux sortes, bonne et mauvaise, de cholestérol.

Pratique du vocabulaire

A. En vous servant du vocabulaire topique étudié jusqu'à maintenant, donnez un mot de la même famille que

1. diffuser:
2. un ovaire:
3. métaboliser:
4. l'hypophyse:
5. une sécrétion:
6. transcutané:

B. Donnez un synonyme de

1. par voie orale:
2. se répandre lentement:
3. la ménopause:
4. arrêter (le développement):

C. En utilisant le vocabulaire topique de ce chapitre ou de chapitres précédents, indiquez trois conséquences physiologiques de la ménopause.

D. Employez les mots ou expressions suivants dans des phrases qui en illustrent le sens:

les effets secondaires; une contre-indication; le foie; une hormone de synthèse.

Questions sur le texte

1. D'après le Dr Henri Rozenbaum, quelle raison supplémentaire une femme peut-elle avoir de refuser les conséquences de la ménopause? Qu'est-ce qui peut lui permettre de refuser ces conséquences?
2. Il y a vingt ans, quelle était l'attitude de la médecine envers le retour d'âge? Et maintenant, quel résultat de la ménopause souligne-t-elle?
3. Toutes les femmes souffrent-elles de la ménopause? Comment sont affectées celles qui en souffrent?
4. De quelle discrimination sexuelle parle le Dr Sacha Geller dans son livre Non à la ménopause?
5. Que risquent peut-être les femmes après le retour d'âge? Pourquoi? A quelle conclusion mène une étude faite à Framingham, aux U.S.A.?
6. Selon cet article, quels sont les trois bénéfices principaux du traitement aux hormones naturelles?
7. Que pense le Dr Rozenbaum des hormones de synthèse? Expliquez brièvement les raisons qu'il donne.
8. Quels avantages présente l'hormone naturelle, surtout grâce à la micronisation des comprimés?
9. Qu'est-ce que l'Afem? Pourquoi poursuit-elle une recherche médicale en collaboration avec un spécialiste de l'hypertension?
10. Comment la science médicale espère-t-elle pallier la régulation de l'hypophyse?
11. Sous quelle forme autre que les comprimés peut-on administrer l'oestrogène et la progestérone? Ce mode d'absorption est-il préférable? Pourquoi?
12. Que doivent faire les médecins pour répondre aux besoins spécifiques de chaque patiente?

Echange d'opinions

1. La prescription d'oestrogène aux femmes en retour d'âge est une question très controversée. Après vous être renseigné/e à différentes sources, dites, en justifiant votre réponse, si vous pensez

que l'emploi de cette hormone--naturelle--est bénéfique contre l'ostéoporose? Contre les maladies vasculaires comme l'athérosclérose? Jugez-vous qu'il faut encourager ou décourager les femmes à prendre cette hormone?

2. Croyez-vous, comme le Dr Rozenbaum, que les hormones de synthèse devraient être évitées? Pour quelles raisons?

3. L'ostéoporose est nettement un problème pour les personnes âgées. Que peut-on recommander aux femmes, mis à part le traitement à l'oestrogène, pour éviter, ralentir ou soigner cette maladie?

4. Estimez-vous que la ménopause doit être traitée comme un problème de santé qui exige des soins médicaux ou bien considérée comme un événement physiologique normal, sur le même plan que la puberté et la grossesse?

Activité
(Jeu dramatique professionnel; groupes de deux étudiants)

Recréez la conversation entre un/e gynécologue et une femme dans la quarantaine. La patiente désire se renseigner sur l'âge approximatif du retour d'âge. De plus, elle a observé certaines irrégularités dans la périodicité de ses règles et dans son flux menstruel. Elle s'inquiète un peu et veut savoir si ces irrégularités sont normales ou non.

II. IMPUISSANCE: L'HEURE DE LA CHIMIOTHERAPIE

Etude du vocabulaire topique

l'impuissance (f.): impotence
une défaillance: failure (to perform)
une pathologie: pathology
la continence: continence
la psychothérapie: psychotherapy
la verge: membrum virile, coles
une érection: erection
une stimulation réflexe: reflex stimulation
un neurotransmetteur: neurotransmitter
une lacune: lacuna
le corps caverneux: corpus cavernosum penis
le pénis: penis
l'afflux (m.) de sang: rush of blood
une fuite = une perte: leak
la papavérine: papaverine
la musculature lisse: smooth muscles
une anomalie: anomaly
une perfusion: perfusion
une dose: dosage
le rigidimètre: NPT monitor (or nocturnal penile tumescence monitor)
une séance: session
un/e tétraplégique = un/e quadruplégique: quadriplegic
un/e colostomisé/e: s.o. who has undergone a colostomy
un phallus: phallus

L'impuissance, qui empoisonne la vie de nombreux hommes, livre peu à peu ses secrets. Considérée longtemps comme un désordre de l'inconscient, cette défaillance rejoint maintenant la cohorte (1) des

1. est réunie au groupe

pathologies médicales. Le premier congrès mondial, qui, à la Maison de la chimie, à Paris, du 19 au 22 juin, vient d'être consacré à ce trouble, marque ce bouleversement (2) des idées.

Plus de 2 millions de Français et, dit-on, un Américain sur huit seraient soumis à la continence forcée. Résignés, toujours gênés, les exclus du plaisir n'avaient qu'un recours lorsqu'ils se décidaient à tenter d'exorciser leur souffrance: la psychothérapie. Or la médecine du corps fait aujourd'hui éclater le carcan (3). «Les causes organiques engendrent (4) à elles seules l'impuissance dans 60% des cas, dit le Dr Ronald Virag, un chirurgien, directeur du Centre d'étude et de recherche sur l'impuissance, à Paris. Et 80% des hommes qui me consultent présentent des lésions. Ces troubles agissent comme facteurs de déclenchement. L'atteinte psychologique qui suit immanquablement (5) aggrave la défaillance et l'entretient.»

On redécouvre aujourd'hui les explications simples des anatomistes du XVIe siècle, qui décrivaient la verge «comme un organe qui se remplit». Quelles que soient les causes suscitant l'érection (le désir, les stimulations réflexes ou l'action d'un probable neurotransmetteur), son mécanisme est bien décrit. Les artères s'ouvrent et le sang emplit les «lacunes» du corps caverneux du pénis. Un subtil système bloque le retour veineux.

Dans ce dédale (6) de voies sanguines peuvent se dissimuler bien des embûches (7). Des petits caillots, une artère sclérosée empêchent l'afflux de sang. Parfois, ce sont des fuites veineuses qui provoquent le fiasco. Ce problème circulatoire est particulièrement grave pour certains malades. Un diabétique insulino-dépendant sur deux, traité depuis dix ans, est menacé d'impuissance. 80% des hommes atteints de troubles des artères des membres inférieurs courent également ce risque, comme les hypertendus dans 20% des cas.

Quelquefois, la chirurgie peut rétablir le courant sanguin. Et, à ceux qui ne souffrent pas de pertes veineuses trop importantes, une thérapeutique récente est offerte: l'injection de papavérine. Ce produit dérivé de l'opium, connu depuis longtemps pour ses propriétés qui consistent à relâcher la musculature

2. profond changement 3. shatters the constraint 4. causent 5. sûrement 6. ce labyrinthe 7. difficultés, pièges

lisse, entraîne dans tous les cas une érection. Parce qu'il dilate les artères. Cette constatation empirique a d'abord été utilisée par le Dr Virag dans un but diagnostique. Ce test aide, en effet, à distinguer les impuissances dues aux atteintes vasculaires de toutes les autres anomalies. Aujourd'hui, il devient traitement. Cinquante-quatre hommes d'âges différents, suivis pendant trois ans, ont reçu des perfusions de papavérine--doses évaluées pour chacun grâce à un appareil de mesure, le «rigidimètre»--au rythme de trois séances pendant le premier trimestre de la cure, puis de deux par an, en traitement d'entretien: 66% d'entre eux ont retrouvé une vie sexuelle satisfaisante. Des résultats encourageants, qui ouvrent bien des perspectives. Car la papavérine pourrait remédier aux impuissances d'origine psychologique, en gommant (8) la crainte de l'échec. Elle pourrait être également proposée aux malheureux atteints de troubles neurologiques: les tétraplégiques, par exemple; ou encore les colostomisés. Pour tous, il s'agit de l'espoir d'une renaissance.

8. effaçant

Annie Kouchner, «Impuissance: l'heure de la chimiothérapie», L'Express, 29 juin 1984.

Pratique du vocabulaire

A. Décrivez, en utilisant le vocabulaire topique, le mécanisme de l'érection.

B. En vous servant d'un dictionnaire français si c'est nécessaire, trouvez un mot de la même famille que

1. défaillir:
2. ériger:
3. l'impuissance:
4. colostomisé:

5. la musculature:
6. une stimulation:
7. une pathologie:
8. la continence:

C. Complétez les phrases suivantes en employant la forme correcte des mots donnés ci-dessous. Faites tous les changements nécessaires.

une fuite	une dose	une anomalie
une séance	un désordre	la continence
une perfusion		

1. On considère maintenant que, dans 60% des cas, l'impuissance est due à _____ organique.
2. Mais, jusqu'à récemment, les impuissants qui voulaient tenter de guérir, devaient se soumettre à de nombreuses _____ de psychothérapie.
3. Parmi les causes physiologiques communes de l'impuissance, on observe soit de petits caillots qui obstruent une artère, soit _____ des veines.
4. On administre la papavérine par _____ plusieurs fois par an.
5. On évalue _____ de papavérine dont chaque patient a besoin grâce au rigidimètre.
6. L'impuissance peut aussi avoir pour origine _____ psychologique.

Questions sur le texte

1. Pendant longtemps, comment la médecine a-t-elle traité l'impuissance? Comment les médecins la considèrent-ils maintenant?
2. Quelle était, jusqu'à récemment, la seule tentative de cure des impuissants?
3. Selon le Dr Ronald Virag, l'impuissance a-t-elle des origines psychologiques ou physiologiques dans la majorité des cas?
4. Si une impuissance a une cause organique, quel est quand même le rôle des émotions?
5. A quoi les explications contemporaines du mécanisme de l'érection font-elles écho?
6. Quels sont, précisément, les troubles vasculaires qui peuvent déclencher l'impuissance?
7. Quels malades se trouvent particulièrement menacés par le risque d'impuissance?
8. Quelles solutions à tous ces problèmes la médecine moderne offre-t-elle?
9. Qu'est-ce que la papavérine? Pour quelle propriété est-elle connue depuis longtemps?
10. Quel effet a-t-elle lorsqu'elle est injectée à un homme? Pourquoi?
11. Expliquez pourquoi la papavérine était auparavant employée pour établir un diagnostic et dans quels cas d'impuissance on peut l'utiliser aujourd'hui comme traitement.

12. En quoi a consisté la cure suivie par cinquante-quatre hommes et quels ont été ses résultats?
13. Quelles pourraient être les autres applications de la papavérine?

Echange d'opinions

1. Renseignez-vous sur les effets secondaires possibles du traitement de l'impuissance, soit par intervention chirurgicale, soit par injection de papavérine. Discutez des avantages et des inconvénients du traitement.

2. A votre avis, quelles peuvent être, pour un homme, les conséquences psychologiques de se trouver dans l'obligation d'être soigné pour l'impuissance, même si sa défaillance est d'origine organique?

3. Selon vous, peut-on faire un rapprochement entre l'impuissance masculine et l'incapacité, pour une femme, de connaître l'orgasme? Y a-t-il des causes psychologiques ou physiologiques semblables?

4. Peut-on parler d'une «ménopause masculine»? Croyez-vous que l'impuissance passagère dont certains hommes vieillissants font l'expérience peut avoir des origines physiologiques dues au vieillissement ou des causes psychologiques dues à la crise de la cinquantaine?

Activité
(Recherches et enquête)

Informez-vous dans un centre hospitalier sur les questions suivantes puis partagez le résultat de vos recherches avec vos camarades de classe.

1. L'impuissance est-elle une maladie fréquente? Dans votre région, quel est le pourcentage d'hommes atteints? Comment ce pourcentage se compare-t-il avec le pourcentage national?

2. Quelles sont les différentes causes d'impuissance rencontrées par les médecins du centre hospitalier où vous faites votre enquête? Y a-t-il une corrélation entre l'impuissance et l'âge? Entre l'impuissance et le style de vie?

3. Le personnel médical a-t-il rencontré des hommes qui refusaient d'admettre leur impuissance, et en rejetaient la responsabilité sur leur partenaire sexuelle?

4. A quels traitements divers les médecins de l'hôpital où vous enquêtez ont-ils recours?

Dossier 3

Les Maladies mentales

I. LA DEPRESSION

Etude du vocabulaire topique

la déprime: dejection
déprimé/e: depressed
la panique: state of panic
l'angoisse (f.): anguish
la dépression mentale: depression
une dépression nerveuse: nervous breakdown
faire une dépression: to be depressed
une tentative de suicide: suicide attempt
le cafard: blues
un coup de cafard: fit of the blues
le repli: withdrawal upon oneself
la tristesse: sadness
la dévalorisation: low self-esteem
le ralentissement: slowing down
la fatigue: fatigue
précaire: precarious
l'anxiété (f.): anxiety
un dérèglement: dysfunction
un antidépresseur: antidepressant
un neurone: neuron
la sécheresse: dryness
brouillé/e: blurred
la constipation: constipation
un étourdissement: dizziness
une nausée: nausea
un décès: decease
le surmenage: mental or physical overexertion
la vulnérabilité: vulnerability
se confier à: to confide in
anormal/e: abnormal
un excitant = un stimulant = un remontant: stimulant

Une réunion des Déprimés Anonymes, un samedi matin

209

de juin, dans une salle paroissiale (1) de l'est de
Montréal. Autour de la table, une dizaine de
personnes, «futurs ex-déprimés» et, au premier coup
d'oeil, plutôt en forme.

De temps à autre pourtant, les gorges se nouent
(2). [...] Une femme dans la cinquantaine raconte:
«Pendant trois ans, j'ai vécu dans la panique, l'angoisse, c'était l'enfer...» Puis un homme: «Au plus
creux de la dépression, tout semble énorme, insur-
montable».

Louise Cantin est présidente des Déprimés
Anonymes. Elle a--aujourd'hui--du dynamisme à re-
vendre (3). Pourtant, sa dépression n'a pas été une
petite affaire. Elle est allée jusqu'à la tentative
de suicide. «J'avais dans la tête un carrousel de
problèmes qui tournait à toute vitesse. Je ne fonc-
tionnais plus. Je ne mangeais plus. Je ne m'occu-
pais plus de moi, de personne».

Une dépression, une vraie, c'est en effet plus
qu'un gros coup de cafard. Ça cogne plus dur que les
«bleus» ou qu'une déprime passagère. «C'est une réaction marquée par le repli, l'abandon de toute
lutte, la soumission passive et involontaire, le
figement de l'action» (4), écrit le psychiatre Daniel
Widlöcher dans un bon livre-synthèse récemment paru,
Les Logiques de la dépression (Fayard éditeur).

Une dépression, c'est également quelque chose qui
s'installe, qui dure. Et qui fait mal. Psycholo-
giquement, bien sûr. Mais physiquement aussi. Les
signes ne manquent pas: tristesse persistante,
sentiments de dévalorisation et de culpabilité,
ralentissement intellectuel, fatigue inexpliquée,
perte de poids et, presque à tout coup (5), troubles
du sommeil. Les complications non plus ne manquent
pas: troubles digestifs, attaques cardiaques ou
même, sans qu'on comprenne pourquoi, apparition de
cancers. Et, surtout, risque permanent de suicide.
Huit fois sur 10 d'ailleurs, c'est entre autres par
la dépression que s'expliquerait le suicide.

Ces dépressions graves, longues de plusieurs mois,
sont loin d'être rares. Cent millions de cas par
année sur la planète, selon l'Organisation mondiale
de la santé. Des coûts directs et indirects de 20
milliards de dollars par an aux Etats-Unis, calcule
le National Institute of Mental Health. Une épidémie, admet-on dans les milieux médicaux.

1. a parish hall 2. se serrent 3. she has...to
spare 4. l'incapacité d'agir 5. toujours

[...]
«Mal du siècle», la dépression n'est plus seulement la maladie de l'âge mûr, la crise du mitan (6)
de la vie, de la grande remise en question (7). Il
n'y a plus un seul et unique portrait-robot (8) du
déprimé.

Louise Hains et Jean-Yves Sédillot travaillent au
Carrefour Le Moutier, un centre d'accueil et d'écoute
installé au métro de Longueuil. «Les déprimés qui
nous arrivent sont de tous les âges et de tous les
milieux. Des jeunes, de plus en plus. Ils se présentent ici, souvent sans travail, épuisés, dépendants, se sentant rejetés, isolés».

A l'autre bout de la vie, les personnes âgées sont
loin d'être épargnées (9). L'isolement, la solitude,
des conditions de vie souvent précaires sont leur lot
à elles aussi.

«La dépression est plus fréquente chez les plus de
65 ans que dans tout autre groupe d'âge», dit le Dr
Joanne Joly, de l'hôpital Douglas, à Montréal. Il
faut noter que les personnes âgées prennent beaucoup
de médicaments, (contre l'anxiété, les douleurs, les
allergies, l'arthrite) et que certains de ces médicaments, le valium ou la codéine par exemple, peuvent
provoquer la dépression.

Les femmes, dit-on, sont plus sujettes à la
dépression que les hommes. Dans une proportion de
deux contre un. C'est sans doute vrai dans les
statistiques--et les féministes n'ont pas manqué de
(10) dénoncer une certaine «féminisation» de la dépression par le corps médical. C'est peut-être moins
vrai dans la réalité. C'est que les femmes vont plus
facilement chez le médecin que les hommes (pas seulement pour des troubles d'ordre psychologique) et il y
a donc plus de chances qu'on découvre leur dépression. Les hommes, de leur côté, n'admettent pas
volontiers leurs problèmes de santé mentale. Ou ils
les assument (11) à leur façon.

«Il n'y a pas si longtemps, les hommes allaient
boire leur dépression à la taverne», dit Louise
Cantin.
Mais les choses changent. Au Carrefour Le
Moutier, on dit recevoir autant d'hommes que de
femmes en dépression. Fait significatif, les hommes
sont désormais (12) plus nombreux que les femmes à se

6. le milieu   7. en doute   8. une description stéréo-
typée   9. spared   10. oublié de   11. endurent   12.
henceforth

211

proposer comme bénévoles chez les Déprimés Anonymes.
Mais de quoi au juste (13) parle-t-on quand on
parle de dépression? D'un trouble purement
psychologique? D'un subtil dérèglement de cette
usine électrochimique qu'est le cerveau? Le moins
qu'on puisse dire, c'est que l'unanimité est loin
d'être faite entre les chercheurs.
[...]
De plus en plus, ce que l'on cherche à comprendre,
c'est ce qui se passe concrètement dans le cerveau
déprimé. Les biologistes commencent à lever un coin
du voile (14). C'est en expérimentant de nouveaux
médicaments contre la tuberculose et contre les
allergies qu'on a découvert, au milieu des années 50,
les premiers antidépresseurs. Ce fut une vraie révolution médicale.
Quelques années plus tard, on comprend comment ces
produits agissent: les quelque 100 milliards de
cellules nerveuses, les neurones qui composent notre
cerveau, communiquent entre elles par l'intermédiaire
de substances chimiques, les neurotransmetteurs.
Qu'une de ces substances vienne à (15) faire défaut
(16) (ou soit en excédent), et la communication entre
les neurones est brouillée (17).
[...]
Les neurobiologistes ne cherchent pas seulement à
expliquer les mécanismes intimes (18) de la
dépression. Ils veulent aussi trouver des moyens
d'intervenir plus efficacement (19) contre la
maladie. Car aussi puissants et sophistiqués qu'ils
soient (20), les antidépresseurs ont encore des
limites. D'efficacité d'abord: 30 à 50% des dépressions leur résistent, peut-être plus. De rapidité
ensuite: l'effet des antidépresseurs ne se fait
sentir que 10 à 15 jours après le début du traitement, un délai énorme quand il s'agit de faire face à
une crise et, surtout, à une crise suicidaire grave.
De qualité enfin: les effets secondaires des antidépresseurs, souvent prescrits pour plusieurs mois,
sont considérables. Sécheresse de la bouche, vision
brouillée, constipation, problèmes cardio-vasculaires, étourdissements, nausées et même...dépres-
sion!
Autre espoir des médecins: trouver des tests pour
diagnostiquer la dépression de façon objective. Pour

13. exactement   14. allow a glimpse of   15.
if...happens   16. to be lacking   17. jammed   18.
inner   19. effectively   20. however...they may be

212

la «mesurer», un peu comme on «mesure» un diabète en calculant le taux de sucre dans le sang. On est sur la piste (21) de substances, dans le sang ou l'urine par exemple, qui permettraient de mesurer le niveau des neurotransmetteurs. Ces tests, simples et précis, serviraient au diagnostic. Ils permettraient aussi de suivre l'évolution du traitement, de calculer la réponse du malade au médicament et de doser la prescription.

La chimie du cerveau ne dit pas tout sur la dépression. Elle en explique seulement les mécanismes biologiques. Pas nécessairement les causes, qu'il faut plutôt chercher du côté des expériences de vie.

«La cause de ma dépression, dit un participant à la réunion des Déprimés Anonymes, c'est tout ce que j'ai vécu depuis ma naissance jusqu'à ma dépression!»

C'est pourquoi les médicaments «guérissent» rarement la dépression; ils en soulagent (22) les symptômes. Le traitement psychologique, lui, permet d'aller plus loin.

[...]

Plus immédiatement, tout le monde l'a observé, c'est presque toujours un événement malheureux qui déclenche une dépression. Un décès, une séparation, le départ d'un enfant, la perte d'un emploi, un échec... et le vase déborde (23). Souvent aussi, la dépression arrive au bout d'une période de surmenage: l'individu se «brûle» au travail, finit par craquer (24).

[...]

Mais les mêmes événements n'ont pas le même effet sur tout le monde, loin de là: sur cinq femmes à les subir, une seule entrait en dépression. D'où l'idée de «facteurs de vulnérabilité». Le plus important de ces facteurs est l'absence d'un ami ou de quelqu'un à qui se confier en cas de coup dur (25). Mais il y en a d'autres: le fait d'avoir plusieurs enfants (trois ou plus), d'avoir perdu sa mère quand on était encore petite fille, ou de ne pas avoir d'emploi à l'extérieur de la maison.

Cette «hypothèse de la vulnérabilité», comme on l'a appelée, a été confirmée plusieurs fois par d'autres études. Récemment, en Angleterre, on a montré que des hommes qui venaient de perdre leur emploi étaient d'autant plus vulnérables à la dépres-

21. track 22. relieve 23. overflows 24. to break down 25. difficulté grave

213

sion qu'ils avaient peu de relations sociales en dehors de leur travail. «La dépression, note l'un des auteurs de cette étude, le Dr Keith Oatley, c'est la crise du manque d'alternatives. Ce qui signifie, ajoute-t-il, que la dépression n'est pas un trouble mental comme tel. Rien n'est dérangé ou anormal dans la tête de quelqu'un qui fait une dépression. C'est dans sa vie et dans ses relations sociales que quelque chose ne va plus.»

A la fois sociale, psychologique et biologique, parfois dramatique et quelquefois «masquée», voire «souriante», la dépression reste déroutante (26). Mais, heureusement, pas rebelle à tout traitement.

26. baffling

Yanick Villedieu, «La déprime», L'Actualité, octobre 1984. Extraits.

Pratique du vocabulaire

A. Quels verbes (et quels participes passés à valeur d'adjectif) sont dérivés des noms suivants?

1. la fatigue: 4. une dépression:
2. l'angoisse: 5. la constipation:
3. un étourdissement: 6. le surmenage:

B. Quels adjectifs correspondent aux noms qui suivent?

1. la sécheresse: 4. la vulnérabilité:
2. l'anxiété: 5. la précarité:
3. une abnormalité:

C. Quelle est la différence, en termes émotionnels, entre la déprime, le cafard et la dépression?

Et quelle différence y a-t-il entre l'angoisse et l'anxiété?

Entre une dépression nerveuse et une dépression mentale?

214

D. Dans les phrases suivantes, remplacez les mots soulignés par un seul nom ou verbe qui a une signification équivalente.

1. Une personne déprimée peut trouver un certain soulagement à son angoisse si elle peut <u>faire des confidences</u> à un ami.
2. L'un des signes de dépression est le sentiment de <u>dépréciation de soi-même</u> que ressent le malade.
3. <u>Les médicaments contre la dépression</u> soulagent la maladie mais ils la guérissent rarement.
4. Une dépression commence souvent par un événement malheureux tel que <u>la mort</u> d'une personne aimée.

Questions sur le texte

1. Quel est le but de l'association des Déprimés Anonymes? Comment l'histoire de Louise Cantin, la présidente, illustre-t-elle ce but?
2. A quels signes psychologiques peut-on reconnaître une dépression?
3. Et quels signes physiques indiquent cette maladie?
4. Nommez quelques-unes des complications qui accompagnent souvent la dépression.
5. A quel âge peut-on faire une dépression? Quel groupe d'âge est le plus vulnérable à la dépression? Pourquoi?
6. Expliquez pourquoi il y a une différence entre ce que les statistiques révèlent sur la dépression chez les hommes et chez les femmes et la réalité.
7. Quelles sont les deux thèses principales que soutiennent les chercheurs pour expliquer l'origine de la dépression?
8. Quels effets secondaires les antidépresseurs peuvent-ils créer?
9. Quelles autres limites ont-ils?
10. Comment pourrait-on diagnostiquer la dépression par des tests objectifs?
11. Qu'est-ce qui déclenche très souvent une dépression? Donnez quelques exemples.
12. Pourquoi le même événement n'a-t-il pas toujours le même effet sur tout le monde?
13. Comment le Dr Keith Oatley explique-t-il que la dépression n'est pas une maladie mentale?

Echange d'opinions

1. Pensez-vous que toutes les dépressions aient la même cause pour origine, c'est-à-dire soit une cause psychologique, soit une cause physiologique?

2. Quel rôle la pharmacopée psychotrope (psycho-pharmacology) joue-t-elle dans le traitement des dépressions?

3. A votre avis, les femmes ont-elles plus tendance à être déprimées que les hommes? Dans votre discussion, considérez tour à tour la dépression comme état émotionnel ressenti par la population en général et la dépression déclarée telle par diagnostic clinique.

Activité
(Jeu dramatique professionnel; groupes de deux étudiants)

Imaginez le dialogue entre une personne déprimée et un médecin. Le/la malade donne tous les signes d'une dépression profonde. Le médecin, lors de cette première visite, pose toutes les questions nécessaires pour découvrir à quel point la dépression est sérieuse et pour savoir s'il doit référer le/la malade à un psychologue.

II. LES NOUVEAUX ASILES: LE TRAITEMENT DE
LA SCHIZOPHRENIE

Etude du vocabulaire topique

la folie: madness
un fou, une folle: mad man, mad woman
la démence: insanity
dément/e: insane
un asile: asilum
la schizophrénie: schizophrenia
un psychiatre: psychiatrist
la psychanalyse: psychoanalysis
psychotique: psychotic
névrosé/e: neurotic
une névrose: neurosis
un symptôme: symptom
le délire: delirium
délirer: to be delirious
une hallucination: hallucination; avoir des
hallucinations: to hallucinate
une conduite: behavior
régressif/ive: regressive
la psychose maniaco-dépressive: manic-depressive
psychosis
la paranoïa: paranoia
paranoïaque: paranoiac
une catalepsie: catalepsy
la démence sénile: senile dementia
psychique: psychic
somatique: somatic
sain/e d'esprit: sane
un inconscient: unconscious
un syndrome: syndrome
réhabiliter: to rehabilitate
un centre hospitalier: medical center
un centre d'accueil: reception center
une maison à mi-chemin: halfway house
un psychotrope: psychotropic drug
un électrochoc: electroshock

«Guérir la schizophrénie? Comment le pourrait-on? On ne sait même pas ce qu'on traite...» C'est un psychiatre, Luc Blanchet, qui laisse tomber cette affirmation. Catégorique. Trop, peut-être. Dure aussi. Mais qui résume toutefois très bien l'impression dominante que l'on retire d'une dizaine de jours de rencontres, d'entretiens, de visites au royaume-enfer de la schizophrénie.

Ou des schizophrénies, faudrait-il plutôt dire, tellement ce mot recouvre de réalités aux contours souvent incertains, de pathologies qui ne sont pas nécessairement pathologiques aux yeux de tout le monde, d'expériences et de situations prêtant à (1) une incroyable diversité d'interprétations, de points de vue, d'opinions, d'approches, de formules thérapeutiques. [...] Bref, ce que Pierre Migneault, un autre psychiatre, appelle «la danse autour du psychotique.»

Premier pas de la danse: définir ce dont on parle. D'emblée, c'est le malaise. Car la schizophrénie, c'est par ses symptômes, ses manifestations extérieures qu'on la définit. Le Vocabulaire psychiatrique de l'Association canadienne pour la santé mentale parle de «trouble affectif grave, d'intensité psychotique, caractérisé par un retrait de la réalité avec déformations délirantes, hallucinations, discordance affective et conduite régressive.» On précisera parfois en expliquant que le sujet a fortement tendance à se replier sur soi, à se désintéresser du monde qui l'entoure, à perdre toute motivation, à ne plus même être capable de vivre le plaisir. Ou alors qu'il se montre inapte à faire face à sa situation familiale, sociale, professionnelle.

Comme si on décrivait la grippe (2) exclusivement en termes de comportements bizarres, de bouffées fiévreuses, de découragement devant la tâche à accomplir et de perte d'intérêt à l'égard des choses et des gens--et non pas en termes d'infection virale se manifestant de telle ou telle façon--, on nomme donc schizophrénie tout un ensemble, plus ou moins bien défini, de comportements, de réactions, d'attitudes. Pour essayer d'y voir un peu plus clair, on y va de (3) sous-catégories, elles aussi définies par les symptômes généralement prédominants, mais qui ne leur sont pas nécessairement exclusifs. Appartenant

1. lending themselves to   2. influenza   3. propose des

de plus à la grande famille des psychoses, la schizophrénie n'est pas toujours facile à distinguer d'autres pathologies-soeurs: entre la schizophrénie schizo-affective et la psychose maniaco-dépressive par exemple, la différence est une question de nuances, d'appréciation un peu subjective, pas d'épreuves de laboratoire ni de tests objectifs.

Flou (4), imprécis, élastique, le concept de schizophrénie reste discuté, contesté. Bien sûr, il existe des cas patents, des «beaux cas» de schizophrénie. «Dans 70 pour cent des cas diagnostiqués, note un psychiatre de Québec, Yvon Garneau, 90 pour cent des psychiatres seront d'accord avec le diagnostic posé. Mais sur les 30 pour cent restants, il peut souvent y avoir désaccord». [...] Selon le directeur du département de psychiatrie de l'université McGill, Maurice Dongier, on pose effectivement «trop légèrement» le diagnostic de schizophrénie en Amérique du Nord: «Dans 30 à 40 pour cent des cas, dit-il, on devrait plutôt parler de psychose aiguë». Mais qu'on parle de réactions schizophréniques ou de schizophrénie comme telle, on parle toujours d'une maladie mentale grave, affectant profondément la personnalité sur les plans psychique, affectif et comportemental, associée à un délire et accompagnée d'hallucinations. Et l'on parle aussi--ce point est de première importance--d'une maladie chronique.

C'est autour du constat de la valeur toute relative du diagnostic de schizophrénie que s'est articulée, en bonne partie, la critique de l'approche trop exclusivement médicale de ce phénomène.

Jérôme Guay, professeur à l'Ecole de psychologie de l'université Laval, rappelle les résultats de plusieurs études montrant bien, selon lui, que «n'importe qui, aussi bien patient qu'acteur ou chercheur, peut manipuler à volonté ce diagnostic». On a par exemple pu démontrer que la classe sociale du patient avait un impact direct--on devine dans quel sens--sur la gravité du diagnostic posé. Ou qu'un patient souffrant d'une pathologie légère, mais présenté comme pauvre, était jugé comme plus sévèrement atteint qu'un patient souffrant de pathologie grave, mais présenté comme riche. [...]

L'exemple le plus célèbre--et le plus troublant--de manipulation du diagnostic de schizophrénie est celui de Rosenhan: lui et sept autres personnes parfaitement saines d'esprit, simulant un des symptômes

---

4. vague

bien connus de la schizophrénie (entendre des voix),
ont réussi à se faire hospitaliser dans huit hôpitaux
différents. Le diagnostic? Dans 7 cas: schizophrénie. La durée moyenne de l'hospitalisation?
Dix-neuf jours, avec un minimum de 7 et un maximum de
52 jours. Le diagnostic' à la sortie? Schizophrénie
«en rémission».
[...]
Tout cela, bien entendu, ne veut pas dire que
schizophrénie et schizophrènes n'existent pas. Des
personnes souffrent, et d'une souffrance difficile à
imaginer. Elles sont atteintes d'un mal sur lequel
on ignore sans doute encore beaucoup, mais qui n'en
est pas moins réel. «Il est sûr qu'il n'est pas
toujours facile de diagnostiquer la schizophrénie,
admet Yvon Garneau, qui exerce la psychiatrie et dans
un hôpital général et dans un grand hôpital psychiatrique de Québec, Robert-Giffard. Cette difficulté
provient du fait que nous sommes en présence d'un
phénomène très humain: on fait tous des rêves schizophrènes, on a tous un inconscient. Et le schizophrène, c'est une personne dont l'inconscient sort
par tous les pores de la peau, sans barrières.»
Mais pourquoi, chez certains, cette espèce de
débordement (5) incontrôlable de l'inconscient?
Qu'est-ce qui cause, en d'autres mots, cette maladie
terriblement humaine? Un événement ou une série
d'événements malheureux se répercutant profondément
dans la personnalité de l'individu? Ou un dérèglement de nature physiologique au niveau du cerveau?
Devient-on schizophrène et si oui, pourquoi? Ou, au
contraire, le naît-on?
Poser de telles questions, c'est, inévitablement,
déchaîner des passions. [...] En mettant les choses
au plus simple, deux points de vue s'affrontent en
effet quand il s'agit d'expliquer la cause de la
schizophrénie: un point de vue organique, biologique
d'une part, et un point de vue psychologique et
sociologique d'autre part. Dans le premier cas, on
cherche à identifier le mécanisme neurologique et
biochimique défectueux chez le malade--et on dit
l'avoir presque sûrement trouvé. Dans le second cas,
on essaye plutôt de découvrir comment, pourquoi et
quand l'individu a «appris» sa schizophrénie--ou
même, plus prosaïquement, comment la lui faire désap-
prendre.

5. overflowing

Le moins qu'on puisse dire, c'est que les <u>tenants</u> (6) de la thèse organique <u>ont le vent dans les voiles</u> (7) depuis déjà quelques années. Et même, dans une certaine mesure, depuis plus d'un quart de siècle, alors que commençait, en 1952, la «révolution pharmacologique» en psychiatrie: le fait en effet que des substances chimiques puissent agir sur les manifestations de la schizophrénie <u>milite</u> (8) nettement en faveur d'une interprétation biochimique des causes de cette maladie.

Ces médicaments, les neuroleptiques, on n'en connaît toujours pas parfaitement le mode d'action. Ce qu'on a appris cependant, c'est que tous les membres de cette famille assez nombreuse ont au moins un point en commun: ils agissent comme des inhibiteurs de la dopamine, l'un de ces neurotransmetteurs dont la découverte aura marqué un point tournant dans l'histoire de la neurobiologie. [...] C'est sur le mode d'action [des neurotransmetteurs] que se situent les recherches <u>de pointe</u> (9) qui permettront peut-être, si la piste est bonne, d'élucider un jour l'énigme de la schizophrénie--et de plusieurs maladies mentales graves en général. [...]

Même si l'on devait montrer que d'autres principes biochimiques plus fondamentaux encore sont à l'origine de la schizophrénie, un fait s'impose: de plus en plus, les bases biologiques organiques de la schizophrénie apparaissent comme existant bel et bien.

D'ailleurs, une autre série de faits vient <u>étayer</u> (10) cette thèse: la schizophrénie--et en tout cas ses formes les plus caractéristiques et les plus graves--est en bonne partie héréditaire. Il existe des «familles de schizophrènes». On estime à 10 pour cent le risque d'apparition de la maladie dans la parenté proche d'un schizophrène. De plus, des études sophistiquées effectuées avec des <u>jumeaux</u> (11) (qui, en soi, ne sont pas plus sensibles à la schizophrénie que la population en général) ont montré que pour ce genre de trouble affectif grave, il existe environ 50 pour cent de chances de voir la maladie se manifester chez le jumeau vrai d'un patient, alors que le risque n'est pas plus élevé pour le faux ju-

6. partisans 7. connaissent le succès 8. constitue un argument 9. d'avant-garde 10. soutenir 11. twins

meau que pour un quelconque autre membre de la fra-
trie (12).

Bien sûr, rétorquera (13)-t-on, des jumeaux n'ont
pas que leur bagage génétique en commun: leur héritage familial, culturel et social, bref les détermi-
nants environnementaux sont les mêmes et peuvent
avoir les mêmes conséquences sur leurs personnalités.
Pour faire la part (14), toutefois, entre facteurs
héréditaires et facteurs environnementaux, une étude
d'envergure a été effectuée au Danemark auprès d'enfants adoptés, donc séparés de leur famille biologique en très jeune âge. Et les résultats sont
clairs: «On constate toujours que la schizophrénie
se propage au sein des familles, écrit Seymour Kety,
professeur de psychologie à la Harvard Medical School
et responsable de la recherche, mais on voit maintenant que cette maladie atteint presque exclusivement
les membres de la famille biologique, dont les schizophrènes n'ont partagé qu'en partie, et parfois pas
du tout, l'environnement. Les membres des familles
adoptives des schizophrènes, qui les ont élevés et
ont partagé leur environnement, ne montrent pas plus
de tendances à la schizophrénie que l'ensemble de la
population.»

Tout porte donc à croire, pour reprendre les mots
de Maurice Dongier, de McGill, en «un faisceau
d'arguments très forts montrant qu'il existe des
prédispositions biologiques à la schizophrénie. Pas
une fatalité, mais une fragilité.»
[...]

Pour d'autres, c'est la famille qui est responsable de l'apparition du syndrome schizophrénique.
Et c'est au niveau de la famille qu'il faudra intervenir, pour y modifier l'équilibre des relations
interpersonnelles qui condamnaient un membre du
groupe à la schizophrénie. Pour les tenants de
l'école psychanalytique, qui parlent par exemple de
«mère schizophrénogène», c'est dans l'inconscient du
patient qu'il faut aller chercher les racines profondes de la maladie, cette issue de secours symbolique que l'enfant a dû choisir en désespoir de
cause, pour fuir des conflits impossibles à résoudre.

Selon d'autres encore, c'est la société dans son
ensemble qu'il faut incriminer, et au premier chef
(15) les institutions qu'elle se donne pour enfermer
et réprimer la maladie mentale. De son côté enfin,

12. any other sibling 13. objectera 14. distinguer
15. essentiellement

et conformément à la vision et à l'approche politiques des problèmes de santé mentale qu'il a développées alors qu'il travaillait en milieu défavorisé, à la clinique communautaire de la Pointe-Saint-Charles, Luc Blanchet insiste sur la dimension essentiellement politique et sociale du problème de la schizophrénie: «Ce problème, dit-il, ne se pose pas et ne se vit pas de la même façon dans toutes les classes sociales--ne serait-ce qu'au niveau du diagnostic dont la sévérité, entre autres choses, est fonction de variables socio-économiques.»

[...]

Ici, [au Québec,] comme ailleurs, on a vécu la «révolution psychopharmacologique» commencée au tout début des années 50 avec l'introduction de la chlorpromazine, le célèbre Largactil. Pour la première fois, on possédait un instrument efficace pour calmer les états de crise et soulager les souffrances. On en a usé et, on le sait, abusé. Toujours est-il qu'on a pratiquement pu réduire de moitié la clientèle des asiles psychiatriques.

[...]

Ceci dit, les neuroleptiques ne guérissent pas la schizophrénie, ils en suppriment ou en atténuent certains symptômes gênants, comme l'agitation, le délire, les hallucinations. «Malheureusement, explique Maurice Dongier, la chimiothérapie de la schizophrénie est loin d'être satisfaisante. Les médicaments dont nous disposons actuellement sont sans effet sur les symptômes dits négatifs de la maladie; ils ne font rien au désintérêt, au renfermement sur soi, au manque de goût et de plaisir de vivre que ressent le patient.»

La chimie fournissant les moyens et la technocratie fixant les règles du jeu, on a inventé, ces dernières années, de nouvelles façons de «manager» les malades. Fini par exemple, du moins dans la grande majorité des cas, ce «gardiennage (16) de schizophrènes» auquel se réduisait finalement l'activité des asiles. Rebaptisés «centres hospitaliers» pour la circonstance, ils ont pour ambition de traiter et pour projet de réhabiliter leurs pensionnaires, parfois même les plus anciens.

De l'intérieur par exemple, l'hôpital psychiatrique veut changer, se trouver un style et une vocation. C'est du moins ce qui semble ressortir (17) d'une visite à un centre hospitalier

16. caretaking 17. apparaître

spécialisé comme Robert-Giffard, à Québec. Les bâtiments du campus n'ont plus de barreaux (18) aux
fenêtres. On entre. [...] Au premier coup d'oeil
(19), du moins pour le visiteur, tout cela aurait
presque quelque chose d'humain. Ou en tout cas,
quelque chose de différent par rapport à ce qu'on
s'attendait à trouver avant de pénétrer dans cet
endroit réputé interdit.

Un fait est à noter: ici, comme dans tous les
autres hôpitaux psychiatriques, la clientèle (20) est
remarquablement moins nombreuse que par le passé.
[Autrefois], on a eu souvent plus de 5 000 malades.
Aujourd'hui, on n'a pas 2 700 bénéficiaires. Le vocabulaire, lui aussi, tend à changer.

Les deux tiers, soit environ 1 800 personnes, relèvent de la section centre d'accueil de l'hôpital;
parmi eux, des «autonomes fonctionnels» qui, à la
limite, ne consomment ici que des services d'hôtel-
lerie et pourraient vivre à l'extérieur pour peu
qu'ils y soient motivés (21), des «potentiellement
autonomes», que l'on pourrait ou pourra peut-être
amener à vivre un jour en dehors de l'institution, et
enfin des «multihandicapés» mentaux et physiques.
Quant à l'autre tiers de la clientèle de Robert-
Giffard, il appartient à la section centre hospitalier proprement dit et y reçoit des soins spécialisés
(l'urgence) ou des soins prolongés. [...]

Mais y a-t-il véritablement du nouveau dans les
vieux murs de l'asile? Dans une certaine mesure,
oui. Du moins si l'on s'en tient (22) à certaines
expériences pilotes, à certaines tentatives effectuées en vue de redonner au résident un statut de
personne à part entière [1] et non plus de malade
morcelé en autant de parties qu'il existe d'inter-
venants professionnels (23).

Au centre d'accueil de Robert-Giffard par exemple,
on vient de mettre en place de petites «unités de
vie» dont l'aménagement physique est calqué (24) sur
un modèle très peu médico-hospitalier: la maison
unifamiliale. Quelques chambres, une salle de séjour, une cuisinette, une salle de bain. Cinq ou six
résidents, schizophrènes pour la plupart, y vivent
ensemble, avec deux éducateurs. L'expérience, menée
sur une échelle (25) toute expérimentale il est vrai,

18. bars 19. at first glance 20. les malades 21.
if only they are...to do so 22. if one confines
oneself 23. professionals involved 24. copié 25.
scale

semble prometteuse si on en croit les responsables.
On peut même imaginer qu'une fois bien familiarisés
l'un à l'autre, les membres d'une unité, bénéficiaires comme éducateurs, s'en aillent vivre ailleurs
qu'à l'hôpital.
Autre exemple: le travail d'une équipe de psychologues qui, sous le nom de «module behavioral», a
fonctionné durant plus de six ans à Robert-Giffard.
Les résultats obtenus étaient plutôt bons sur le plan
de la réadaptation: les bénéficiaires, pour la plupart des schizophrènes chroniques, de ces cas «avec
lesquels on avait tout essayé et rien réussi», pouvaient sortir de l'hôpital dans une proportion de 65
à 70 pour cent, après une quinzaine de mois passés au
module. Leur durée moyenne d'hospitalisation, pourtant, était de 14 années au début de l'expérience, en
1970. «On a même réussi à faire sortir une personne
qui était hospitalisée depuis 41 ans», raconte
Jacques Côté, l'un des artisans de l'expérience.

Yanick Villedieu, «Les Nouveaux Asiles», Québec
Science, septembre 1979. Extraits.

[1] Qui doit être considérée dans son intégrité
d'être humain et qui est digne de respect.

Pratique du vocabulaire

A. Répondez en français aux questions suivantes:

1. Quelle est la différence, médicalement parlant,
entre une névrose et une psychose?
2. Quels sont les symptômes de la schizophrénie?
3. Et ceux de la paranoïa?
4. Et ceux de la psychose maniaco-dépressive?

B. En vous aidant soit du vocabulaire topique, soit
du texte, trouvez un ou deux mots de la même
famille que:

1. une psychose: 4. la schizophrénie:
2. un psychiatre: 5. une névrose:
3. le délire: 6. la paranoïa:

C. Donnez une définition, en français, des mots qui
suivent:

225

1. un syndrome:
2. somatique:
3. la folie:
4. la psychanalyse:

D. Vous travaillez dans un hôpital psychiatrique et vous devez écrire un rapport sur un malade. (Vous êtes libre de choisir la maladie mentale et le degré de démence du malade). Utilisez les mots donnés dans votre rapport.

une conduite; sain d'esprit; réhabiliter; avoir des hallucinations; psychanalyser; un centre d'accueil; une maison à mi-chemin.

Questions sur le texte

1. Pourquoi est-il plus exact de parler des schizophrénies que de la schizophrénie?
2. Quels sont les symptômes de la schizophrénie?
3. A quelle autre psychose la schizophrénie ressemble-t-elle beaucoup?
4. Qu'est-ce qui prouve qu'il est malaisé de diagnostiquer la schizophrénie en toute certitude?
5. Quels aspects de la vie des malades les psychiatres prennent-ils en considération dans leur formulation du diagnostic de schizophrénie?
6. Quelles questions fondamentales les chercheurs se posent-ils concernant la schizophrénie?
7. Quels sont les deux points de vue adoptés pour expliquer la cause de cette maladie mentale?
8. Citez quelques faits qui semblent indiquer que la schizophrénie a une origine biologique.
9. Quels résultats scientifiques permettent de penser qu'entre les facteurs héréditaires et les facteurs environnementaux, les premiers sont plus importants comme cause de la schizophrénie?
10. Selon d'autres psychiatres, à qui, à quoi peut-on attribuer l'origine du syndrome schizophrénique?
11. Qu'est-ce qui montre que les neuroleptiques, tels que le Largactil, ont un effet bienfaisant sur les malades mentaux? Pourtant, qu'est-ce que ces médicaments ne peuvent pas faire?
12. Expliquez la différence entre les asiles et les centres hospitaliers sur le plan de l'apparence physique et sur celui des buts thérapeutiques.
13. Comment se groupent les deux tiers de la

clientèle de l'hôpital psychiatrique Robert-Giffard, à Québec?

14. En quoi consistent certaines expériences pilotes et quels sont leurs résultats?

Echange d'opinions

1. Les psychotropes sont ambivalents. D'une part, ils «suppriment ou atténuent certains symptômes gênants» de la maladie mentale, mais, d'autre part, ils provoquent chez le malade l'apparition tardive de dyskinésie et d'autres effets secondaires permanents et indésirables. Que pensez-vous de leur emploi continu?

2. A votre avis, pourquoi est-ce que les femmes souffrent de symptômes de maladie mentale grave comme la schizophrénie, à un âge plus avancé que les hommes?

3. Jusqu'à quel point est-ce que les programmes d'interventions communautaires réussissent dans le traitement des maladies mentales chroniques, en comparaison avec le traitement à l'hôpital psychiatrique?

4. L'Association américaine de psychiatrie s'est récemment déclarée favorable à l'utilisation des électrochocs dans la thérapeutique de diverses formes de maladies mentales, particulièrement la dépression. Croyez-vous que les électrochocs devraient être utilisés pour soulager les symptômes? Si oui, dans quelles circonstances?

Activité
(Jeu dramatique professionnel; groupes de deux étudiants)

En tant que médecin ou travailleur/euse social/e dans un centre hospitalier psychiatrique, vous avez un entretien d'accueil avec une malade mentale chronique qui souffre de douleurs abdominales et de pertes vaginales. Vous soupçonnez qu'elle est atteinte de pelvipéritonite, mais vous avez besoin d'obtenir plus de renseignements. Cette femme montre aussi des signes de décompensation.
Recréez l'entretien dans lequel un/e étudiant/e joue le rôle de la femme et un/e autre joue le rôle

du professionnel qui cherche à rassembler tous les renseignements possibles avant que la femme subisse un examen médical.

Quatrième Partie

La Vieillesse

Dossier 1

La Pauvreté

I. LA MOITIE DE LA POPULATION AGEE
EST REDUITE A L'INDIGENCE EN FRANCE

Simone de Beauvoir, née à Paris (1908-   ), est un écrivain célèbre. Ardente féministe, elle est connue mondialement pour son essai, Le Deuxième Sexe (1949). Disciple de Jean-Paul Sartre, elle traite des thèmes existentialistes dans ses oeuvres: dans des essais philosophiques, Pour une morale de l'ambiguïté (1947), au théâtre, Le Sang des autres (1944), et dans ses romans, L'Invitée (1943), Les Mandarins (1954). Elle est également l'auteur de mémoires, Mémoires d'une jeune fille rangée (1958), Une Mort très douce (1964) et de réflexions sur la vieillesse: La Vieillesse (1970) dont les deux textes qui suivent sont extraits.

Etude du vocabulaire topique

l'indigence (f.): destitution
un/e indigent/e: a destitute person
un/e retraité/e: a retired person
toucher (un salaire, de l'argent): to get (a salary, etc.)
la retraite: retirement
une pension: pension
un vieillard: an old man; les vieillards: the aged; une vieille: an old woman
une personne du troisième âge: a senior citizen
l'entretien (m.): financial support
une veuve: widow; un veuf: widower
un/e économiquement faible: person with very low income
secourir = aider: to help
une pension alimentaire: food allowance
verser (une pension, une retraite): to pay
entretenir: to support financially
inscrire aux Assurances: to register with Social Security

un rappel de retraite: retroactive payment of
retirement
une aide au logement: housing subsidies
un hospice: old people's home
louer: to rent, to let
un/e locataire: a tenant
la sous-alimentation: undernourishment
une pénurie: poverty
la précarité: precariousness
un/e assuré/e social/e: person on Social Security
accorder: to grant

Deux points sont à souligner: le retraité de 65
ans ne touche que 40% de son salaire; et le calcul
(1) est opéré d'après la rémunération des dix
dernières années qui n'est pas toujours la plus
élevée. Il serait normal de se référer à la plus
haute ou tout au moins à la moyenne. Si l'employeur
déclasse (2) le travailleur sous prétexte de l'adapter, la retraite se trouve diminuée, ce qui constitue
une flagrante (3) injustice. D'autre part, l'augmentation des pensions est loin de suivre celle du coût
de la vie: elle n'est que de 10% par an. Alors que
le S.M.I.G. [1] est de 567,61 francs par mois pour un
travail de quarante heures par semaine, la somme
allouée aux vieillards est inférieure à la moitié:
le dernier décret paru au Journal officiel porte à
225 francs par mois, soit 7,30 francs par jour, les
ressources minimales des vieillards; un million
d'entre eux ne disposent que de cette somme: deux
fois et demie moins que l'entretien d'un détenu (4)
de droit commun [2]. Un million et demi subsistent
avec moins de 320 francs par mois [3]. C'est dire
qu'environ la moitié de la population âgée est réduite à l'indigence. Les vieillards solitaires sont
les plus misérables. Dans les services d'aide
sociale, les veuves, beaucoup plus nombreuses que les
veufs, représentent de 70% à 80% des économiquement
faibles. Une enquête portant sur 6 234 retraités de
50 [4] à 94 ans indique un revenu moyen de 280 francs
par mois pour une personne seule et 380 pour un
couple, certains retraités faisant de petits travaux.
Il descend à 200 pour 1/5 d'entre eux. 15% ne
s'achètent même pas le journal, parce que c'est trop
cher.

1. computation 2. brings down 3. évidente 4.
un prisonnier

Les enfants n'aident que très rarement leurs parents: 2/3 des vieillards ne reçoivent d'eux aucun secours. Parfois ils les <u>poursuivent</u> (5) devant les tribunaux pour obtenir une pension alimentaire; mais même s'ils <u>ont gain de cause</u> (6), souvent elle ne leur est pas versée. Les vieux parents <u>pâtissent</u> (7) d'autant plus de cette abstention que, si on <u>estime</u> (8) que leurs descendants sont en mesure de les entretenir, l'aide sociale leur est refusée. Cela aussi est un scandale: on ne tient pas compte de ce que les enfants leur donnent effectivement mais de ce qu'ils pourraient leur donner.

Un cas typique est celui que signalait <u>Le Journal du dimanche</u> du 17 novembre 1968 sous le titre: «Seule dans Paris à 75 ans, avec 317 francs par mois.» Mme R. a été serveuse et <u>plongeuse</u> (9) dans divers restaurants. Elle s'est arrêtée à 68 ans parce que le travail était trop dur pour elle. Ses anciens patrons ne l'avaient pas inscrite aux Assurances et elle s'est retrouvée avec 180 francs de retraite trimestrielle. Elle <u>a tenu</u> (10) quatre ans, grâce à des économies. Ensuite, désespérée de devoir vivre avec 60 francs par mois, elle a parlé, sur un banc de la place des Vosges, à une voisine qui lui a conseillé de voir une assistante sociale. Celle-ci lui a obtenu, grâce à des rappels de retraite, 870 francs par trimestre et 80 francs d'aide au logement. Elle habite <u>sous les combles</u> (11) d'un hôtel [5] du Marais: trois étages d'un bel escalier, puis deux demi-étages de <u>marches</u> (12) étroites et hautes. Ni gaz, ni électricité dans sa toute petite chambre: elle s'éclaire et se chauffe au <u>pétrole</u> (13). <u>Le poste d'eau</u> (14) est au fond d'une niche <u>surélevée d'</u> (15) une marche; c'est une acrobatie, quand on n'est pas très <u>valide</u> (16), de descendre de là avec <u>un seau</u> (17). Les w.-c. sont à l'autre bout de la maison: il faut descendre un demi-étage, en remonter un autre, et grimper encore quinze marches abruptes: «C'est mon cauchemar, dit Mme R. Quelquefois l'hiver, quand je ne suis pas bien <u>d'aplomb</u> (18), je reste appuyée contre le mur, me demandant si j'arriverai à redescendre.» Chaque trimestre elle paye 150 francs de loyer: «C'est le principal parce que mes

5. prosecute 6. réussissent 7. souffrent 8. juge
9. dishwasher 10. a résisté 11. sous le toit 12. steps 13. kerosene 14. water faucet 15. raised by 16. en bonne santé 17. bucket 18. en bonne forme

235

voisins voudraient récupérer ma chambre et ils
essaient de me faire partir pour l'hospice. Mais
j'aimerais mieux mourir.» Il lui reste 240 francs
par mois, soit 8 francs par jour. Elle se chauffe à
peine: l'hiver elle reste au lit tard et passe ses
journées dans les magasins ou dans les églises. Parfois elle va au cinéma: un de ceux qui ont
une séance (19) moins chère, avant 13 heures; elle
reste pendant deux ou trois séances; elle va en métro
et revient à pied. Elle ne dépense presque rien pour
s'habiller: elle fait nettoyer à chaque printemps un
manteau vieux de dix ans. Elle a obtenu deux «secours» de chaussures et un pour une jupe. Elle
s'achète par an trois paires de bas de fil (20), à
9,90 francs la paire. Elle mange très peu: par
semaine, trois biftecks à 2 francs, 3 ou 4 francs de
gruyère, deux kilos de pommes de terre. Elle dîne
souvent d'une pomme avec un peu de sucre et de
beurre. Elle boit deux litres de vin par mois et
consomme une livre de café par semaine. Elle a deux
neveux qu'elle a aidés dans leur enfance. Mais ils
sont installés en province, elle ne les voit jamais.
Presque tous les dimanches elle déjeune chez une
amie. Elle apporte un petit gâteau et l'amie--qui a
une vraie cuisinière (21) et peut confectionner (22)
des plats impossibles à préparer sur un réchaud à pé-
trole (23)--lui donne des restes (24) à réchauffer
pour le lendemain. Elle ne s'ennuie pas, dit-elle.
Elle se promène beaucoup; elle lit les titres des
journaux à la devanture (25) du marchand, et des
voisins lui passent le journal de la veille. Quand
elle peut, elle assiste aux cérémonies parisiennes:
elle a été aux obsèques (26) de Charles Munch, mais
sans oser entrer à cause de son vieux manteau. Le
point le plus noir de sa vie, c'est le logement. Des
amis lui avaient promis de lui réserver un deux-
pièces cuisine dans la maison qu'ils habitaient à
Mantes. Elle en rêvait. Mais ils sont morts et les
enfants ont loué à d'autres locataires le petit appartement.
[...]
  Disposer de 7 à 10 francs par jour pour se
nourrir, se vêtir, se chauffer, c'est être condamné à
la sous-alimentation, au froid, à toutes les maladies

19. performance 20. cotton stockings 21. kitchen
range 22. préparer 23. kerosene burner 24.
leftovers 25. shop window 26. funérailles

qui s'ensuivent (27); c'est être acculé à (28) des conduites (29) misérables: sur les places des marchés, pendant que des balayeurs (30) nettoient la place désertée par des commerçants, de vieilles femmes proprettes fouillent (31) parmi les détritus (32) et en remplissent leurs cabas (33). C'est particulièrement frappant à Nice où les vieillards sont nombreux: une nuée (34) de petites vieilles se précipite sur les fruits et les légumes à demi pourris. Une enquête sur des vieillards vivant seuls indique que 10% des hommes, 19% des femmes se trouvent «proches de la famine». Plusieurs milliers de vieillards meurent de faim chaque année dans la région parisienne, dit le professeur Bourlière. Et chaque hiver les journaux rapportent des cas de vieillards morts de froid.

Ceux qui survivent ne souffrent pas seulement d'une sinistre pénurie, mais aussi de la précarité de leur situation. Leur budget est constamment déséquilibré, ce qui les oblige à faire sans cesse appel aux (35) services sociaux. Les administrations auxquelles ils demandent du secours manquent de compréhension et souvent les soumettent à des enquêtes humiliantes. On exige qu'ils remplissent des paperasseries (36) compliquées dans lesquelles ils s'embrouillent (37).

Dans une émission (38) d'Eliane Victor consacrée à la vieillesse, une caméra cachée a enregistré des dialogues de vieilles femmes avec des assistantes sociales. Celles-ci les accueillaient de leur mieux. Mais il était extrêmement pénible de voir les vieilles se perdre dans leurs papiers, fouiller en vain leur mémoire, faire des efforts désespérés pour comprendre la situation. Plus pénible encore était leur humilité, leur attitude suppliante et accablée (39). Les vieux ont l'impression de mendier (40) et beaucoup ne s'y résignent pas. Sans qu'il y ait de différence de prix pour les uns ou les autres, 20% seulement des vieillards relevant d'un système d'assistance se font soigner, contre 40% d'assurés sociaux: cela signifie qu'ils refusent le principe de l'assistance. De toute façon, les secours péri-

27. en résultent 28. to be driven to 29. comporte-ments 30. street-sweepers 31. cherchent 32. or-dures 33. shopping bags 34. une multitude 35. to call upon 36. red-tape 37. se perdent 38. un programme de radio ou de télévision 39. écrasée 40. demander la charité

odiques ne sont que des palliatifs (41) et ils vivent
dans l'angoisse du lendemain.
   La situation est à peu près la même en Belgique,
en Angleterre, en Allemagne de l'Ouest, en Italie.
Une décence hypocrite interdit à la société capitaliste de se débarrasser de ses «bouches inutiles».
Mais elle leur accorde juste ce qu'il faut pour se
maintenir à la lisière (42) de la mort. «C'est trop
pour mourir et pas assez pour vivre», disait triste-
ment un retraité. Et un autre: «Quand on n'est plus
capable de faire un travailleur, on est tout juste
bon à faire un macchabée (43).»

41. palliatives 42. au bord 43. un cadavre

Simone de Beauvoir, La Vieillesse, Gallimard, 1970.
Extraits.

[1] Salaire minimum interprofessionnel garanti.

[2] Par opposition aux prisonniers politiques.

[3] En 1975, le revenu minimal alloué aux vieillards
était de 666 francs par mois. En juillet 1983, sous
le nom de «minimum vieillesse», il atteignait 2 297 F
par mois pour une personne seule.

[4] La retraite peut être prise prématurément s'il y
a incapacité de travail.

[5] Maison de ville d'un aristocrate ou d'un individu
très riche.

Pratique du vocabulaire

A. Donnez un synonyme de:

   1. la pauvreté: 3. un vieillard:
   2. aider: 4. l'aide:

B. Trouvez des mots de la famille de:

   1. louer: 4. une veuve:
   2. la retraite: 5. alimenter:
   3. entretenir: 6. précaire:

C. Faites des phrases avec les mots ou expressions suivants:

toucher une retraite; un assuré social; inscrire aux Assurances; un rappel de retraite; accorder.

D. En vous servant du vocabulaire topique, dites de quelles façons la société française peut venir en aide aux vieillards indigents.

Questions sur le texte

1. En ce qui concerne la retraite des vieillards, quels sont les deux points qu'il faut souligner?
2. Sur quels faits se base Simone de Beauvoir, fin 1969, pour dire que «la moitié de la population âgée est réduite à l'indigence»?
3. La situation financière des vieillards s'est-elle beaucoup améliorée en 1975? Et en 1983?
4. Parmi les personnes du troisième âge, quelles sont celles qui ont les revenus les plus faibles?
5. Les enfants aident-ils souvent leurs parents? Pourquoi ceux-ci se trouvent-ils doublement victimes?
6. Quand Mme R. s'est arrêtée de travailler, combien d'argent avait-elle par mois pour vivre? Quelles étaient les causes de son indigence?
7. Décrivez le logement de Mme R.
8. Dites ce qu'elle fait en hiver pour ne pas avoir trop froid.
9. Donnez trois illustrations de l'extrême misère de Mme R. dans sa vie quotidienne.
10. Quels sont, pour les vieillards, les résultats physiques et psychologiques de leur pauvreté?
11. Expliquez pourquoi les personnes âgées peuvent se sentir humiliées quand elles s'adressent à l'administration des services sociaux.
12. Quelle émotion déprimante s'ajoute à la pénurie et à l'humiliation?
13. Pourquoi de Beauvoir parle-t-elle de l'hypocrisie de la société capitaliste?

Echange d'opinions

1. Croyez-vous que la société a bien fait d'instaurer le système de la pension vieillesse Sécurité sociale et le principe des retraites complémentaires professionnelles ou pensez-vous

que les personnes âgées devraient être obligées de
compter uniquement sur leurs économies?

2. A votre avis, quel devrait être le rôle des enfants dans la sécurité pécuniaire de leurs parents? L'Etat devrait-il--et pourrait-il--inter-
   venir dans ce rôle?

3. Le déséquilibre démographique entre les retraités
   et les gens actifs s'accentue d'année en année
   dans les pays occidentaux. Cela cause des
   problèmes de ressources monétaires à la Sécurité
   sociale. Quelles solutions pouvez-vous envisager?

Activité
(Jeu dramatique professionnel; groupes de deux ou
trois étudiants)

   L'un/e de vous sera Mme R. qui aura été convoquée
pour expliquer son cas aux services sociaux. Les
autres seront des assistantes sociales qui poseront
des questions à Mme R., discuteront de sa situation
avec elle et la conseilleront sur les démarches à
faire pour améliorer ses conditions de vie.
   (Si vous préférez, vous pouvez imaginer un autre
cas de vieillesse misérable).

II. LES VIEUX, OU LES PARIAS DE LA SOCIETE, AUX U.S.A.

Etude du vocabulaire topique

un paria: a pariah
un/e impotent/e: helpless invalid, cripple
un/e raté/e: failure (speaking of a person)
un déchet: reject
des subsides (m.): subsidies
un asile de vieillards: old people's home
une maison de retraite: retirement home
à domicile: at home
l'assistance (f.): welfare
un syndicat: a labor union
des épargnes (f.) = des économies (f.): savings
chasser: to drive s.o. out
un don: contribution
le niveau de vie: standard of living
un/e bénéficiaire: beneficiary
le minimum vital: minimum cost of living
se retirer = prendre sa retraite: to retire
un/e grabataire: bed-ridden person
amoindrir: to reduce
miséreux/euse: poverty-stricken
un/e reclus/e: recluse

Le capitalisme pour accroître (1) le profit cherche à tout prix à augmenter la productivité. Au fur et à mesure que les produits deviennent plus abondants, le système exige une hausse (2) du rendement (3). Les vieux travailleurs ne sont pas capables de se plier aux (4) cadences (5) imposées aux ouvriers. Ils sont réduits au chômage et la société les traite en parias. C'est flagrant si l'on

1. augmenter 2. une élévation 3. la productivité
4. suivre 5. les rythmes

considère la plus prospère d'entre elles et qui prétend être une civilisation du bien-être: les Etats-Unis.

En 1890, 70% des gens âgés avaient des emplois rétribués (6); maintenant, seulement 3 millions, c'est-à-dire 20% de la population, touchent des salaires. Parmi eux, 2 millions sont des hommes, 1 million des femmes. En général, leur rétribution (7) est réduite. Déjà, entre 45 et 65 ans, il est difficile de trouver un emploi. Ils ne subsistent que grâce aux retraites qui leur sont très chichement (8) accordées.

Pendant longtemps, l'assistance s'est pratiquée aux U.S.A. de la même manière qu'en Angleterre. Les vieillards encore valides, on les allouait (9) aux familles qui demandaient le moins d'argent pour les entretenir; les impotents, on les recueillait dans l'hospice du comté qui servait à la fois d'hôpital, d'asile psychiatrique, d'orphelinat, de maison pour les vieux et les infirmes. On ne considérait pas que les vieillards incapables de travailler eussent des droits; on les tenait pour des paresseux, des ratés, des déchets. C'était essentiellement à la famille que revenait leur entretien.

En Californie, en 1850, un grand nombre de travailleurs étaient des pionniers qui arrivaient de l'Est et qui n'avaient pas de famille: des fraternités se sont formées qui ont réussi à obtenir des subsides de l'Etat en faveur des personnes âgées. A partir de 1883, l'Etat de Californie accorda des subsides aux comtés qui entretenaient des asiles de vieillards, puis à ceux qui aidaient à domicile les indigents. Des abus firent abolir le système en 1895 et la Californie ne finança plus que les institutions d'Etat.

A la fin du XIXe siècle, des statistiques ont montré quelle quantité de pauvres se rencontrait chez les gens âgés et l'opinion a commencé à s'émouvoir. En Alaska, en 1915, passa une loi autorisant l'Etat à accorder un secours de 12 dollars 1/2 chaque mois à certaines personnes de 65 ans et au-delà. Des lois analogues furent votées dans d'autres Etats.

En 1927, la Californie autorisa le département d'Etat du Bien-être social à faire une enquête chez elle: on trouva que seulement 2% de la population de 65 ans et au-delà recevait une aide. La «Fraternité

6. rémunérés   7. la rémunération   8. sparingly   9. allouated

242

des Aigles», qui s'était toujours occupée de secourir les gens âgés, fit cette même année un gros effort pour imposer l'idée d'une responsabilité de l'Etat fédéral à l'égard des vieillards; d'autres groupes moins connus l'appuyèrent. Mais, par individualisme, par libéralisme et horreur de tout «socialisme», une grande partie de l'opinion y répugnait (10). Le projet proposé par les Aigles fut néanmoins étudié dans 24 Etats. La Californie adopta en 1929 une loi qui étendait l'assistance à tous les gens âgés dans le besoin. En 1930, 13 autres Etats l'avaient imitée. En 1934, 30 Etats avaient une certaine forme de programme d'assistance; mais 10 seulement l'assumaient entièrement; les secours étaient difficiles à obtenir et très insuffisants. Des philanthropes, des syndicats, des Eglises avaient aussi commencé à faire bâtir des maisons pour les vieillards. La situation de ceux-ci devint dramatique à la suite de la grande dépression des années 30: ils furent réduits au chômage; les Etats se montrèrent impuissants à les entretenir; beaucoup avaient vu fondre leurs épargnes, ils avaient été chassés de leur logis. Cette détresse amena l'établissement de l'acte de Sécurité sociale autorisant des dons fédéraux aux Etats qui prenaient en charge les vieilles gens. Les programmes des divers Etats continuèrent à être appliqués et un second principe entra en vigueur: l'assurance. Mais très peu de gens en bénéficiaient et ce qu'ils touchaient était misérable.

En 1943, il y avait 23,4% de gens âgés qui touchaient des secours, et seulement 3,4% touchaient des retraites. La faiblesse de leur niveau de vie demeurait dramatiquement visible. Alors se développèrent des services pour leur venir en aide. A partir de 1950, le Congrès a élevé le chiffre des bénéfices accordés et étendu le nombre des bénéficiaires. Cependant, en 1951, l'immense majorité de la population âgée avait des ressources très inférieures au minimum vital et ne recevait aucune aide privée. Des conférences se multiplièrent pour étudier les problèmes de la vieillesse. De 1950 à 1958, on a augmenté le nombre des bénéficiaires de la Sécurité sociale: elle ne touchait que les 3/4 de la population âgée; elle en a touché les 9/10; et on a relevé aussi les pensions. Cependant, d'après une enquête menée en 1957 par Steiner et Dorfman, 25% des couples, 33% des hommes seuls, 50% des femmes seules

10. felt reluctant

ayant plus de 65 ans n'avaient pas le minimum vital.

«La pauvreté de nos vieillards est un de nos problèmes les plus persistants et les plus difficiles», écrit Margaret S. Gordon. Aujourd'hui, sur 16 millions de vieillards, il y a plus de 8 millions de gens très pauvres. Un homme se retirant à 65 ans après avoir payé la contribution la plus élevée touche mensuellement pour sa femme et lui 162 dollars; s'il est seul, 108,50 dollars. En 1958, les statistiques du «Bureau of the Census» indiquaient que 60% des gens de plus de 65 ans touchent moins de 1 000 dollars par an, ce qui est inférieur de 20% au minimum vital dans les villes où la vie est le meilleur marché, de 40% dans les villes où elle est la plus chère. Les secours accordés par les enfants ou des amis élèvent à peine de 10% le revenu, et seuls en bénéficient ceux des vieillards qui ont une situation relativement assise (11). Ceux qui vivent seuls--ce sont surtout les femmes, le nombre des veuves l'emportant, comme en France, sur celui des veufs--sont les plus misérables. Un quart vit avec moins de 580 dollars par an: à peine plus que le budget alimentaire le plus bas établi par le ministre de l'Agriculture. (Et il leur faut se vêtir, se loger, se chauffer.)

Dans son livre L'Autre Amérique, M. Harrington montre que les millions de vieillards qui vivent dans l'indigence sont victimes d'un «tourbillon vers le bas». Les gens pauvres sont plus souvent malades que les autres, parce qu'ils habitent des taudis insalubres, qu'ils se nourrissent mal, qu'ils peuvent à peine se chauffer; mais ils n'ont pas les moyens de se soigner et leurs maladies s'aggravent, les empêchant de travailler et exaspérant leur pauvreté; honteux de leur misère, ils s'enferment chez eux et évitent tout contact social: ils ne veulent pas que leurs voisins sachent qu'ils vivent d'assistance; ils se privent des menus (12) services et du minimum de soins que ceux-ci pourraient leur dispenser et finissent par devenir des grabataires. Un témoin a déclaré, devant un Comité sénatorial qui enquêtait sur la vieillesse, que ces parias de la société étaient victimes «d'un triple enchaînement (13) de causes: la mauvaise santé, l'indigence, la solitude». Certains d'entre eux deviennent «des recrues (14) de la misère» après une existence normale, où leur travail était correctement payé. Avec l'âge, leurs ca-

11. stable   12. mineurs   13. sequence   14. recruits

pacités se sont amoindries; ils ne peuvent plus
trouver d'emploi parce qu'ils sont techniquement dé-
passés (15); même dans les campagnes, la mécanisation
entraîne l'éviction des gens âgés. La mise à la
retraite implique une chute brutale de leurs ressources. Mais, parmi les indigents, la plupart ont
toujours été pauvres. Ils étaient venus dans leur
jeunesse de la campagne à la ville et n'y avaient pas
prospéré. D'autre part, les ouvriers agricoles ne
sont pas pris en charge par la Sécurité sociale.
L'ensemble de ces miséreux--retraités aux ressources
insuffisantes, ou travailleurs sans retraite--doit
recourir aux services d'assistance. Il y a des
Etats--entre autres le Mississippi--qui sont très
pauvres et où les secours accordés sont dérisoires.
Partout les enquêteurs sont hostiles aux quémandeurs
(16): la moitié des demandes sont rejetées. On les
oblige à produire des documents que beaucoup d'entre
eux ne possèdent pas; ils sont souvent à demi
analphabètes ou même parlent à peine l'anglais; ils
sont terrifiés par les formes et l'appareil (17) du
bureau d'assistance. Cette bureaucratie impersson-
nelle et impuissante les humilie sans subvenir à
leurs besoins. Le service d'assistance--le Welfare
State--fonctionne à l'envers. Protections, garanties, aides vont aux forts et aux organisés, non aux
faibles. Ce sont les gens qui auraient le plus
besoin de soins médicaux qui en obtiennent le moins.
Leur solitude aggrave leur condition. Les jeunes
habitants des slums sortent dans la rue, forment des
bandes. Les gens âgés vivent en reclus; et dans ce
pays où les distances, le rythme de la vie ne leur
permettent guère de se rencontrer, où ils communiquent entre eux essentiellement par téléphone, cinq
millions en sont privés. Le docteur Linden, de la
Santé publique de Philadelphie, écrit: «Parmi les
facteurs contribuant le plus au développement de
problèmes affectifs chez nos concitoyens âgés, il
faut ranger (18) l'ostracisme social dont ils sont
l'objet, la réduction du cercle de leurs amis, l'intense solitude, la diminution et la perte du respect
humain et le sentiment de dégoût (19) à l'égard
d'eux-mêmes.»
    Seule une société opulente peut avoir autant de
vieillards, conclut Harrington: mais elle leur re-

15. the new technology is beyond them   16.
solliciteurs 17. administrative machine   18. inclure
19. lack of interest

fuse les fruits de l'abondance. Elle leur donne la
«survie brute (20)» et rien de plus.

20. rudimentaire

Simone de Beauvoir, La Vieillesse, Gallimard, 1970.
Extraits.

Pratique du vocabulaire

A. Trouvez les antonymes de:

1. insalubre: 4. infirme:
2. amoindrir: 5. miséreux:
3. économiser:

B. Donnez en français une explication des noms suivants:

1. un grabataire:
2. un impotent:
3. un reclus:
4. des subsides:
5. un asile de vieillards:
6. une maison de retraite:

C. Complétez le paragraphe suivant en vous inspirant
du texte:

En 1969, S. de Beauvoir écrivait que la société
américaine traite beaucoup de vieux travailleurs
en _____. Bien que des programmes d'_____ aient
été adoptés, bien que le nombre des _____ de la
Sécurité sociale ait été étendu, les vieillards
ont souvent des ressources inférieures au _____ et
leur _____ est très bas. Les personnes âgées ne
vont pas toutes dans des hospices ou des _____.
Certaines préfèrent rester chez elles et recevoir
des soins _____. Selon M. Harrington, les
vieillards _____ finissent souvent par devenir
_____. Ou bien, parce qu'ils ont peur, ils ne
sortent plus de chez eux et vivent en _____.

1. Pourquoi la cadence de travail augmente-t-elle à mesure que les produits deviennent plus abondants?
2. Pour quelle raison les vieux travailleurs sont-ils réduits au chômage?
3. Avant la moitié du XIXe siècle, quelle était la fonction des hospices des comtés? Et que pensait-on des vieillards qui ne pouvaient plus travailler?
4. Quel problème se posait en Californie en 1850? Comment a-t-il été résolu? La solution était-elle satisfaisante?
5. Résumez ce qu'était la situation des vieillards en 1934.
6. Quels effets la grande dépression eut-elle sur les conditions de vie des personnes âgées? Qu'est-ce que leur détresse amena?
7. En quoi consistaient les améliorations de la Sécurité sociale entre 1950 et 1958? Ce progrès était-il suffisant?
8. Qu'indiquent les statistiques du «Bureau of the Census» en 1958?
9. Expliquez le «triple enchaînement de causes» dont sont souvent victimes les personnes du troisième âge, ce que M. Harrington appelle aussi le «tourbillon vers le bas».
10. A quoi doivent recourir les vieillards dont les revenus sont insuffisants ou qui sont sans retraite? Quelles difficultés rencontrent-ils alors?
11. Qu'est-ce qui aggrave la situation des vieillards? Illustrez votre réponse par un exemple précis.

Echange d'opinions

1. Renseignez-vous sur la couverture sociale actuelle (pension-vieillesse et « Medicare») aux U.S.A. Dites pourquoi vous estimez qu'elle est suffisante ou non.

2. D'après S. de Beauvoir, aux Etats-Unis comme en France, les vieillards font face à une bureaucratie compliquée pour obtenir des secours. Allez dans un bureau de la Sécurité sociale, demandez les différents formulaires que doivent remplir les personnes du troisième âge pour

obtenir   1) la pension-vieillesse   2) le remboursement de frais médicaux et/ou hospitaliers. Examinez le niveau de difficulté des formulaires à remplir et des documents à fournir.   Qu'en pensez-vous?

3. Est-ce que les formulaires à remplir et les démarches à faire pourraient être simplifiés? Comment?

Activité
(Jeu dramatique professionnel; groupes de deux étudiants)

Vous êtes conseiller dans un service d'accueil de la Sécurité sociale. Une personne du troisième âge francophone qui parle peu l'anglais a besoin de votre aide pour remplir des formulaires, soit pour sa pension, soit pour «Medicare». Imaginez le dialogue.

Dossier 2

La Solitude

I. LA MARGINALISATION DES PERSONNES AGEES

Etude du vocabulaire topique

le vieillissement: aging
le processus de marginalisation: the process by
which s.o. is made to feel socially marginal
la raréfaction: decrease, state of being infrequent
la marginalité: state of being marginal
l'affaiblissement (m.): weakening
une régression: regression
un taux: rate
la rétraction: retraction, drawing back
un/e marginal/e: a person whose interactions with
society are marginal
la diminution: reduction
la malnutrition: malnutrition
la baisse: drop, decline
un train de vie: life style
le relâchement: slackening
le nivellement: leveling off
l'appauvrissement (m.): impoverishment
un régime de retraite: retirement system
un/e adhérent/e: contributor, participant
la dévalorisation: devaluation
la disqualification: disqualification
l'inutilité (f.): uselessness

Le vieillissement social arbitraire, dont le but
est de favoriser (1) la reproduction de notre système
de société en régularisant la relève (2) des
générations, se confond dans la pratique avec (3) un
processus de marginalisation. Il exclut les
retraités du groupe dominant, constitué par ceux qui
participent au fonctionnement de la machine
économique. Car, dans un monde où la place de chacun

1. aider   2. le remplacement   3. is identical with

est largement déterminée par les rapports de force (4) opposant des groupes de pression (5) contradictoires, la rupture avec le système productif entraîne la perte du «pouvoir de marchandage (6)» économique, et des altérations brutales, cumulatives et irréversibles de tous les éléments du statut des personnes âgées.

La faiblesse et la précarité des ressources, la réfaction du contact avec le milieu social, la sous-représentation politique qui s'accroît alors que la proportion d'électeurs (7) âgés augmente, l'absence de participation au mouvement culturel, se traduisent dans ce que nous appellerons, sans dérision aucune, les signes extérieurs de la marginalité [1]: comportements atypiques, affaiblissement des relations sociales, conditions de vie subnormales.

Les comportements atypiques des inadaptés sociaux âgés se caractérisent rarement, à l'inverse des jeunes, par la délinquance, la toxicomanie ou l'instabilité familiale. Nous verrons plus loin qu'ils prennent plus facilement le masque insidieux (8) d'une régression intellectuelle et physique asynchrone (9) de l'âge biologique. Quant au suicide, qui constitue, pour beaucoup, l'exemple parfait du comportement aberrant, son taux augmente considérablement au cours de la vieillesse. Il est deux fois plus fréquent à soixante-cinq ans qu'à quarante, quatre fois plus à quatre-vingts ans.

La rétraction de la sphère des relations sociales, habituelle chez tous les marginaux, est particulièrement perceptible au cours du vieillissement social. Dans le même temps qu'elle perd son assise (10) familiale, la personne âgée se désintéresse du monde et restreint ses contacts avec l'environnement. La lecture de la presse quotidienne n'est plus assidue après soixante-dix ans, l'achat de livres devient plus rare qu'auparavant. La qualité de l'équipement télévisé et son utilisation déclinent. La moitié des retraités ne part plus en vacances. Huit sur dix d'entre eux ne sortent jamais le soir. Ils sont une infime (11) minorité à aller encore au cinéma, au théâtre ou au concert.

Les conditions de vie, si elles ne sont pas franchement (12) anormales, se situent généralement

4. relations of strength   5. pressure groups   6. bargaining power   7. voters   8. insidious   9. asynchronous   10. la base   11. très petite   12. tout à fait

252

en dessous de la moyenne. Parce qu'elles doivent adapter l'habitat à la diminution des ressources, 38% seulement des personnes âgées occupent un logement dit confortable (avec W.C. intérieur et sanitaire (13)) contre 72% à quarante ans. De même, sans qu'on puisse parler de malnutrition, faute d'indicateurs sociaux disponibles, la baisse de consommation (14) des produits alimentaires est patente. Par rapport aux habitudes de la cinquantaine elle chute (15) de 40% après soixante-cinq ans et de 60% après soixante-quinze ans. Il est probable que cela se traduit par des déséquilibres nutritionnels menaçant l'état de santé. D'autant que le sentiment frustrant de ne plus appartenir à la communauté détourne (16) nos aînés de l'utilisation correcte des services et des équipements collectifs.

Cette régression du train de vie, le relâchement des liens affectifs et sociaux, le nivellement des comportements, montrent combien la marginalisation des personnes âgées est, dans tous les domaines, synonyme d'appauvrissement. Or qui dit appauvrissement dit perte du pouvoir de décision. L'intervention permanente de tiers (17) ou d'organismes sociaux dans le cours de la vie définit la dépendance sociale, qui précède habituellement la dépendance physique et en accélère la survenue (18) comme nous le rappellerons dans l'étude des données sanitaires.

Mais on peut remarquer que la plupart des régimes de retraite permettent à leurs adhérents de poursuivre une activité au-delà de la limite fixée; ceux qui estiment n'être plus rien ou pas grand'chose dès lors qu'ils cessent le travail peuvent le prolonger ou le reprendre lorsqu'ils se rendent compte des inconvénients, s'ils n'ont pas été congédiés (19) par leur employeur. Il faut admettre que c'est très rarement le cas, bien que la moitié des retraités, interrogés à la fin de leur première année d'inactivité, déclarent avoir envisagé (20) la retraite avec appréhension, et surtout qu'un tiers (21) seulement en trouvent les conditions moins désagréables qu'ils ne l'avaient craint.

Il est possible d'expliquer cette attitude par le fait que la collectivité a réussi à conditionner ses inactifs [2] avant même qu'ils ne le soient, et à leur faire accepter comme normale une image peu flat-

13. la salle de bains 14. consumption 15. drops
16. turns away 17. inconnus 18. la manifestation
19. renvoyés 20. considéré 21. a third

teuse de leur condition. C'est aussi parce que les
personnes âgées arrivant à l'âge de la retraite se
sont elles-mêmes disqualifiées pour avoir accepté la
dévalorisation de leurs aînés, alors qu'elles
jouissaient d'un statut d'actif leur permettant de
lutter contre cette tendance. Nous retrouvons ici
l'histoire fort ancienne, et souvent citée, du petit
garçon creusant (22) dans du bois, pour son père
étonné, la même écuelle (23) que celle de l'aïeul
(24) exclu de la table familiale.

Mais ce serait probablement une erreur de croire
que les hommes agissent ainsi par pur égoïsme. S'ils
se font plus ou moins facilement à (25) l'idée de la
mort, ils refusent obstinément de croire, par un
processus où l'aversion culturelle joue un rôle
majeur, qu'elle sera précédée par la vieillesse. Et
ne songeant pas à (26) préparer la leur, ils oublient
d'améliorer celle des autres.

Les nouveaux retraités sont alors étonnés de
pénétrer dans un monde où s'efface (27) rapidement
l'essentiel des valeurs et des avantages attachés à
la notion d'activité. Un monde d'autant plus vide
qu'ils ont davantage investi dans leur travail que
dans les autres choses de la vie, et qui se définit
cruellement par les mots de disqualification,
inutilité, précarité, solitude. Jamais sans doute,
au cours des âges, le statut social des personnes
âgées n'a été aussi mauvais. Sauf peut-être au Moyen
Age, pendant lequel les hommes jeunes imposèrent
une loi sans partage (28) et créèrent les Hospices
que remplissent les oubliés d'aujourd'hui, puisqu'il
devient de plus en plus difficile de trouver refuge
chez les siens.

22. shaping out 23. porringer 24. le grand-père
25. s'habituent à 26. pensant à 27. disparaît 28.
a selfish law

Dr Claude Cabirol, La Condition des personnes âgées,
Privat, 1981. Extraits.

[1] Cette phrase pourrait être ironique puisqu'elle
est copiée sur l'expression: «les signes extérieurs
de richesse».

[2] La population inactive du pays, c'est-à-dire les
retraités.

Pratique du vocabulaire

A. Cherchez dans le texte les noms qui ont une connotation de détérioration (du processus biologique, des rapports sociaux, de la qualité de la vie, des valeurs professionnelles); faites des phrases avec cinq d'entre eux.

La plupart de ces noms se terminent par le suffixe -ion ou par le suffixe -ment. Quel est le genre des noms qui finissent en -ion? Et celui des noms en -ment?

B. Donnez deux mots de la même famille que chacun des mots suivants et traduisez-les en anglais:

1. la malnutrition: 5. l'affaiblissement:
2. l'inutilité: 6. la disqualification:
3. l'appauvrissement: 7. le relâchement:
4. la marginalisation: 8. le vieillissement:

C. Quels noms correspondent aux définitions suivantes:

1. Manière de vivre, relativement aux dépenses de la vie courante que la situation d'une personne permet:
2. Pourcentage qui exprime un élément variable:
3. Action de niveler, de rendre égal:
4. Personne qui est membre d'un parti, d'une association, etc. et contribue une certaine somme d'argent:

Questions sur le texte

1. Qu'est-ce que «le vieillissement social»? Pourquoi est-il arbitraire?
2. Pourquoi se confond-il avec un processus de marginalisation?
3. Dans notre monde, qui appartient au groupe dominant?
4. Quelles sont les conséquences de ne plus appartenir au système productif?
5. A quelles conditions financières, sociales, politiques, etc. le retraité fait-il face?
6. Comment se caractérisent les comportements atypiques des inadaptés sociaux âgés?

255

7. Citez quelques exemples qui montrent que la personne âgée restreint ses contacts avec la société.
8. En ce qui concerne les conditions de vie, à quoi mène la diminution des ressources financières?
9. Qu'est-ce qui cause la dépendance sociale? A son tour, qu'est-ce que celle-ci accélère?
10. Pourquoi est-il étonnant que les travailleurs choisissent très rarement de continuer à travailler au lieu de prendre leur retraite?
11. Quelle est la première raison donnée par l'auteur, le Dr Claude Cabirol, pour expliquer cette attitude?
12. Quelle leçon peut-on tirer de l'histoire du petit garçon qui fabrique une écuelle en bois pour son père? Comment cette histoire illustre-t-elle l'attitude des actifs envers les inactifs?
13. Le Dr Cabirol parle d'une «aversion culturelle» envers la vieillesse. Dans notre société, de quelles façons se manifeste cette aversion?
14. Quel parallèle l'auteur établit-il entre le Moyen Age et notre époque?

Activité
(Travail préparatoire à une enquête)

Préparez un questionnaire qui vous servira à découvrir le degré de marginalisation de personnes âgées et ses différentes causes. Discutez votre questionnaire avec un groupe de vos camarades de classe et modifiez-le si vous jugez que c'est nécessaire.

Echange d'opinions

1. Vous servant du questionnaire que vous avez préparé, demandez aux membres de votre famille, à vos connaissances et voisins retraités ce qu'ils pensent de la qualité de leur existence actuelle. D'après les témoignages recueillis, êtes-vous d'avis que la vie des retraités «se définit par les mots de disqualification, inutilité, précarité, solitude»?

2. Y a-t-il des groupes de gens âgés qui sont plus susceptibles de devenir marginaux que d'autres? Lesquels?

3. La marginalisation des vieillards est-elle un problème de l'individu? de la famille ou du voisinage? des membres de la société? de l'Etat?

4. Qu'est-ce que l'on fait aux U.S.A., et dans votre état en particulier, pour éviter cette marginalisation? Pourrait-on faire davantage? Quoi, selon vous?

II. LE VIEILLARD DANS LA VILLE

Etude du vocabulaire topique

les feux (m.) de signalisation: traffic lights
un passage protégé: pedestrian crossing
bousculer: to jostle
se heurter à: to run into, to collide with
un avertisseur: horn (of a car, etc.)
les transports (m.) en commun: public transportation
le tympan: eardrum
scléreux: sclerosed
la presbyacousie: presbyacusis
une agression: aggression
la décrépitude: decrepitude
l'entr'aide (f.): mutual aid
malentendant = dur d'oreille: hard of hearing
sourd/e: deaf
la surdité: deafness
un audiophone: hearing aid
aveugle: blind
l'isolement (m.): isolation
un foyer: shelter, home
un restaurant communautaire: soup kitchen
une aide à domicile: home maker or home health
aid [1]
un séjour de vacances: vacation resort
le désenchantement: disillusion   ·
un passage souterrain: underground passage
un guichet: window, wicket
l'aide (f.) familiale: Supplemental Security Income

Traverser une rue constitue souvent un exercice
périlleux pour un Vieillard. Affolé par le flux des
voitures, interprétant mal les feux de signalisa-
tions, le voici, hésitant, traversant avec retard et
lenteur les passages protégés, et les feux passent au
vert (pour les voitures) avant qu'il n'ait franchi le
cap difficile [2]. Une irrégularité du sol peut

258

provoquer une chute et les piétons pressés le bousculent parfois; heureux encore quand quelque jeune garçon et sa «planche à roulettes» (1) ne vient pas terminer sa course dans ses jambes. Mal voyant, il se heurte aux innombrables «deux roues» (2) et aux voitures qui encombrent (3) les trottoirs. Mal entendant, il ne perçoit pas avertisseurs et mises en garde (4). Utilisateur des transports en commun, il a des difficultés à monter dans le bus qu'un conducteur nerveux (5) fait démarrer sèchement (6). Les bruits de la rue parfois stridents et douloureux heurtent ses tympans scléreux et le bourdonnement (7) continu de la Cité accroît sa presbyacousie. Les agressions de personnes âgées se multiplient autour de lui, ainsi qu'en témoigne son journal quotidien trop facilement enclin à ne rapporter que les catastrophes.

Tous ces stress provoquent angoisse et peur: le Vieillard se recroqueville (8), reste chez lui, cloîtré, et va se couper de plus en plus de la vie extérieure. Ceci va accroître encore la distance qui le sépare du monde moderne, son enlisement (9) et en définitive sa décrépitude.

Plus isolé dans la ville que ne l'était le Vieillard de la campagne, il ne va pas connaître l'entr'aide amicale des voisins, et certaines tâches quotidiennes vont lui apparaître de plus en plus pesantes (10) et le conduire à les négliger. Il y a bien, certes, les appareils ménagers modernes qui apportent une aide appréciable, mais leur maniement (11) n'est pas toujours aisé, et la moindre panne peut prendre facilement une allure de catastrophe.

La multiplication des postes téléphoniques au domicile des personnes âgées a été une mesure excellente; encore faut-il que le sujet âgé sache (12) s'en servir et ne soit pas trop malentendant; encore faut-il aussi que le téléphone soit aisément accessible et que même s'il a fait une chute, le sujet âgé puisse l'utiliser.

Le tissu social (13) s'est modifié et est fréquemment devenu hostile. Pas de pire isolement que celui de certains grands ensembles dont les habitants s'ignorent (et veulent s'ignorer). Pas de

---

1. skate board 2. motocyclettes, vélomoteurs 3. congest 4. warnings 5. impatient 6. abruptly 7. humming 8. withdraws upon himself 9. suffocation 10. lourdes 11. un usage 12. yet, the old person must know 13. social fabric

pire sécheresse humaine (14) que l'anonymat des
«grandes surfaces» commerciales (15), où l'on ne
parle pas, où il est possible de faire toutes ses
courses sans prononcer une seule parole. Et le
Vieillard se prend à regretter le logement ancien,
peut-être inconfortable, mais dont les murs et les
boiseries patinés par le temps sont un cadre familier. Il regrette son voisinage, ses amis, et
jusqu'à la boulangère et l'épicière du vieux quartier, qui ne vendaient pas seulement le pain et le
lait, mais aussi en plus un peu de chaleur humaine.
Combien n'ont pas survécu à un transfert de ces
fameux «îlots (16) insalubres» du centre des villes
vers les H.L.M. confortables d'une lointaine banlieue!
     Bien sûr, des créations sociales intéressantes ont
facilité la vie des personnes âgées en milieu urbain:
foyers et clubs, restaurants communautaires, aides à
domicile, aides au logement (PACT), Universités du 3^e
âge [3], séjours de vacances, etc. Mais ceci n'est
pas toujours connu (l'information pénètre mal) ou
bien les réalisations sont en nombre insuffisant...
Ajoutez à cela l'absence des enfants et de leurs
conjoints qui travaillent tous et ne sont pas dispon-
sibles, et parfois l'indifférence des proches, et
vous comprendrez que le sujet âgé se sent frustré car
il n'a pas de la vieillesse l'image qu'il avait
idéalisée il y a cinquante ou soixante ans.
     Est-il possible d'éviter ces frustrations et ce
désenchantement? Peut-être en partie.
     Il y a d'abord les problèmes matériels parfois
simples à résoudre: passages · souterrains plus
nombreux, facilités d'accès dans les transports en
commun, simplification des formalités administratives
et meilleur accueil aux guichets, informations mieux
faites, augmentation substantielle du nombre des
aides familiales, aides au logement, augmentation
surtout des ressources minima des personnes âgées
(avec comme corollaire diminution de la peur, de la
misère et de la maladie, et possibilité de se payer
quelquefois un peu de superflu (17)).
     Mais il y a surtout un esprit à promouvoir (18) ou
à recréer, non point une protection exagérée, un
maternalisme forcé qui offenseraient plus qu'ils ne
soulageraient, mais une attitude faite de respect, de
compréhension, de bienveillance, de tolérance,

14. l' indifférence 15. grands magasins 16. petits
groupes de maisons 17. extra 18. encourager

260

d'entr'aide discrète, utile aux Vieillards et à laquelle ils sont très sensibles. Très souvent d'ailleurs, ils sauront manifester leur reconnaissance. Il ne faut pas que la Cité rejette les Vieillards parce qu'ils sont vieux, qu'ils sont infirmes et ne donnent pas toujours une image agréable de l'espèce humaine (les «Vieux» sont déjà assez humiliés d'être ainsi). Les Vieillards sont, par leur simple présence, nécessaires à l'équilibre d'une Société dont les membres plus jeunes ont tendance à se croire omnipotents. Il faut absolument reconstituer le tissu social en faisant participer les Vieillards à la Vie de la Cité.

Maurice Fresneau, «Le Vieillard dans la ville», Revue de Gériatrie, déc. 1978.

[1] «Aide à domicile» est un terme général qui inclut l'aide ménagère (home maker) et les soins infirmiers à domicile (home health aid).

[2] «Franchir le cap difficile» est ici une image qui signifie surmonter l'obstacle.

[3] Centres universitaires qui offrent des programmes spéciaux correspondant aux besoins et aux intérêts des personnes du troisième âge.

Pratique du vocabulaire

A. Quels verbes correspondent aux noms suivants?

1. la signalisation: 5. un isolement:
2. un séjour: 6. la décrépitude:
3. un avertisseur: 7. une agression:
4. un transport: 8. la sclérose:

B. Répondez aux questions suivantes en utilisant des termes du vocabulaire topique:

1. Où peuvent aller vivre les vieilles personnes?
2. Quel est le nom médical de l'affaiblissement de l'ouïe observé chez les vieillards?
3. Où est-il plus prudent, pour un piéton, de traverser une rue?
4. Comment s'appelle la petite ouverture par

261

laquelle le public communique avec les employés d'une administration, d'une banque, etc.?
5. Quelle partie de l'oreille perd son élasticité chez les personnes âgées?

C. Dans les phrases suivantes, remplacez les expressions soulignées par un synonyme:

1. Il est dangereux pour ce vieil homme de se promener en ville parce qu'il est <u>malentendant</u>.
2. <u>L'aide réciproque</u> entre voisins peut permettre de résoudre bien des problèmes.
3. Quand on entend mal, il est bon de porter <u>un petit appareil acoustique</u>.
4. Cette personne est atteinte d'<u>une infirmité qui l'empêche d'entendre</u>.

D. Expliquez en français ce que c'est que:

1. un restaurant communautaire:
2. une aide ménagère:
3. l'aide au logement:
4. les soins infirmiers à domicile:

<u>Questions sur le texte</u>

1. Quelles difficultés matérielles un vieillard rencontre-t-il quand il traverse une rue de grande ville?
2. Et comment ses propres infirmités aggravent-elles ces difficultés?
3. Quels bruits déplaisants frappent les tympans du vieillard? Qu'est-ce qui augmente sa presbyacousie?
4. A quels autres dangers la personne âgée est-elle exposée?
5. Pourquoi le vieillard se recroqueville-t-il chez lui? A quoi cet isolement aboutit-il?
6. Sur le plan des tâches quotidiennes, quelle est aussi la conséquence de l'isolement de la personne du troisième âge?
7. Quelles réserves Maurice Fresneau, l'auteur de cet article, exprime-t-il en ce qui concerne l'emploi du téléphone?
8. Pour une vieille personne, qu'est-ce qui est préférable: faire ses achats dans une «grande surface» ou dans les petits magasins du

quartier? Pourquoi?
9. Citez quelques-uns des services créés pour aider les vieillards. Pour quelles raisons ces initiatives ne touchent-elles pas toujours leur but?
10. Selon Fresneau, comment peut-on aider les vieillards à faire face à certains problèmes matériels à l'extérieur et chez eux? Et comment peut-on les secourir financièrement?
11. En quoi consiste l'attitude envers les personnes âgées préconisée par Fresneau?
12. Pourquoi la société devrait-elle faire participer les vieillards à la vie de la cité?

Echange d'opinions

1. Estimez-vous que, dans votre ville, la circulation des piétons âgés, les transports en commun, les conditions d'accès aux bâtiments publics, sont facilités pour les vieillards? Quelles améliorations pourraient être apportées?

2. En France, les personnes âgées qui désirent suivre des cours vont dans des universités du troisième âge, tandis qu'aux U.S.A. elles peuvent assister à des cours offerts à des étudiants de tout âge. Quelle formule vous semble préférable et pourquoi?

3. A votre avis, les Américains âgés sont-ils bien intégrés à la vie sociale ou sont-ils plus ou moins rejetés par une culture qui favorise les jeunes? Par quels moyens pourrait-on faire bénéficier la société de l'expérience, des connaissances et de la sagesse des personnes âgées?

Activité
(Jeu dramatique professionnel; groupes de deux étudiants)

Imaginez le dialogue suivant:

Une personne âgée doit, pour des raisons diverses, quitter sa maison à la campagne. Un travailleur social, conscient de tous les problèmes inhérents à la vie citadine mais aussi de tous les avantages, examine avec cette personne les différentes possibilités de logement en ville pour trouver ce qui lui convient le mieux.

Dossier 3

Risques accrus de maladie

Etude du vocabulaire topique

la sénescence: senescence
un service hospitalier: hospital service
un court séjour: short hospitalization
un moyen séjour: medium length stay
indemne (de): uninjured, untouched by
une affection = une maladie = un mal: disease,
sickness, illness
la multiplicité: multiplicity
banal/e: common
une grippe: influenza
un alitement: confinement to bed
une intolérance: intolerance
la guérison: recovery
la chronicité: chronicity
une hospitalisation: hospitalization
la fréquence: frequency
la résignation: acceptance, resignation
l'abandon (m.): abandonment
une hygiène: hygiene
un dérèglement: irregularity, disorder
se soigner: to take care of one's health, to undergo
medical treatment
la sénilité: senility

Cristallisation des conflits socio-professionnels anciens, expression de la perte brutale du statut d'actif, manifestation de la sénescence s'addition-nant à la pathologie commune à tous les âges, il n'est pas étonnant que la maladie prenne au troisième âge un visage particulier fait de trois caractéris-tiques essentielles.
Elle est d'abord fréquente au point que, si la

vieillesse n'est plus <u>assimilée à</u> (1) une maladie, elle est souvent perçue comme l'âge de toutes les maladies. Et cette impression <u>s'affermit</u> (2) avec l'étude statistique de la consommation médicale, qui passe de <u>l'indice</u> (3) 90 à la trentaine à 168 au cours de la soixantaine, pour culminer à 180 après soixante-dix ans. Dans le même temps, les personnes de plus de soixante ans représentent une fraction très importante de la population des services hospitaliers; elles occupent la moitié des lits de court séjour, 80% en moyen séjour et 30% en psychiatrie. Devant ces chiffres, on n'est plus étonné de voir la maladie <u>perdre de</u> (4) son caractère accidentel. Elle apparaît comme une chose «normale» et <u>devient partie intégrante de</u> (5) l'univers quotidien de la vieillesse, avec le sentiment angoissant de dévalorisation que cela comporte puisqu'il est aujourd'hui indispensable d'être beau, jeune et sain!

Deuxième caractéristique de la maladie au troisième âge: elle est multiple. Là aussi, les chiffres sont éloquents. Entre trente et trente-neuf ans, le quart des individus est indemne de toute affection, alors que 35% en présentent trois et plus. Entre soixante et soixante-neuf ans, près de 70% des sujets sont atteints de trois maladies au moins, et 32% présentent six affections et plus. Cette multiplicité présente deux inconvénients. Au plan physique, la sommation [1] et l'interaction <u>péjorative</u> (6) d'affections bénignes en elles-mêmes conduisent le malade à la dépendance aussi sûrement qu'une seule affection <u>réputée</u> (7) grave. Au plan psychologique, la personne âgée est désemparée par cette poly-pathologie. Elle a l'impression accablante de sortir d'une maladie pour s'enfoncer dans une autre, et qu'il en sera ainsi désormais quoi qu'elle fasse.

Enfin et surtout, la maladie présente au cours de la vieillesse des conséquences qu'elle est loin d'avoir aux autres périodes de l'existence. A chaque fois, elle <u>met en jeu</u> (8) le pronostic vital. Une affection aussi banale qu'une grippe peut rompre l'équilibre biologique et fonctionnel <u>fragilisé</u> (9) par le vieillissement et les maladies <u>intercurrentes</u> (10). Le simple alitement expose à des complications

1. considérée comme semblable à 2. est renforcée 3. index 4. to lose some of 5. becomes part and parcel of 6. défavorable 7. considérée comme 8. it brings...into play 9. rendu fragile 10. intercurrent

d'autant plus sévères qu'un diagnostic précis est souvent difficile à porter rapidement, et que l'intolérance aux thérapeutiques compromet les chances d'une guérison rapide. Et même si l'affection n'évolue pas vers la chronicité, la guérison ne rétablit pas forcément le malade dans ses possibilités antérieures. Elle se solde souvent par (11) une perte plus ou moins sévère de l'autonomie qui va aggraver la dépendance du sujet et compromettre le maintien (12) au domicile.

Le risque s'accroît encore lorsque l'affection entraîne l'hospitalisation. Cette mesure est déjà un bouleversement (13) dans la vie de la personne âgée, dans la mesure où celle-ci quitte un monde familier et rassurant pour pénétrer dans un univers inconnu et angoissant. Elle a toutes les chances d'aboutir à une rupture définitive quand elle est davantage imposée par l'égoïsme et l'entourage (14) que par la nécessité de soins spécialisés. C'est alors le prétexte commode (15) pour entraîner la personne hors de son foyer (16). C'est l'excuse qui fait taire (17) les derniers scrupules de familles décidées à abandonner celui ou celle qui les gêne. Nos aînés sont d'ailleurs parfaitement conscients de la fréquence d'une telle démarche (18); il ne faut pas chercher ailleurs l'origine de l'aversion qu'ils éprouvent pour l'hospitalisation. Celle-ci est trop souvent la première étape vers la solitude irréversible de la maison de retraite ou de l'hospice.

La fréquence toujours plus grande de la maladie au cours de la vieillesse, le fait qu'elle s'ajoute à d'autres affections et aux effets de la sénescence, ses conséquences graves et souvent irréversibles sur l'autonomie, font que la personne âgée assume de plus en plus difficilement sa condition matérielle et la dégradation de son état de santé. Malade et délaissée (19), appauvrie et tourmentée, la lutte devient trop inégale pour que ne grandisse pas la tentation de se réfugier (20) dans une totale résignation. Ce véritable abandon de soi survient d'autant plus tôt que la personne âgée se sent inutile, presque coupable d'exister puisque le mérite

11. aboutit finalement à 12. the possibility to keep the person 13. perturbing change 14. les proches 15. convenient 16. le domicile 17. réduit au silence 18. un comportement 19. abandonnée 20. chercher refuge

d'un individu s'apprécie maintenant en fonction des
seuls services rendus à la communauté. Toute hygiène
de vie est alors abandonnée. Les dérèglements
nutritionnels, qui <u>font le lit</u> (21) d'un grand nombre
de maladies s'accentuent. Le retrait psychique et
l'inertie physique s'aggravent. Le détachement va si
loin parfois que toute affection peut déclencher
l'installation d'un «syndrome de <u>glissement</u>» (22),
ainsi appelé parce que le patient se laisse litté-
ralement glisser hors de la vie, sans que rien puisse
être fait pour l'en empêcher. Parce que ses
fonctions essentielles sont <u>altérées</u> (23), mais
aussi, et surtout peut-être parce qu'il n'a aucune
raison d'espérer.

C'est <u>un bilan</u> (24) bien sombre que nous venons
d'établir et certains nous reprocheront, sans doute,
de l'avoir involontairement noirci. A ceux-là nous
rappellerons simplement l'abrupte constatation qui
s'est imposée au cours de l'évocation des <u>données</u>
(25) démographiques. Alors que les progrès de
l'hygiène et de la médecine ont rayé les grandes
pandémies de la surface du globe, amélioré la
précocité et la précision des diagnostics, corrigé le
pronostic de la plupart des maladies évolutives,
l'espérance de vie à soixante-cinq ans n'a pas
augmenté de façon significative au cours des
dernières <u>décennies</u> (26). Et pourtant, dans le même
temps, un effort réel était fait pour mettre à la
portée du plus grand nombre les moyens de se soigner
efficacement. Cet état de chose apparemment
paradoxal peut toutefois s'expliquer dans la mesure
où nous avons constamment relié entre elles trois
observations.

Il faut en premier lieu rappeler que le concept de
santé a un champ beaucoup plus vaste que celui de la
maladie et repose également sur la constatation
essentielle suivante: tout déséquilibre entre
l'homme et son milieu peut, par les troubles
psychiques puis organiques qu'il provoque, altérer
l'état de santé des individus tout autant que les
affections d'origine purement somatique.

<u>Il convient</u> ensuite <u>d'</u> (27) admettre, mais cela
nous est facile après la magistrale démonstration de
Marcel Sandrail, que «chaque civilisation, par ses
moeurs, ses lois, ses principes de pensée, se crée

21. sont la cause 22. slipping away 23. détériorées
24. une évaluation 25. data 26. décades 27. it is
fitting to

une pathologie qui lui est propre». Notre système, dont la finalité se résume à la production croissante des biens de consommation (28), réduisant l'homme à sa seule dimension économique, ne saurait échapper à la règle. Il sécrète ces maladies caractéristiques de la dépersonnalisation par le travail, et de la fragilisation excessive d'un statut social étroitement défini par la fonction de production. Nous avons vu par quel inexorable mécanisme ces aberrations conduisaient aux portes (29) de la retraite des individus incapables d'assumer la perte définitive d'un emploi, qui était souvent leur seule raison de vivre et leur dignité.

Enfin, si elle doit quelque peu ménager (30) ceux qui la servent, notre société ne se sent tenue à (31) rien envers les plus vieux de ses membres. C'est au contraire sur eux qu'elle pèse avec le plus de rigueur. Les personnes âgées sont enfermées dans un humiliant statut d'inactifs-assistés. Elles sont dépouillées de (32) tous les droits attachés à l'exercice d'une profession. C'est alors que la pathologie de l'inacceptable désoeuvrement (33) entrera en résonnance avec (34) celle de la vie active, pour défigurer la vieillesse jusqu'à la sénilité.

L'enchaînement logique de ces trois observations permet d'affirmer, sans l'ombre d'un doute, nous semble-t-il, qu'en ce qui concerne les personnes âgées, les progrès des sciences médicales sont annulés par l'ostracisme social dont elles sont victimes, et cela depuis que la vieillesse est moins un processus physiologique qu'un fait de société. Amère constatation quand on sait que la substitution s'est opérée derrière le masque du progrès! Désillusion cruelle pour ceux qui pensent encore que l'homme est toujours heureusement modifié par l'homme!

28. consumption goods 29. threshold 30. spare 31. obligée à 32. privées de 33. idleness 34. will amplify

Dr Claude Cabirol, La Condition des personnes âgées, Privat, 1981. Extraits.

[1] Effet produit par l'addition de plusieurs stimulations qui, isolément, seraient inefficaces.

Pratique du vocabulaire

A. Quels adjectifs correspondent aux noms suivants:

1. la fréquence: 5. la sénilité:
2. l'hygiène: 6. la multiplicité:
3. un hôpital: 7. un soin:
4. la chronicité: 8. une indemnité:

B. Quelle est la différence entre:

--la sénescence et la sénilité?
--un diagnostic et un pronostic?

C. Faites des phrases avec les mots ou expressions suivants:

l'abandon; indemne; se soigner; un séjour.

D. Complétez ce paragraphe avec les mots ou expressions donnés:

l'alitement   la guérison   l'hospitalisation
la grippe   les soins   grave
des dérèglements

   Une maladie aussi banale que _____ peut devenir
_____ chez les vieillards, surtout lorsqu'elle
s'ajoute à _____ nutritionnels. Elle exige _____;
elle peut même nécessiter _____. Mais, dans la
plupart des cas, les traitements médicaux et _____
attentifs des infirmières aboutissent à _____.

Questions sur le texte

1. Quelles sont les causes de l'accroissement des
   risques de maladie au troisième âge?
2. Citez deux faits qui témoignent de la fréquence
   de la maladie après soixante ans.
3. Quelle est la conséquence physique de la
   multiplicité des affections sur la personne âgée?
4. Pourquoi le vieillard, atteint de plusieurs
   maladies, est-il déconcerté et inquiet?
5. Pour quelle raison une maladie aussi banale que
   la grippe peut-elle être dangereuse pour une
   personne du troisième âge?

6. Qu'est-ce qui explique que l'alitement peut mener à des complications sérieuses?
7. Quel lien de cause à effet l'auteur de ce passage établit-il entre l'hospitalisation d'un malade âgé et l'augmentation des risques de maladie? Pour le proche avenir, que représente l'hospitalisation aux yeux du vieillard?
8. Quelles émotions poussent une personne âgée et malade à abandonner le désir de guérir?
9. Qu'est-ce que cet «abandon de soi» entraîne, sur les plans physique et psychologique?
10. Quelle constatation paradoxale peut-on faire à propos des progrès de la médecine en général et de l'état de santé des gens de soixante-cinq ans et plus?
11. Selon le Dr Cabirol, qu'est-ce qu'il faut inclure dans la définition du concept de santé?
12. Pourquoi notre système sécrète-t-il des «maladies caractéristiques de la dépersonnalisation par le travail»?
13. A quel statut notre société réduit-elle ses membres les plus âgés? Comment ce statut augmente-t-il les chances de maladie?
14. Expliquez ce que veut dire l'auteur quand il écrit que, dans notre monde industrialisé, «la vieillesse est moins un processus physiologique qu'un fait de société».

Echange d'opinions

1. Renseignez-vous dans le domaine de la sociologie de la santé pour savoir si, aux U.S.A., on observe, chez les personnes âgées, un accroissement de la fréquence, de la multiplicité et de la gravité des maladies. Peut-on constater une disparité quantitative entre des personnes appartenant à des milieux socio-économiques différents? Entre des personnes vivant dans des environnements physiques différents? Discutez le résultat de vos recherches avec vos camarades.

2. Selon vous, qu'est-ce qui est le plus important pour maintenir un vieillard en bonne santé? Considérez tous les facteurs possibles, en vous souvenant de la définition du concept de santé donnée par le Dr Cabirol.

3. Quelles mesures sont prises, dans votre état, pour aider les personnes du troisième âge à éviter les

maladies? Est-ce que vous pensez que la société devrait se préoccuper de ce problème de santé?

Activité
(Jeu dramatique professionnel; groupes de deux étudiants)

Une vieille personne va consulter son médecin pour lui demander des remèdes parce qu'elle souffre d'une variété de douleurs ou de maladies légères. Le médecin essaie de lui faire comprendre que la santé ne s'obtient pas uniquement par les médicaments mais aussi par une vie équilibrée physiquement, émotionnellement et mentalement. Il pose des questions à son malade sur le genre de vie qu'il mène pour lui faire des suggestions concrètes.

Dossier 4

La Confrontation avec la mort

I. L'IMPUISSANCE DE LA MEDECINE

Gabrielle Roy, née à Saint-Boniface, Manitoba (1909-1983) est un écrivain très connu pour ses romans psychologiques. Après avoir enseigné pendant huit ans au Manitoba, elle part en 1937 pour l'Europe où elle commence à écrire quelques articles et nouvelles. De retour au Canada, en 1939, elle poursuit sa carrière d'écrivain et celle de journaliste par une série de grands reportages qui la familiarisent avec Montréal. Ainsi naîtra son premier roman, Bonheur d'occasion (1945) qui connaît un grand succès et obtient le prix de l'Académie canadienne-française en 1946 et le prix Fémina en 1947. Ce roman a inspiré un film qui a été tourné récemment. Gabrielle Roy est l'auteur de nombreux romans et recueils de nouvelles qui ont pour cadre Montréal, le Manitoba ou le grand nord canadien. L'amour de la nature et la sympathie pour les êtres humains, un style sensible et sobre caractérisent ses oeuvres dont les plus connues sont La Petite Poule d'eau (1950), Alexandre Chenevert (1954), Rue Deschambault (1955), La Route d'Altamont (1966). Gabrielle Roy a reçu le prix Duvernay en 1956 pour l'ensemble de son oeuvre et le prix David en 1971.

Etude du vocabulaire topique

la salle d'opération: operating room
une jauge: gauge
le débit: flow
anesthésier: to anesthetize
la tension: blood pressure
le plasma: blood plasma
le choc opératoire: surgical shock
un/e anesthésiste: anesthetist
la circulation (du sang): (blood) circulation
un bourgeon: nodule
la rétention: retention

l'urémie (f.): uremia
une anesthésie: anesthesia
brouillé/e: confused
un stimulant: stimulant
une garde: practical nurse
une tumeur maligne: malignant tumor
une pneumonie: pneumonia
la pénicilline: penicillin
rénal/e: renal

    Qui donc <u>eût</u> (1) reconnu Alexandre Chenevert, celui qui tous les matins se rendait à sa banque, son chapeau rond un peu incliné en avant, un petit homme qui avait l'air <u>pointilleux</u> (2), en habit gris fer? Ce dernier habit, il aurait pu se dispenser de l'acheter; il ne parviendrait peut-être pas à l'user, <u>encore que</u> (3) ce fût le plus coûteux de sa vie. Cet achat l'inquiétait encore, lorsqu'on roulait Alexandre vers la salle d'opération.

    Il <u>entrevit</u> (4) un autre aspect de «son docteur», plus impressionnant que jamais, reconnaissable aux yeux seulement au-dessus du masque. Alexandre le salua: «Bonjour, docteur...» comme heureux et un peu étonné de se trouver encore une connaissance en une telle extrémité. Mais il était somnolent déjà, peu préoccupé de son propre sort. C'était le penthotal qui lui procurait ce bien-être. Ses paupières glissaient.

    La table, aussitôt qu'il dormit, fut orientée dans le sens inverse: la tête d'Alexandre se trouva là où avaient été ses pieds. Des tubes la reliaient à une espèce de tableau de bord compliqué. Des jauges y indiquaient le débit litre-minute des gaz contenus dans des bouteilles sur les côtés de l'appareil à anesthésier: protoxyde d'azote, CO_2, oxygène, cyclopropane, éthylène. Dans ses rêves les plus extravagants, Alexandre n'avait pas entrevu la moitié de l'importance qu'il acquerrait. L'appareil enregistrait sa tension; les narines, la bouche, presque tout le visage terne était enfoui en un masque qui le pinçait fortement; dans une veine, à <u>la saignée</u> (5) du coude, s'écoulait le plasma qui aide à soutenir le choc opératoire; à la tête, assis sur <u>un tabouret</u> (6), l'anesthésiste surveillait le comportement général, la circulation, en appuyant le doigt sur le

1. aurait 2. minutieux 3. bien que 4. aperçut 5. bend of the arm 6. stool

278

front d'Alexandre.

Mais le chirurgien n'éprouvait déjà plus que la hâte de recoudre, de refermer les chairs sur ces bourgeons palpables, très étendus. Jusqu'ici, lui aussi s'était passionnément intéressé à Alexandre Chenevert; et il l'aimait encore, bien qu'il n'en attendît même pas une réussite. Devant un tel envahissement du mal, qu'y avait-il à tenter?

Ils en parlaient autour d'Alexandre, en phrases brèves, étouffées par le masque: ...absolument inutile de faire quoi que ce soit... Tout de même, au point de vue du malade, l'opération présentait quelques avantages: soulager la rétention... éviter l'infection... diminuer l'urémie... Le sursis (7) pourrait être de trois mois... Six mois peut-être...

Alexandre ne savait pas encore que cette plainte (8) laide, vulgaire, très lointaine, provenait de lui-même. Il était de retour dans son lit. Deux paravents (9) lui garantissaient un peu d'intimité. L'anesthésie était si douce maintenant que le patient s'éveillait sans nausée, l'esprit peu brouillé. Presque tout de suite, il reprenait pied dans le réel.

Ainsi, Alexandre vit Eugénie qui demandait: «Tu me vois, au moins, tu m'entends?» Déjà il marquait par un pli du front que la question n'avait pas à être posée. «Tu me reconnais?»

Il savait même qu'il devait être sans contrôle désormais sur ses fonctions naturelles, qu'un tube, un récipient (10) quelconque paraissait être abouché (11) à son corps. Et il ne voulait plus vivre dans ces conditions. S'il y (12) avait consenti, c'était par ignorance. Il tournerait le dos, doucement, à l'ignominie (13) qui lui était faite; il s'en irait, sans tapage (14); la mort lui parut aussi bonne que le sommeil, l'attirant malgré lui.

Ainsi l'aidait la morphine. Il dormit avec le sentiment, se précisant parfois, qu'il ne devrait pas, qu'il était trop malheureux pour dormir.

Deux ou trois jours, ils luttèrent ainsi l'un contre l'autre, Alexandre essayant contre la drogue l'indignation, la perspicacité, la vérité, et elle, exerçant sur lui son pouvoir dissolvant (15).

N'est-elle pas, hors la douleur, le plus énigmatique cadeau fait par Dieu aux hommes?

7. reprieve 8. cette lamentation 9. folding screens
10. receptacle 11. connected 12. à l'opération 13.
la honte 14. le bruit 15. désintégrant

Encore qu'ils aient dû longtemps s'en passer!

Il pensait qu'il n'avait plus rien à faire en ce monde.

Et pourtant, pourtant...

Au bout de quelques jours, il parvint à porter lui-même un verre à ses lèvres, à manger un tout petit peu. Ce beau résultat, on l'avait préparé, ayant <u>sustenté</u> (16) Alexandre par les veines avec du glucose, de forts stimulants. La médecine ne ménageait rien en faveur de cette courte survie qu' elle tâchait de lui assurer. Le docteur, les infirmiers, <u>les bonnes soeurs</u> (17), pour garder vivant ce petit spectre d'homme encore quelques mois, utilisaient les grands moyens.

Le visage était aussi mince que celui d'un enfant, mais d'un très vieil enfant à peau jaunie et séchée dont le regard paraissait s'être collé à la vie à force de désillusions.

--Vous n'avez pas cinquante-quatre ans? fit un de la chambrée. Vrai? Je vous en aurais donné plus.

Il ne précisait pas combien d'années de plus, par gêne, mais son étonnement en disait <u>long</u> (18).

Supporté par plusieurs oreillers, Alexandre put regarder autour de lui. Sa garde enleva les paravents. La seule fenêtre, ouverte sur un ciel d'hiver, devint une source inépuisable d'observations. Alexandre étudiait les dessins de <u>givre</u> (19); il y vit des forêts, des lacs mystérieux entourés de <u>chicots</u> (20) d'arbres, comme dans les abatis de Le Gardeur. Il crut voir pousser un champ de <u>seigle</u> (21) dans la fenêtre. «C'est assez extraordinaire tout de même comme <u>il reprend</u> (22)!» Le docteur Hudon tâchait de s'assurer toute la bonne volonté d'Alexandre. Il lui disait qu'il pourrait vivre pas mal de temps. Il parla d'un homme qui avait vécu des années dans les conditions où se trouvait M. Chenevert. Il omit d'expliquer que cet homme avait été opéré d'une tumeur non maligne.

Voici dès lors ce qu'Alexandre pensait: qu'il n'était pas le premier homme, ni le seul sûrement à porter un appareil. D'autres, bien d'autres, avaient dû <u>s'y résoudre</u> (23).

Et aussi: Roosevelt avait porté des fers aux jambes toute sa vie; Harry Hopkins avait eu un estomac d'argent. Du moins, Alexandre croyait avoir

16. alimenté 17. sisters 18. beaucoup 19. frost
20. stumps 21. rye 22. recovers his strength 23.
finir par accepter

lu la chose... Tout bien considéré, il préférait son cas à un estomac d'argent.

Il faisait de petits plans, de petits projets:

A la banque, il faudrait qu'on le reprenne pour la raison très suffisante que nulle part ailleurs on n'eût voulu de lui. Il apprit un jeu de réussite (24) de l'opéré qui allait assez bien pour montrer aux autres des tours aux cartes (25).

Alexandre s'aperçut avoir été trop sérieux dans sa vie; il n'y avait pas de doute, les petits jeux simplets étaient à la mesure de l'homme.

Cependant, il parlait de retourner chez lui, à son travail, d'en finir avec un séjour trop coûteux.

«Un an, deux ans, trois ans», allait-il parfois jusqu'à escompter (26) de la vie, avec la ruse naturelle à l'homme qui juge à propos (27) de demander un peu plus qu'il n'espère en réalité.

Le plus souvent, il prenait une tactique toute différente. Il pensait: six mois, persuadé, par si peu d'exigence, de mieux disposer (28) la vie en sa faveur.

Il avait du bonheur, malgré tout, chaque jour, quand Eugénie entrait dans la chambre et qu'avec elle y arrivaient les soucis pressants, le sentiment qu'il devrait vite se remettre au travail, le regret de vilains mots, d'inutiles colères. C'était bien cela la richesse intacte d'un vieux couple, comme il en formait un avec Eugénie: la jeunesse ensemble perdue.

Mais, à présent qu'Alexandre avait tant de bonne volonté, son corps ne voulait plus entendre parler de vivre (29).

Son âme, elle, percevait que la beauté, une part certaine de joie, jamais on ne pourrait les lui ravir (30). Rien que la neige (31) contre la vitre suffisait pour faire maintenant sourire ce petit visage qui avait si peu souri.

La joie dans l'âme humaine n'était donc pas tuable (32).

Un commencement de pneumonie se déclara. Le docteur Hudon en eut raison avec des doses massives de pénicilline. L'affaire se compliqua d'une infection rénale. «On en avait bien besoin», ronchonna (33) le docteur Hudon. Il en eut raison avec

24. a game of solitaire   25. card tricks   26. espérer
27. opportun   28. inciter   29. rejetait la vie   30. enlever   31. la neige seule   32. qu'on peut tuer   33. grumbled

d'autres médicaments. Le foie les supporta très mal.
Les globules rouges <u>dégringolaient</u> (34).
   Alexandre était perdu.

34. tombaient rapidement

Gabrielle Roy, <u>Alexandre Chenevert</u>, Beauchemin, 1971.
Extraits.

<u>Pratique du vocabulaire</u>

A. Quel est l'antonyme de:

   1. (une tumeur) maligne:
   2. un stimulant:
   3. (avoir l'esprit) brouillé:

B. Expliquez brièvement, en français:

   1. de quoi se compose le sang?
   2. qu'est-ce qu'une pneumonie?
   3. quels sont les symptômes d'une rétention
   d'urine?
   4. en quoi consiste le travail d'une garde d'hôpital?
   5. qu'est-ce qu'un opéré peut ressentir physiquement lorsqu'il se réveille d'une anesthésie?

C. Si vous étiez médecin anesthésiste, comment
   expliqueriez-vous en termes simples, à un patient
   qui doit être opéré, les étapes successives du
   procédé de l'anesthésie?

<u>Questions sur le texte</u>

   1. Qu'est-ce qui préoccupait Alexandre Chenevert
   alors qu'on l'emmenait vers le bloc opératoire?
   2. Quel effet le penthotal avait-il sur lui?
   3. A quoi servent les jauges de l'appareil à
   anesthésier?
   4. Que fait l'anesthésiste pendant l'opération?
   5. Le chirurgien a-t-il pu enlever la tumeur
   cancéreuse? Pourquoi?
   6. Quels avantages l'opération présentait-elle pour

Alexandre?

7. Comment Alexandre a-t-il réagi à son réveil,
   quand il s'est rendu compte qu'un sac était
   attaché à son corps?
8. Dans quel état de santé se trouve-t-il après
   quelques jours? Pour quelles raisons?
9. Que désire le personnel médical qui soigne
   Alexandre?
10. Comment et pourquoi le docteur Hudon l'encourage-
    t-il?
11. Quel changement peut-on observer dans l'état
    d'esprit de l'opéré?
12. Dans quoi trouve-t-il encore du bonheur?
13. Quelles complications médicales apparaissent
    successivement? Comment le médecin les traite-t-
    il?
14. Finalement, que peut faire la médecine?

Echange d'opinions

1. D'après vous, est-ce que les médecins devraient
   cacher leur état de santé à leurs malades
   incurables? Dans quelles circonstances? A
   quelles conditions?

2. Pensez-vous qu'un travailleur social (ou une
   infirmière ou un médecin) devrait aborder la
   question de la religion avec un malade mourant et
   l'aider à entrer en contact avec un représentant
   de sa religion s'il le désire?

3. A votre avis, quels sont les droits du patient en
   ce qui concerne l'information sur sa santé?
   Précisément, a-t-il le droit d'apprendre du
   médecin quel traitement on lui fera subir, quelles
   sont les raisons de ce traitement et quels en
   seront les effets?

Activité
(Jeu dramatique professionnel; groupes de deux
étudiants)

   Imaginez le dialogue entre un malade qui va
mourir et qui le sait et un travailleur social qui
cherche à l'aider à faire face à la mort.

II. LE TRIOMPHE DE LA MEDICALISATION

Philippe Ariès, né à Blois, France (1914-   ) est un historien qui s'intéresse au côté «non-événementiel» de l'histoire. Considéré comme un pionnier de l'histoire sociale, il a publié <u>Histoire des populations françaises et de leurs attitudes devant la vie depuis le XVIIIᵉ siècle</u> (1948), <u>L'Enfant et la vie sous l'ancien régime</u> (1960),<u>Essais sur l'histoire de la mort en occident du Moyen-Age à nos jours</u> (1975), et <u>L'Homme devant la mort</u> (1977) dont est tiré le texte qui suit.

Etude du vocabulaire topique

un laboratoire: laboratory
pharmaceutique: pharmaceutical
un appareil: apparatus
appliquer: to apply
soulager: to relieve
un/e moribond/e = un/e agonisant/e = un/e mourant/e: moribund
hydrater: to hydrate
déshydrater: to dehydrate
une mucosité: phlegm, mucus
étouffer = suffoquer: to choke, to suffocate
un trépas = un décès: decease, demise
trépasser = expirer = décéder: to decease, to expire, to pass away
cardiaque: cardiac; suffering cardiac disorder
pulmonaire: pulmonary; suffering pulmonary disorder
un/e pharmacien/cienne: pharmacist
un médecin légiste: forensic pathologist
reprendre conscience: to regain consciousness

Tout se passe comme si le modèle romantique [de la mort], tel qu'il existait au milieu du XIXᵉ siècle,

284

subissait une série de démantèlements (1) successifs.
Il y eut d'abord, à la fin du XIXᵉ siècle, ceux qui
modifièrent la première période du mourir (2), celle
de la très grave maladie, pendant laquelle le malade
est tenu dans l'ignorance et mis à l'écart (3): le
cas d'Ivan Ilitch [1]. Il y eut ensuite, au XXᵉ
siècle, à partir de la guerre de 1914, l'interdiction
du deuil (4) et de tout ce qui dans la vie publique
rappelle la mort, au moins la mort considérée comme
normale, c'est-à-dire non violente. L'image de la
mort se contracte comme le diaphragme d'un objectif
photographique qui se ferme. Restait le moment même
de la mort qui, à l'époque d'Ivan Ilitch et pendant
longtemps encore, avait gardé ses caractères tradi-
tionnels: révision de la vie, publicité, scène des
adieux.

Cette dernière survivance a disparu depuis 1945 en
raison de la médicalisation complète de la mort.
C'est le troisième et dernier épisode de l'inversion
de la mort.

Le fait essentiel est le progrès bien connu des
techniques chirurgicales et médicales qui mettent en
oeuvre (5) un matériel complexe, un personnel compé-
tent, des interventions fréquentes. Les conditions
de leur pleine efficacité ne sont réunies qu'à
l'hôpital, du moins l'a-t-on cru avec conviction
jusqu'à nos jours. L'hôpital n'est pas seulement un
lieu de haut savoir médical, d'observation et d'enseignement, il est lieu de concentration de services
auxiliaires (laboratoires pharmaceutiques), d'appareils raffinés, coûteux, rares, qui donnent au
service un monopole local.

Dès qu'une maladie paraît grave, le médecin a
tendance à expédier (6) son patient à l'hôpital. Le
progrès de la chirurgie a entraîné celui des procédés
de réanimation, d'atténuation ou de suppression de la
souffrance et de la sensibilité. Ces procédés n'ont
plus été seulement appliqués avant, pendant ou après
une opération, ils ont été étendus à toutes les
agonies, afin d'en soulager les peines. Par exemple
le moribond était hydraté et alimenté par perfusions
intraveineuses, ce qui lui évitait les souffrances de
la soif. Un tube reliait sa bouche à une pompe qui
aspirait ses mucosités et l'empêchait d'étouffer.
Les médecins et les infirmières administraient des
calmants dont ils pouvaient contrôler les effets et

1. dismantlements 2. the act of dying 3. éloigné
4. mourning 5. emploient 6. envoyer

varier les doses. Tout cela est aujourd'hui bien connu et explique l'image pitoyable, désormais classique, du mourant hérissé de tubes.

Par une pente insensible et rapide, le mourant quelconque était assimilé à un opéré grave. C'est pourquoi on a cessé, surtout dans les villes, de mourir chez soi--comme d'y naître. Dans la ville de New York, en 1967, 75% des décès avaient lieu à l'hôpital ou dans des institutions analogues, contre 69% en 1955 (60% dans l'ensemble des Etats-Unis). La proportion n'a cessé depuis.d'augmenter. A Paris, il est courant qu'un vieillard cardiaque ou pulmonaire soit hospitalisé pour finir doucement. On pourrait parfois donner les mêmes soins, en prenant une infirmière à domicile, mais ils sont moins bien remboursés--quand ils le sont--par la Sécurité sociale, et ils imposent à la famille une fatigue et des charges qu'elle ne peut plus supporter (lessives, présence, navette chez le pharmacien, etc.), en particulier quand la femme travaille et qu'il n'y a plus d'enfant, de soeur, de cousine, ou de voisine disponible.

La mort à l'hôpital est une conséquence à la fois du progrès des techniques médicales d'adoucissement de la peine, et de l'impossibilité matérielle de les appliquer à la maison.

Rappelons enfin ce qui a été dit au début de ce chapitre de l'inconvenance de la grande maladie, de la répugnance physique qu'elle provoque, du besoin de la cacher aux autres et à soi-même. Dans sa conscience morale, la famille confond son intolérance inavouée aux aspects sordides de la maladie, avec les exigences de la propreté et de l'hygiène. Dans la plupart des cas, et surtout dans les grandes villes comme Paris, elle n'a rien tenté pour retenir ses mourants ni pour inspirer une législation sociale moins favorable à leur départ.

L'hôpital n'est donc plus seulement un lieu où l'on guérit et où l'on meurt à cause d'un échec thérapeutique, c'est le lieu de la mort normale, prévue et acceptée par le personnel médical. En France cela n'est pas vrai des cliniques [2] privées qui ne veulent pas effrayer leur clientèle, et aussi, peut-être, leurs infirmières et leurs médecins, par le voisinage de la mort. Quand celle-ci arrive, et qu'on n'a pas pu l'éviter, on renvoie en hâte le

cadavre, à peine expiré, à la maison où il est censé
(7) avoir trépassé aux yeux de l'état civil [3], du
médecin légiste et du monde.

Cette «expédition» n'est pas possible dans les
hôpitaux publics, qui risquent dès lors d'être encom-
brés de grands vieillards incurables et de moribonds
maintenus en vie. Aussi pense-t-on, en certains
pays, leur réserver des hôpitaux spécialisés dans la
mort douce et sa préparation, où leur seraient évités
les inconvénients d'une organisation hospitalière et
médicale conçue dans un autre but, celui de guérir à
tout prix. C'est une nouvelle conception de «l'hospice» dont le modèle est l'hospice Saint Christopher,
dans la banlieue de Londres. [...]

Ce transfert a eu d'énormes conséquences. Il a
précipité une évolution qui avait commencé, nous
l'avons vu, à la fin du XIXᵉ siècle, et il l'a
poussée jusqu'à ses plus extrêmes conséquences.

La mort a changé de définition. Elle a cessé
d'être l'instant qu'elle était devenue depuis le
XVIIᵉ siècle environ, mais dont elle n'avait pas
auparavant la ponctualité (8). Dans les mentalités
traditionnelles, l'instantanéité était atténuée par
la certitude d'une continuation: pas nécessairement
l'immortalité des chrétiens (des chrétiens
d'autrefois!), mais un prolongement (9) atténué,
toujours quelque chose. A partir du XVIIᵉ siècle, la
croyance plus répandue dans la dualité de l'âme et du
corps et dans leur séparation à la mort a supprimé la
marge de temps. Le trépas est devenu instant.

La mort médicale d'aujourd'hui a reconstitué cette
marge, mais en gagnant sur l'en-deçà (10), et non
plus sur l'au-delà (11).

Le temps de la mort s'est à la fois allongé et
subdivisé. Les sociologues ont la satisfaction de
pouvoir désormais lui appliquer leurs méthodes
classificatoires et typologiques. Il y a la mort
cérébrale, la mort biologique, la mort cellulaire.
Les signes anciens, comme l'arrêt du coeur et de la
respiration, ne suffisent plus. Ils sont remplacés
par une mesure de l'activité cérébrale, l'électro-
encéphalogramme.

Le temps de la mort est allongé au gré (12) du médecin: celui-ci ne peut pas supprimer la mort, mais
il peut en régler la durée, de quelques heures

7. supposé   8. punctuality   9. une extension   10.
this side of death   11. beyond, the next world   12.
selon la volonté

287

qu'elle était autrefois, à quelques jours, à quelques semaines, à quelques mois, voire quelques années. Il est devenu, en effet, possible de retarder le moment fatal, les mesures prises pour calmer la douleur ont aussi pour effet secondaire de prolonger la vie.

Il arrive que ce prolongement devienne un but, et que l'équipe hospitalière refuse d'arrêter les soins qui entretiennent une vie artificielle. Le cas le plus sensationnel est sans doute celui de Karen Ann Quinlan, une jeune Américaine de vingt-deux ans, qui, à l'heure où j'écris, est maintenue en vie depuis maintenant plus de treize mois, par un respirateur, nourrie et préservée des infections par des perfusions [4]. On est certain qu'elle ne reprendra jamais sa conscience. L'hôpital persiste, malgré la pression de la famille et même malgré une décision de justice, à l'entretenir. La raison en est qu'elle n'est pas en état de mort cérébrale, c'est-à-dire que son électro-encéphalogramme n'est pas plat. Il ne nous appartient pas ici de discuter le problème d'éthique que soulève ce cas rare d'«acharnement (13) thérapeutique». L'intéressant est que la médecine peut ainsi permettre à un presque mort de subsister presque indéfiniment. Pas seulement la médecine: la médecine et l'hôpital, c'est-à-dire toute l'organisation qui fait de la production médicale une administration et une entreprise, obéissant à des règles strictes de méthode et de discipline.
[...]

La durée de la mort dépend ainsi d'une concertation entre la famille, l'hôpital, voire la justice, ou d'une décision souveraine du médecin: le mourant, qui avait déjà pris l'habitude de s'en remettre à (14) ses proches (il leur confiait des voeux qu'il ne leur imposait plus dans son testament), abdiqua peu à peu, abandonnant à sa famille la direction de la fin de sa vie et de sa mort. La famille, à son tour, s'est déchargée de cette responsabilité sur le thaumaturge (15) savant qui possédait les secrets de la santé et de la souffrance, qui savait mieux que personne ce qu'il fallait faire et à qui revenait, par conséquent, de (16) choisir en toute souveraineté.
[...]

La mort a cessé d'être admise comme un phénomène naturel nécessaire. Elle est un échec. [...] Quand

13. obstination passionnée 14. se reposer sur 15. thaumaturge 16. on whom it was incumbent to

la mort arrive, elle est considérée comme un accident, un signe d'impuissance ou de maladresse, qu'il
faut oublier. Elle ne doit pas interrompre la routine hospitalière, plus fragile que celle d'un autre
milieu professionnel. Elle doit donc être discrète.
[...] Sans doute est-il souhaitable de mourir sans
s'en apercevoir, mais il convient aussi de mourir
sans qu'on s'en aperçoive.

Philippe Ariès, <u>L'Homme devant la mort</u>, Seuil, 1977.
Extraits.

[1] Ivan Ilitch (ou Ivan Ilyich) est le personnage
principal d'un roman de Léon Tolstoï (1828-1910)
intitulé <u>La Mort d'Ivan Ilitch</u>, publié en 1884. Dans
cette oeuvre, Tolstoï présente un homme ordinaire qui
doit faire face à sa mort.

[2] Etablissement privé dirigé par un médecin et dans
lequel les malades sont opérés et soignés.

[3] Service public chargé d'établir les papiers
constatant les principaux faits de la vie des
personnes, tels que la naissance, le mariage, le
divorce, le décès.

[4] Karen Ann Quinlan est morte en juin 1985 sans
avoir repris conscience.

Pratique du vocabulaire

A. Cherchez dans le texte, et apprenez les noms qui
   correspondent à ces définitions (n'oubliez pas
   d'indiquer les articles!):

   1. l'action de rendre les mouvements au coeur ou à
   l'appareil respiratoire venant de s'arrêter:
   2. les moments qui précèdent immédiatement la
   mort:
   3. l'action de rendre moins pénible, moins
   violent:
   4. une injection lente et continue de sérum:
   5. l'action de supprimer, de faire disparaître:

B. Trouvez dans le texte les équivalents (avec leurs
   articles) des noms anglais suivants. Employez
   quatre de ces noms dans des phrases:

1. a respirator: 4. brain death:
2. a tube: 5. cardiac arrest:
3. an EEG: 6. a pump:

C. Donnez un mot de la famille de:

1. un pharmacien: 6. chirurgical:
2. une opération: 7. pulmonaire:
3. la guérison: 8. étouffer:
4. décéder: ·   9. une cure:
5. agonisant: 10. soulager:

D. En vous servant du vocabulaire topique, citez deux
   synonymes de:

1. agonisant:
2. mourir:
3. la mort:

Questions sur le texte

1. Expliquez brièvement quels ont été les trois
   épisodes de l'inversion de la mort depuis la fin
   du XIXe siècle, selon Philippe Ariès.
2. Qu'est-ce qui a causé la disparition du troisième
   épisode?
3. Quelles ressources médicales diverses se trouvent
   réunies dans un hôpital?
4. Quels procédés le progrès de la chirurgie a-t-il
   apportés? Quand ces procédés sont-ils appliqués?
5. Que peut-on faire pour aider un moribond à moins
   souffrir?
6. Donnez quelques exemples qui prouvent qu'un
   mourant est de plus en plus assimilé à un opéré
   grave.
7. Pour quelles raisons matérielles, financières,
   psychologiques est-ce que les familles tendent à
   laisser partir le grand malade à l'hôpital au
   lieu de le garder à la maison?
8. Qu'est-ce qui se passe, en France, quand un
   malade meurt dans une clinique privée?
9. Quel est le but de la nouvelle conception de
   «l'hospice», comme celui de Saint Christopher?
10. Comment est-ce qu'on considérait la mort, selon
    les mentalités traditionnelles?
11. A partir du XVIIe siècle, quelle est la
    définition de la mort? Pourquoi?

12. Et aujourd'hui, quelle est l'influence de la médicalisation sur la mort?
13. Quel est le cas le plus sensationnel du prolongement d'une vie artificielle? Pourquoi l'équipe médicale persiste-t-elle? D'après Philippe Ariès, quelle conclusion intéressante peut-on tirer de cet exemple d'«acharnement thérapeutique»?
14. De qui dépend, finalement, la durée de la mort?
15. Comment considère-t-on la mort, de nos jours? Pourquoi exige-t-on qu'elle soit discrète?

Echange d'opinions

1. Discutez le pour et le contre de l'«acharnement thérapeutique» appliqué à de grands malades âgés. Considérez, entre autres perspectives
a. le point de vue humain (souffrance du malade, émotions de la famille, etc.)
b. le point de vue médical (progrès de la science médicale, bénéfices financiers pour les services hospitaliers et les médecins, encombrement des hôpitaux, etc.)
c. le point de vue social (bénéfices des progrès médicaux, coût monétaire des soins, etc.)

2. Pensez-vous que la volonté de guérir quelqu'un ou de le maintenir en vie à tout prix se justifie davantage dans le cas de grands malades jeunes que dans le cas de vieillards malades?

3. Que pensez-vous de la mentalité contemporaine suivant laquelle la mort est envisagée non plus «comme un phénomène naturel nécessaire» mais comme «un échec» ou «un accident»?

Activité
(Jeu dramatique professionnel; groupes de trois ou quatre étudiants)

Recréez la discussion entre un vieillard très gravement malade, un ou deux membres de sa proche famille et son médecin sur la question qui suit: le vieillard devrait-il être soigné à la maison par sa famille ou serait-il préférable qu'il aille à l'hôpital?
(Vous êtes libres d'imaginer les circonstances que vous voulez.)

Dossier 5

L'Euthanasie

AYEZ PITIE DE MOI. ACHEVEZ-MOI.

Etude du vocabulaire topique

achever (qqn, un animal): to put...out of pain
le martyre: martyrdom, intense suffering
l'euthanasie (f.): euthanasia
une occlusion: blockage, obstruction
intestinal/e: intestinal
s'éteindre: to pass away
un bassin: bedpan
un pansement: dressing
un tic: tic
un oedème: edema
se résorber: to undergo resorption, to resorb
abrutir: to stupefy
un calmant: sedative
une escarre: bedsore
une transfusion (sanguine): (blood) transfusion
un remontant: stimulant
pourrir: to decompose, to rot
le chevet: bedside
se cicatriser: to heal up
des rayons x (m.): x-rays
les affres (f.): death-throes
le deuil: mourning

A la clinique, je n'avais pas le temps de m'inter-
roger. Il fallait aider maman à cracher, lui donner
à boire, arranger ses oreillers ou sa natte (1),
déplacer sa jambe, arroser ses fleurs, ouvrir, fermer
la fenêtre, lui lire le journal, répondre à ses
questions, remonter sa montre qui reposait sur sa
poitrine, suspendue à un cordonnet (2) noir. Elle
prenait plaisir à cette dépendance et réclamait sans

1. braid   2. cord

répit notre attention. Mais, quand je fus rentrée, toute la tristesse et l'horreur de ces derniers jours tombèrent sur mes épaules. Et moi aussi un cancer me dévorait: le remords. «Ne la laissez pas opérer.» Et je n'avais rien empêché. Souvent, quand les malades souffraient un long martyre, je m'étais indignée de l'inertie de leurs proches: «Moi, je le tuerais.» A la première épreuve (3), j'avais flanché (4): j'avais renié ma propre morale, vaincue par la morale sociale. «Non, m'avait dit Sartre [1], vous avez été vaincue par la technique et c'était fatal.» En effet. On est pris dans un engrenage (5), impuissant devant le diagnostic des spécialistes, leurs prévisions, leurs décisions. Le malade est devenu leur propriété: allez donc le leur arracher! Il n'y avait qu'une alternative, le mercredi: opération ou euthanasie. Le coeur solide, vigoureusement réanimée, maman aurait résisté longtemps à l'occlusion intestinale et vécu l'enfer, car les docteurs auraient refusé l'euthanasie. Il aurait fallu me trouver là à six heures du matin. Mais même alors, aurais-je osé dire à N.: «Laissez-la s'éteindre»? C'est ce que je suggérais quand j'ai demandé: «Ne la tourmentez pas» et il m'a rabrouée (6) avec la morgue (7) d'un homme sûr de ses devoirs. Ils m'auraient dit: «Vous la privez peut-être de plusieurs années de vie.» Et j'étais obligée de céder. Ces raisonnements ne m'apaisaient pas. L'avenir m'épouvantait. Quand j'avais quinze ans, mon oncle Maurice était mort d'un cancer à l'estomac. On m'avait raconté que pendant des jours il avait hurlé: «Achevez-moi. Donnez-moi mon revolver. Ayez pitié de moi.» Le docteur P. tiendrait-il sa promesse: «Elle ne souffrira pas»? Entre la mort et la torture, une course était engagée. Je me demandais comment on s'arrange pour survivre (8) quand quelqu'un de cher vous a crié en vain: Pitié!
[...]
Maman avait passé une nuit calme; la garde, voyant son inquiétude, n'avait pas lâché sa main. On avait trouvé moyen de la mettre sur le bassin sans la blesser. Elle recommençait à manger et bientôt on supprimerait les perfusions.
[...]
Elle inventait toujours d'excellentes raisons pour justifier l'excès de sa fatigue. Il y avait eu la

3. test   4. faibli   5. mesh of circumstances   6. scolded   7. arrogance   8. continuer à vivre

déshydratation; une purée de pommes de terre trop lourde; ce jour-là, elle reprochait aux infirmières de ne lui avoir fait la veille que trois pansements au lieu de quatre: «Le docteur N. était furieux, le soir» me dit-elle. «Il leur a passé un savon (9)!» Elle a redit plusieurs fois, complaisamment: «Il était furieux!» Son visage avait perdu sa beauté; des tics l'agitaient; de nouveau perçaient dans sa voix de la rancune et de la revendication.

«Je suis tellement fatiguée», soupirait-elle. Elle avait accepté de recevoir l'après-midi le frère de Marthe, un jeune jésuite. «Veux-tu que je le décommande (10)? -- Non. Ça fera plaisir à ta soeur. Ils parleront théologie. Je fermerai les yeux, je n'aurai pas besoin de parler.» Elle n'a pas déjeuné. Elle s'est endormie, la tête inclinée sur sa poitrine: quand Poupette [2] a poussé la porte, elle a cru que tout était fini. Charles Cordonnier n'est resté que cinq minutes. Il a parlé des déjeuners auxquels chaque semaine son père invitait maman: «Je compte bien vous revoir boulevard Raspail un de ces jeudis.» Elle l'a regardé, incrédule et navrée (11): «Tu penses que j'y retournerai?» Jamais encore je n'avais vu sur son visage un tel air de malheur: ce jour-là, elle a deviné qu'elle était perdue. Nous pensions le dénouement si proche qu'à l'arrivée de Poupette je ne suis pas partie. Maman a murmuré: «C'est donc que je vais plus mal, puisque vous êtes là toutes les deux. -- Nous sommes toujours là. -- Pas toutes les deux ensemble.» De nouveau j'ai feint (12) de me fâcher: «Je reste parce que tu as mauvais moral (13). Mais si ça ne fait que t'inquiéter, je m'en vais. -- Non, non», m'a-t-elle dit d'un air penaud (14). Mon injuste sévérité me navrait. Au moment où la vérité l'écrasait et où elle aurait eu besoin de s'en délivrer (15) par des paroles, nous la condamnions au silence; nous l'obligions à taire ses anxiétés, à refouler ses doutes: elle se sentait à la fois -- comme si souvent dans sa vie -- fautive et incomprise. Mais nous n'avions pas le choix: l'espoir était le premier de ses besoins. [...]

Le lundi matin je parlai avec Poupette au téléphone: la fin était proche. L'oedème ne se résorbait pas; le ventre ne se refermait pas. Les méde-

---

9. bawled out 10. cancel his visit 11. désolée 12. prétendu 13. are in poor spirits 14. confus 15. se libérer

cins avaient dit aux infirmières qu'il ne restait qu'à abrutir maman de calmants.

A deux heures, devant la porte 114, je trouvai ma soeur, hors d'elle. Elle avait dit à mademoiselle Martin: «Ne laissez pas maman souffrir comme hier. -- Mais, madame, si on fait tant de piqûres, simplement pour des escarres, le jour des grandes douleurs la morphine n'agira plus.» Pressée de questions, elle avait expliqué qu'en général, dans les cas analogues à celui de maman, le malade meurt dans des tourments abominables. <u>Ayez pitié de moi.</u> <u>Achevez- moi</u> [3]. Le docteur P. avait donc menti? Me procurer un revolver, <u>abattre</u> (16) maman; l'étrangler. Romantiques et vaines visions. Mais il m'était aussi impossible de m'imaginer entendant pendant des heures maman hurler. «Allons parler à P.» Il arrivait et nous l'avons <u>harponné</u> (17): «Vous avez promis qu'elle ne souffrirait pas. -- Elle ne souffrira pas.» Il nous fit remarquer que si on avait voulu à tout prix la prolonger et lui assurer une semaine de martyre, il aurait fallu une nouvelle opération, des transfusions, des piqûres remontantes. Oui. Même N. avait dit à Poupette le matin: «Nous avons fait tout ce qu'il fallait faire tant qu'il restait une chance. Maintenant, essayer de ralentir sa mort, ce serait du sadisme.» Mais cette abstention ne nous suffisait pas. Nous demandâmes à P.: «La morphine empêchera les grandes douleurs? -- On lui donnera les doses nécessaires.»

Il avait parlé avec fermeté et il nous inspirait confiance. Nous nous sommes calmées. Il est entré dans la chambre de maman pour lui refaire son pansement: «Elle dort, lui avons-nous dit. -- Elle ne s'apercevra même pas de ma présence.» Sans doute dormait-elle encore quand il est sorti. Mais, me rappelant ses angoisses de la veille, j'ai dit à Poupette: «Il ne faudrait pas qu'elle ouvre les yeux et se retrouve seule.» Ma soeur a poussé la porte; elle s'est retournée vers moi, <u>blême</u> (18), et elle s'est <u>abattue</u> (19) sur la banquette en sanglotant: «J'ai vu son ventre!» J'ai été lui chercher de l'équanil. Quand le docteur P. est revenu, elle lui a dit: «J'ai vu son ventre! c'est affreux! -- Mais non, c'est normal», a-t-il répondu avec un peu d'embarras. Poupette m'a dit: «Elle pourrit vivante» et je ne lui ai pas posé de question. Nous avons causé.

16. tuer   17. grabbed   18. livide   19. laissé tomber

Puis je me suis assise au chevet de maman: je l'aurais crue morte sans le faible halètement du cordonnet noir sur la blancheur de la liseuse (20). Vers six heures elle a soulevé les paupières: «Mais quelle heure est-il? Je ne comprends pas. C'est déjà la nuit? -- Tu as dormi tout l'après-midi. -- J'ai dormi quarante heures! -- Mais non.» Je lui ai rappelé les événements de la veille. Elle regardait au loin, à travers la vitre, les ténèbres et les enseignes (21) au néon: «Je ne comprends pas», répéta-t-elle d'un air offensé. Je lui ai parlé des visites et des coups de téléphone que j'avais reçus pour elle. «Ça m'est égal», m'a-t-elle dit. Elle ruminait son étonnement: «J'ai entendu les médecins; ils disaient: il faut l'abrutir.» Pour une fois, ils avaient manqué de vigilance. J'ai expliqué: inutile de souffrir comme la veille; on la ferait beaucoup dormir en attendant que ses escarres se soient cicatrisées. «Oui, m'a-t-elle dit avec reproche, mais je perds des jours.»

«Aujourd'hui, je n'ai pas vécu. -- Je perds des jours.» Chaque journée gardait pour elle une valeur irremplaçable. Et elle allait mourir. Elle l'ignorait: mais moi je savais. En son nom, je ne me résignais pas.
[...]
Que serait-il arrivé si le médecin de maman avait décelé le cancer dès les premiers symptômes? Sans doute l'aurait-on combattu par des rayons et maman aurait vécu deux ou trois années de plus. Mais elle aurait connu ou du moins soupçonné la nature de son mal et elle aurait passé la fin de son existence dans les affres.
[...]
Et faut-il ou non regretter que les docteurs l'aient réanimée et opérée? Elle a «gagné» trente jours, elle qui ne voulait pas en perdre un seul; ils lui ont apporté des joies: mais aussi de l'anxiété et des souffrances. Puisqu'elle a échappé au martyre dont je l'ai crue parfois menacée, je ne saurais pas décider en son nom.

20. bed-jacket   21. shop signs

Simone de Beauvoir, Une Mort très douce, Gallimard, 1964. Extraits.

[1] Jean-Paul Sartre (1905-1980) était le compagnon

de Simone de Beauvoir.

[2] Poupette était la soeur de Simone.

[3] En italiques dans le texte.

Pratique du vocabulaire topique

A. Quels noms correspondent aux verbes suivants:

1. se cicatriser: 3. pourrir:
2. abrutir: 4. se résorber:

B. Complétez le paragraphe en employant certains des
   mots donnés ci-dessous. Faites tous les
   changements nécessaires.

les affres	les transfusions	le deuil
les pansements	des escarres	s'éteindre
le chevet	un oedème	le martyre
achever	une occlusion	des calmants

Un malade a été opéré d'_____ intestinale.
Après un long séjour à l'hôpital, il a maintenant
_____ qui saignent et _____ qui ne se résorbe pas.
Malgré tous les soins qu'on lui a donnés tels que
_____ et _____, il souffre _____. Les membres de
sa famille se relaient à son _____ et ils espèrent
que, grâce aux _____, il pourra _____ doucement.

C. Dans les phrases suivantes, remplacez les
   mots soulignés par des synonymes tirés du vocabulaire topique.

1. L'infirmier donne un médicament qui stimule les
forces du malade fatigué.
2. Le malade alité qui ne peut pas se lever pour
aller aux toilettes est obligé d'utiliser un récipient de forme spéciale.
3. La fatigue nerveuse provoque parfois des mouvements convulsifs et involontaires.
4. L'incision qui a été faite au moment de
l'opération refuse de se guérir.

D. Faites des phrases avec les mots ou expressions
   suivants:

des rayons x; le deuil; l'euthanasie; achever
(qqn); un pansement.

Questions sur le texte

1. Quels services Madame de Beauvoir demandait-elle
   à sa fille Simone?
2. Pourquoi le remords a-t-il accablé Simone de
   Beauvoir? En théorie, quelles idées avait-elle
   en ce qui concerne le long martyre de certains
   patients?
3. En réalité, comment a-t-elle suivi ses propres
   principes? Pourquoi?
4. Si les médecins n'avaient pas opéré Mme de
   Beauvoir de son occlusion intestinale, pourquoi
   aurait-elle souffert énormément?
5. Sans aller jusqu'à suggérer l'euthanasie, quelle
   demande S. de Beauvoir a-t-elle faite au docteur
   N.? Comment sa demande a-t-elle été reçue et
   pourquoi?
6. Quel souvenir atroce hante S. de Beauvoir? Que
   craint-elle pour sa mère?
7. Comment l'état de santé de Mme de Beauvoir
   évolue-t-il? Se rend-elle tout de suite compte
   de la gravité de son état?
8. Quand elle comprend qu'elle va mourir et qu'elle
   voudrait parler avec ses deux filles, comment
   celles-ci réagissent-elles? Pour quelle raison?
9. Quelles révélations l'infirmière a-t-elle faites
   à Poupette? Quel est le comportement des
   médecins, maintenant que la fin de la patiente
   est proche?
10. Qu'est-ce qui a bouleversé Poupette pendant que
    le docteur P. refaisait le pansement de sa mère?
11. Quelle était l'attitude de Mme de Beauvoir envers
    la vie? A quoi Simone ne se résignait-elle pas?
12. Quels auraient été les avantages et les
    inconvénients d'un diagnostic précoce du cancer?
13. Quels ont été les avantages et les inconvénients
    de l'opération?
14. Pourquoi Simone de Beauvoir dit-elle qu'elle ne
    peut pas décider au nom de sa mère?

Echange d'opinions

1. D'après vous, jusqu'à quel point les médecins
   devraient-ils renseigner une famille sur l'état de
   santé véridique d'un malade?

2. On débat beaucoup, en ce moment, aux U.S.A., la question de la réanimation de patients incurables. Certaines familles ont même été jusqu'à intenter des procès à des médecins qui n'avaient pas pris toutes les mesures nécessaires pour réanimer un grand malade. Que pensez-vous de la question? L'âge du malade est-il pour vous un facteur important?

3. Simone de Beauvoir écrit, dans un autre passage de son livre, <u>Une Mort très douce</u>: «Ces instants de vaines tortures, rien au monde ne pourrait les justifier.» Quelle est votre opinion sur l'euthanasie?

<u>Activité</u>
(Jeu dramatique professionnel; groupes de deux étudiants)

Recréez la conversation entre une personne qui demande qu'on provoque la mort d'un membre de sa famille (le patient lui-même, incurable et souffrant le martyre, réclame l'euthanasie) et un médecin qui refuse car il considère que l'euthanasie équivaut à un assassinat.

Documents

LES ENFANTS DE LA SOLIDARITE

A la fin de l'année, la France comptera 5 000 bébés nés par insémination artificielle. Ils seraient bien plus nombreux si les dix-sept banques de sperme ne manquaient de donneurs. Mais les tabous ont la vie dure.

Isabelle a 25 ans, et Patrice en a 30. Elle est archiviste. Il est employé de banque. Ils habitent à Paris, dans le XIIIe arrondissement. C'est un petit couple de Français très ordinaires: mariés depuis cinq ans, ils auront peut-être beaucoup d'enfants. Peut-être.

Tous les vingt-huit jours, parfois plus fréquemment, Patrice Hermann se rend à la banque de sperme du Kremlin-Bicêtre, dans la banlieue sud. On lui délivre une paillette anonyme de semence congelée qu'il porte dans un conteneur spécial chez le gynécologue. Là, Patrice assiste, immuablement attendri, depuis plusieurs mois, aux inséminations de sa femme. Chaque jour, Isabelle prend sa température et guette avec impatience l'instant où la colonne de mercure lui indiquera que, cette fois, ça y est, elle est enceinte! Elle «attend» un enfant dont son mari sera le père affectif, social, mais pas génétique.

Ces apprentis sorciers, qui cèdent aux rituels glacés de la technique et remettent leur destin familial entre les mains aseptisées des biologistes, ne sont plus tout à fait des pionniers. L'insémination de sperme congelé se pratique depuis neuf ans en France. En 1973, le Pr Georges David ouvrait le premier Centre d'études et de conservation du sperme humain (Cecos). Depuis, ces très officielles banques de sperme se sont multipliées: dix-sept aujourd'hui. Et l'on assiste à un boom de l'insémination: 3 500 petits Français, parfois quatre dans la même famille, sont déjà nés par «insémination avec donneur» (I.a.d.). La demande décuple d'année en année. En 1981, 3 000 couples se sont inscrits aux Cecos. On comptera sans doute 5 000 bébés I.a.d. en France d'ici à la fin de l'année 1982. Ils seraient encore plus nombreux si l'on ne manquait massivement de donneurs. Dans certains centres, il faut attendre deux ans avant d'obtenir des paillettes. Pour encourager le prosélytisme, les patrons des Cecos ont instauré un curieux système de récompense: les couples qui parviennent à ramener à la banque un nouveau donneur voient leur temps d'attente réduit de moitié.

Ainsi Patrice Hermann a-t-il convaincu l'un de ses amis de devenir donneur. Mais il a fait mieux: avec sa femme, il a créé une association régie par la loi de 1901--Andriah [1]--sorte de comité d'usagers de l'insémination artificielle. Isabelle et Patrice Hermann ont déménagé: ils sont montés à Paris pour donner plus de poids à leur action. Utopie? Ils sont aujourd'hui décidés à réunir les fonds nécessaires au lancement d'une campagne nationale en faveur du don du sperme.

«Trop de tabous pèsent encore sur l'insémination artificielle, affirme Patrice Hermann. Il faut la rendre accessible à tous, informer les gens, en parler librement autour de soi, bref banaliser l'I.a.d.». La naissance de cette association, malgré l'anonymat de ses 180 adhérents, est en soi une petite révolution: l'I.a.d., technique au début confidentielle et artisanale, est en train de devenir un traitement banal de la stérilité masculine. Mais son utilisation pose des problèmes éthiques, psychologiques et juridiques que les médecins ne pourront éternellement résoudre seuls. Il était inéluctable que les consommateurs s'en mêlent, et que, sur certains points, le Parlement légifère. Déjà, en 1980, le Sénat s'est prononcé en faveur d'une proposition de loi réglementant strictement l'insémination artificielle et garantissant la légitimité de l'enfant. L'Assemblée nationale n'a pas encore discuté le projet. Or beaucoup de questions restent en suspens.

Quelles femmes, par exemple, pourront être inséminées? Toutes celles qui en font la demande? Ou bien, comme c'est le cas aujourd'hui dans les Cecos, seulement celles qui satisfont à un certain nombre de conditions? Doit-on vendre, ou donner bénévolement son sperme? Faut-il être célibataire, ou bien marié, pour se livrer à cet acte de solidarité un peu particulier? Comment protéger juridiquement un enfant né par I.a.d.? Et si le père biologique se met à rechercher son rejeton? Et si le «père» légitime décide de désavouer le sien? Il en a le droit, dans les six mois qui suivent la naissance, comme s'il s'agissait d'un enfant adultérin. En juin 1976, un tribunal de Nice a tranché en faveur d'un père qui a soudain refusé d'endosser la paternité du bébé de son épouse.

Comment, si l'insémination artificielle se développait anarchiquement, prévenir les risques de consanguinité, éviter la transmission de tares héréditaires ou les simples escroqueries? Une gynécologue parisienne s'est bien vu réclamer du sperme «anglo-saxon», et une autre «du sperme d'intellectuel, juif si possible» ...

Qui doit décider du bon usage de l'insémination artificielle avec donneur? Le biologiste, le psychiatre, le curé ou l'Etat? Soumis à nulle réglementation autoritaire, les inséminateurs se sont volontairement donné--ou non--leur propre code de conduite.

Dans l'intimité de leur cabinet, des gynécologues de quartier continuent d'inséminer du sperme frais; dans des conditions psychologiques et médicales parfois douteuses. Les donneurs reçoivent des «indemnités» oscillant entre 300 et 1 000 Francs pour chaque déplacement. La plupart des médecins s'entourent des précautions minimales: ils choisissent avec soin leurs donneurs et évitent les rencontres intempestives entre ces derniers et les femmes inséminées. Mais il y a des risques, et des bavures. Sur quels critères accepte-t-on, ou non, une cliente? Quelques complaisants répondent à des demandes plutôt tordues: une femme blanche se serait fait inséminer, avec l'accord de son mari noir, avec du sperme d'Occidental au teint pâle. Rien n'est réellement interdit ni autorisé en matière d'insémination artificielle: l'I.a.d. n'est tout simplement pas prévue par la loi.

L'association Andriah voudrait, à tout hasard, que l'on sanctionne systématiquement les médecins inséminateurs de sperme frais. «Un même donneur est-il trop fréquemment utilisé? Son sperme est-il de bonne qualité? Nous n'avons aucune garantie, accuse Patrice Hermann. Comment ces médecins assurent-ils l'anonymat de leurs clientes et les protègent-ils d'une éventuelle tentative de chantage? D'ailleurs, le Code de la santé interdit tout trafic de produit d'origine humaine.» Le Pr Christian Dalage, patron du Cecos de l'hôpital Necker, préfère dédramatiser la polémique: «L'insémination de sperme frais est limitée par son coût: il faut parfois dix, vingt ou trente injections avant d'obtenir un résultat.» Le Pr Georges David affirme: «Cette méthode, utile en son temps, va tomber en désuétude, les Cecos offrent tellement plus de garanties!» L'insémination de sperme frais aura, pourtant, toujours une clientèle: les exclus des Cecos.

Les centres d'études et de conservation du sperme, institutions fers de lance de l'I.a.d., agréés par le ministère de la santé, se sont imposé une réglementation draconienne, qu'ils souhaitent voir

adopter par leurs concurrents. «Sans rigueur, explique le Pr David, nous n'aurions jamais réussi à
faire sortir l'I.a.d. de la clandestinité. Il a
fallu triompher de quarante années d'obstruction pour
l'introduire officiellement en milieu hospitalier,
puis pour la faire rembourser à 100%.» En réalité,
comme s'ils avaient le sentiment de détenir de la
dynamite entre les mains, les spécialistes du sperme
congelé ont accumulé les garde-fous: il ne fallait
surtout pas que leur technique soit «pervertie».

Premier principe: l'I.a.d. est un traitement de
la stérilité, et ne doit pas être utilisée dans un
autre but. Ce qui prévient toute tentation eugé-
niste, mais interdit l'I.a.d. aux femmes célibataires, et aux couples d'homosexuelles, qui sont
acceptés dans certains pays européens. Il faut être
mariée à un homme stérile pour avoir droit à l'insémination. Les Cecos essaient de choisir la semence
d'un donneur dont les caractéristiques physiques sont
proches de celles du mari.

Deuxième principe: la loi du secret. Jamais un
couple «receveur» ne connaîtra le nom du donneur, et
réciproquement. Certains Cecos brûlent leurs
archives. Les autres les enferment dans des coffres
blindés.

Troisième principe: le don du sperme est bénévole.
C'est «le don d'un couple à un autre couple»: il faut
être marié et «avoir déjà eu l'expérience de la
paternité» pour offrir sa semence. Condition unique
au monde: ailleurs, les donneurs peuvent être célibataires, et sont indemnisés. Cette clause, morali-
sante, est très discutée: elle rassure magiquement
les inséminateurs, apaise les maris-- «Cela évite
les fantasmes d'adultère», dit Patrice Hermann--mais
aggrave forcément la pénurie de donneurs.

Les responsables des Cecos naviguent au plus près.
Entre leur éthique et la science-fiction. Imaginez
une utilisation totalement neutre de la technique de
l'I.a.d. N'importe quelle femme pourrait se rendre
dans une banque de sperme, et réclamer: «Bonjour, je
voudrais un petit brun, frisé, sportif, gai, cadre
moyen...»

Aujourd'hui, les usagers rompent le silence et
font preuve d'indépendance. Ils refusent, par
exemple, l'obligation à laquelle ils sont soumis de
consulter un psychologue avant de prétendre à
l'insémination. «Nous ne sommes pas des malades, dit
Patrice Hermann. Nous ne voulons plus être infantilisés.» Espérant dédramatiser le don du sperme,
Hermann lance cet S.o.s. aux hommes fertiles:

«Nous ne vous demandons pas de faire des enfants à droite et à gauche. Nous ne voulons pas de votre paternité. Nous ne sommes pas impuissants. Nous sommes des maris, et nous serons des pères à part entière. Nous avons seulement besoin de votre aide.» L'I.a.d. pulvérise l'un des tabous les plus costauds de l'Occident, en prononçant radicalement le divorce entre la procréation et la sexualité.

Jacqueline Rémy, L'Express, 29 janvier 1982.

[1] Association nationale pour le développement et la reconnaissance de l'insémination artificielle humaine.

VIVRE COMME AVANT ET LA MASTECTOMIE

Ce qui suit sont des extraits d'une interview qui m'a été accordée par Madame Francine Timothy, fondatrice généreuse et encore très active de Vivre comme avant.

Question: Pourquoi, dans le cas de l'ablation du sein, n'y avait-il qu'un seul genre de prothèse?

Réponse: N'oubliez pas que c'était une opération secrète. Aucune femme n'admettait qu'elle avait eu cette opération, et je peux vous raconter quelque chose de très intéressant. Il y a huit ans, j'ai eu la possibilité de discuter Vivre comme avant à la télévision. C'était au début, mais un grand professeur de médecine m'avait donné cette opportunité. Lui et moi, nous pensions que ce serait très valable pour le public si je pouvais discuter avec une femme opérée. Nous n'avons pas pu trouver une seule femme qui a accepté de parler à la télévision de cette opération! [...] Alors, vous voyez, il n'y avait qu'une seule prothèse parce que même les prothésistes ne savaient pas quel nombre de femmes ça pouvait intéresser. C'était vraiment une chose dont personne ne parlait, je veux dire ici, en Europe.

Question: L'attitude envers le cancer a évolué?

Réponse: Oui, les choses ont beaucoup changé. C'est un des privilèges que nous avons de pouvoir parler avec les femmes opérées. Peut-être parce qu'elles sont très confiantes à cause de notre expérience, peut-être parce qu'elles sont très fatiguées. Mais elles se confient beaucoup, et elles discutent de choses extrêmement personnelles quelquefois, avec nous. J'aimerais préciser que c'est pour ça que les rencontres se font de personne à personne. C'est aussi secret que le secret médical. Nous avons des discussions très intimes. Mais la femme n'est pas obligée de nous revoir; nous n'avons pas son adresse, nous n'avons pas son numéro de téléphone.

Question: Alors, c'est vraiment sur son initiative à elle qu'elle vous contacte?

Réponse: Oui, elle a tous les renseignements nécessaires pour nous contacter; elle peut nous téléphoner autant qu'elle veut, nous la rassurons que nous sommes là pour elle autant qu'elle veut, mais qu'elle ne sera jamais relancée par ailleurs.

Question: Avez-vous rencontré des obstacles ou certaines réticences de la part de femmes qui avaient été opérées?

Réponse: Très,très peu. D'abord, notre visite est toujours annoncée par l'infirmière, et nous ne visitons jamais une femme sans la permission de son chirurgien. Et même si le chirurgien est d'accord, nous n'allons jamais dans sa chambre à l'hôpital sans passer par l'infirmière chef. Après tout, chaque opérée est la responsabilité de l'équipe médicale! Nous avons vu à Paris et dans ses environs beaucoup plus de douze mille femmes et il y a vraiment très peu de femmes qui refusent.

Question: Pour quelles raisons est-ce qu'elles diraient non?

Réponse: Nous avons cherché à savoir pourquoi. Quelquefois, elles ont si honte d'être si bas moralement qu'elles pensent qu'elles devraient être en bon état avant de recevoir quelqu'un.

Question: Est-ce qu'il y a un moment propice pour rendre visite à ces femmes?

Réponse: Oui, ça commence à changer un peu, mais au début, c'était le sixième jour, quand on enlevait les pansements; alors, c'était le sixième jour que la femme voyait sa cicatrice pour la première fois.

Question: Et ça doit être horriblement pénible?

Réponse: Oui, parce que, comme nous l'avons découvert avec le temps, quelquefois une femme sait logiquement ce qui est arrivé mais il y a quelque chose dans son subconscient qui dit: « Peut-être que je me trompe, peut-être que le sein est toujours là ». Tout ce qu'on peut se dire pour se protéger avant de pouvoir accepter la réalité. Mais le sixième jour, quand on enlevait le pansement, on ne pouvait plus prétendre quoi que ce soit à soi-même. Alors c'était un moment difficile, et nous avons trouvé que c'était un bon moment pour la visite d'une volontaire qui pouvait la rassurer dans beaucoup de domaines.

Question: A quels problèmes font face les femmes qui ont été amputées d'un sein?

Réponse: Nous avons tous une image de nous-mêmes et c'est très difficile de s'adapter vite à un changement radical. C'est surtout ça le problème. La femme se voit mutilée --c'est un mot très fort-- elle se voit mutilée, inacceptable, parce qu'elle n'est plus comme les autres, parce qu'elle pense qu'elle n'est plus une femme.

C'est ça, le travail le plus intéressant que nous faisons, c'est d'essayer d'aider la femme à se voir. Parce qu'elle suppose qu'elle était femme parce qu'elle avait deux seins. Mais ce n'est pas du tout parce qu'elle avait deux seins qu'elle est femme. Elle est femme totalement, dans toutes ses cellules. Et c'est le travail qu'elle fait en elle-même pour chercher sa nouvelle image qui est important pour elle. Nous essayons d'alerter la femme à ce travail qu'elle va faire et au progrès qu'elle va constater. Souvent, nous voyons que des femmes qui n'étaient pas sûres d'elles-mêmes ont plus de confiance après l'opération parce qu'elles sont obligées de chercher en elles-mêmes, pas dans leur apparence, leurs propres ressources.

Question: Est-ce qu'il y a des problèmes au niveau des maris, des amants? Parce que le sein, ça fait partie non seulement de l'image de la femme, ça fait aussi partie de la sexualité. Est-ce qu'il arrive que des femmes soient rejetées?

Réponse: Oui, mais beaucoup moins qu'elles le craignent. La femme suppose qu'elle sera rejetée par celui qu'elle aime. Et c'est là aussi qu'est notre travail qui est très valable, c'est de changer ces idées qu'elle a; parce que c'est elle qui gâche très souvent le coup! Elle est tellement sûre qu'elle ne va plus plaire à cet homme, qu'elle projette cette image qu'elle a d'elle-même sur lui. Et elle arrive presque à le convaincre. [...] L'homme dit: «Mais je t'aime autant», la femme entend: il a pitié de moi. Alors, notre rôle est d'essayer d'aider la femme à abandonner ces idées qu'elle se fait.

Question: Est-ce qu'il n'y a pas quand même la cicatrice qui est...

Réponse: La cicatrice est choquante, et la femme est choquée, alors nous essayons aussi de l'aider à ne pas être blessée si l'homme est choqué aussi. Toute personne, au début, est choquée par une grosse cicatrice. Alors, surtout, pas d'amertume, si lui aussi a une réaction. Nous avons même trouvé que c'est mieux si l'homme peut voir la cicatrice à l'hôpital, pendant le changement d'un pansement. Là, il y a une ou deux infirmières, la femme n'a pas à supporter seule le poids émotionnel de cette occasion et elle est dans un cadre professionnel. Autrement, elle rentre chez elle, elle doit se laisser voir pour la première fois, elle a peur, ça se comprend.

Question: Mais l'amputation d'un sein doit tout de même être ressentie plus profondément que l'amputation ... d'une main, par exemple, bien qu'on ait moins besoin d'avoir un sein que d'avoir une main.

Réponse: Vous avez raison. Les chirurgiens admettent que de toutes les opérations, c'est sûrement une des plus difficiles à accepter. Il y a beaucoup plus de dépressions après cette opération qu'après des autres, même des opérations beaucoup plus handicapantes parce que c'est symbolique. Mais, pour retourner une seconde à ce que je disais, je crois qu'il n'y a pas autant de problèmes chez les couples qu'on le suppose.

Question: Et les enfants, les amis, comment réagissent-ils?

Réponse: Cela dépend. En voulant être extrêmement gentils, les gens sont souvent très maladroits. Et là aussi nous essayons de préparer la femme à ces maladresses qui viennent par gentillesse, mais qui nous blessent beaucoup.

Question: Quel genre de maladresses?

Réponse: Oh la plupart des gens ont toujours cette idée que nous allons mourir dans un laps de temps très court. Alors, ils ont toujours ce souci de voir si nous sommes bien portantes, pas trop pâles, etc. Et c'est un peu difficile pour nous parce que nous nous sentons bien en vie et que les autres sont toujours étonnés que nous soyons bien en vie.

Appendixes

ALLERGY   allergie f.
AMPOULE   ampoule f.
ANALGESIC   antalgique, analgésique
ANTIDEPRESSANT   antidépresseur
ANTIHISTAMINE   antihistaminique m.
ANTI INFLAMMATORY   anti-inflammatoire
APPLICATOR applicateur m.
APPLY (v.) SPARINGLY   faire une légère application
ASPIRIN   aspirine f.
BETA BLOCKER   bêta bloquant m.
BOTTLE: -- of cough syrup   bouteille (f.) de sirop
          -- of pills   flacon (m.) de pilules
BOWEL: -- movement   évacuation des selles; to have
        a b.m.   aller à la selle
CAPSULE   capsule f., cachet m.
CARDIOVASCULAR   cardio-vasculaire
CHEW (v.)   mâcher
COLD (n.)   rhume m.
CONSTIPATION   constipation f.
CONTRAINDICATION   contre-indication f.
CORTISONE   cortisone f.
COUGH   toux f.; to --   tousser
CREAM   crème f.
DIARRHEA   diarrhée f.
DIRECTED: use as --   suivez les indications
DISSOLVE (v.)   dissoudre
DIURETIC   diurétique m.
DOSAGE   dose f.; do not exceed recommended dosage
         ne dépassez pas la dose recommandée
DOUCHE   injection f.
DROP   goutte f.
DROWSINESS   somnolence f.
EFFECT: side --   effet (m.) secondaire
ENEMA   lavement m.; -- bone   canule f.;
        -- syringe   seringue f.
EXTERNAL   externe; for -- use   à usage externe
FECES   selles f.; matières (f.) fécales
FEVER   fièvre f.
FEVER-REDUCING   fébrifuge
GASTROINTESTINAL   gastro-intestinal
GENERIC DRUG   médicament présenté sous sa dénomina-
   tion commune

315

HEPARIN héparine f.
HISTORY: medical -- histoire (f.) médicale
HORMONE hormone f.
INDICATION indication f.
INFECTION infection f.
INJECTABLE injectable
INJECTION injection f., piqûre f.
INSULIN insuline f.
LAXATIVE laxatif m.
LOZENGE losenge m., pastille f.
MEDICATION médicament m. .
MENSTRUAL: -- pain crampe f.
NITROGLYCERIN nitroglycérine f.
NUTRITIONAL nutritionnel
OINTMENT pommade f.
ORALLY par voie orale, par voie buccale
PATCH: transdermal -- pièce transdermique/trans-
    cutanée; by application of a transdermal -- :
    par voie transcutanée
PENICILLIN pénicilline f.
PHARMACIST pharmacien/cienne
PILL pilule f.
PRESCRIPTION ordonnance f.; delivered only with a
    -- vendu seulement sur ordonnance
PSYCHOTROPIC psychotrope
RECTAL rectal; rectally par voie rectale
REFILL: no -- ce médicament ne peut pas être re-
    nouvelé sans ordonnance
REFRIGERATE (v.) mettre au réfrigérateur
RESPIRATORY respiratoire
SEDATIVE calmant m.
SERUM sérum m.
SHAKE (v.) agiter
SICKNESS: motion -- mal (m.) de mer
SOLUTION solution f.
SPRINKLE (v.) saupoudrer
STEROID stéroïdien m.
SUPPOSITORY suppositoire m.
SYRINGE seringue f.
TABLESPOONFUL cuillerée à soupe f.
TABLET comprimé m., dragée f.
TEASPOONFUL cuillerée à café f.
THERMOMETER thermomètre m.
URINE urine f.
VACCINE vaccin m.
VAGINAL vaginal; vaginally par le vagin
VOMITING vomissement m.

DENTAL TERMINOLOGY

When there is a difference between the terminology used in France and the terminology used in Quebec, we have used the abbreviations (Fr.) and (Qu.) to differentiate between them.

ABSCESS   abcès m.
APPOINTMENT   rendez-vous m.
BRIDGE   bridge (m.), prothèse (f.) fixée (Fr.);
   pont (m.) fixe (Qu.)
CAP   couronne f.
CAVITY   carie f.
CHEEK   joue f.
CROWN   couronne f.
CUSPID   canine f.
DENTIST   chirurgien dentiste m./f.
DENTIST'S OFFICE   cabinet (m.) dentaire
DENTURE   prothèse (f.) dentaire complète
EXTRACTION   extraction f.
FILL (v.): to -- a tooth   plomber une dent
FILLING   plombage m.
FLOSS: dental --   fil (m.) dentaire
FLUOR   fluor m.
GUM   gencive f.
HISTORY: health --   histoire (f.) dentaire, histoire
   médicale
HYGIENIST   hygiéniste m./f. (Qu.)
IMPACTION   inclusion (f.) dentaire
INCISOR   incisive (f.)
LIP   lèvre f.
MOLAR   molaire f.
PALATE   palais m.
PERIODONTITIS   parodontose f.
PLAQUE: dental --   plaque (f.) dentaire
PLATE: partial --   prothèse (f.) partielle amovible;
   full --   prothèse complète amovible
PREMOLAR   prémolaire f.
PROPHYLAXIS   détartrage m.(Fr.); prophylaxie f.(Qu.)

RECEPTIONIST   réceptionniste m./f.; secrétaire m./f.
RECORD: dental -- dossier (m.) dentaire
ROOT   racine f.; -- canal   canal (m.) radiculaire
  (Fr.); traitement (m.) de canal (Qu.)
TONGUE   langue f.
TOOTH: baby -- dent (f.) de lait; impacted -- dent
  incluse; wisdom -- dent de sagesse
TOOTHACHE   mal (m.) de dents; to have a -- avoir mal
  aux dents
TOOTHBRUSH   brosse (f.) à dents
TOOTHPASTE   pâte (f.) dentifrice
X RAYS   radio f.; to -- the tooth   faire une radio de
  la dent

French-English Vocabulary

ABANDON m. abandonment
ABLATION f. ablation; -- du sein mastectomy
ABOUTIR (à) to result in
ABOUTISSEMENT m. result, end result
ABRUTIR to stupefy
ACCORDER to grant
ACCOUCHEMENT m. delivery, birthing; -- à terme
   normal delivery; -- avant terme premature labor
ACCOUCHER to give birth; to deliver
ACCOUCHEUR m. obstetrician
ACCOUTUMANCE f. habit, habituation
ACHEVER (qqn, animal) to put out of pain
ADHÉRENT/E contributor, participant
ADONNER: s'-- à to take to, to become addicted to
ADOUCIR to ease, to soften
AFFAIBLISSEMENT m. weakening
AFFECTION f. disease, sickness, illness
AFFLUX m.: -- de sang rush of blood
AFFOLER: s'-- to panic
AFFRES f. excruciating pains; death throes
AGGRAVER to aggravate, to increase
AGITATION f. shaking
AGITER: s'-- to bustle about
AGONISANT/E dying, moribund
AGRESSION f. aggression
AIDE f. help; -- à domicile homemaker, home health
   aid; -- familiale Supplemental Security Income; --
   au logement housing subsidies
AIGU/AIGUÈ acute, intense
AIGUILLE f. hypodermic needle
AISSELLE f. armpit
ALCOOL m. alcohol, hard liquor
ALCOOLIQUE m./f. alcoholic
ALCOOLISME m. alcoholism
ALIMENTAIRE dietary
ALITEMENT m. confinement to bed
ALITER to confine to bed
ALLÉGRESSE f. joy
AMAIGRISSEMENT m. wasting away
AMÉLIORATION f. improvement
AMÉNAGER to arrange, to prepare

319

AMÉNORRHÉE f. amenorrhea
AMNIOCENTÈSE f. amniocentesis
AMNIOTIQUE: liquide (m.) -- amniotic fluid
AMOINDRIR to reduce
AMPUTATION f. amputation
ANESTHÉSIE f. anesthesia
ANESTHÉSIER to anesthetize
ANESTHÉSISTE m./f. anesthetist
ANÉVRISME m. aneurysm
ANGINE f.: de poitrine angina pectoris
ANGOISSE f. anguish
ANODIN/E harmless
ANOMALIE f. anomaly
ANOREXIE f.: -- mentale anorexia nervosa
ANOREXIQUE anorexic
ANORMAL/E abnormal
ANOVULATOIRE m. oral contraceptive
ANOXIQUE anoxic
ANTICONCEPTIONNEL/ELLE contraceptive
ANTIDÉPRESSEUR m. antidepressant
ANTIGÈNE m. antigen
ANXIÉTÉ f. anxiety
AORTE f. aorta
APOPLEXIE f. stroke
APPAREIL m. prosthesis; apparatus; -- circulatoire
   circulatory system
APPAREILLEUR m. prosthetist
APPAUVRISSEMENT m. impoverishment
APPÉTIT m. appetite
APPLIQUER to apply
ARRIÉRATION f. retardation
ARTÈRE f. artery; -- coronaire coronary artery
ARTÉRIOSCLÉROSE f. arteriosclerosis
ARTHRITE f. rheumatoid arthritis
ARTHROSE f. osteoarthritis
ARTICULATION f. joint
ASEPSIE f. asepsis
ASILE m.: home; -- de vieillards old people's home;
   asilum
ASSISTANCE f. welfare
ASSISTANTE SOCIALE f. social worker
ASSURÉ/E SOCIAL/E m./f. person on Social Security
ATHÉROSCLÉROSE f. atherosclerosis
ATTEINT/E affected, impaired
ATTEINTE f. impairment
ATTENTAT m.: -- à la pudeur gross sexual misconduct
AUDIOPHONE m. hearing aid
AUDIOPHONIATRE m./f. audiologist
AUTEUR m. perpetrator
AUTRUI others, another person

AVALER to swallow
AVEUGLE blind
AVEUGLEMENT m. (mental) blindness
AVORTEMENT m. abortion
AVORTER to abort
AVOUER to admit, to acknowledge

BAIGNER to steep
BAIL m. lease
BAISSE f. drop, decline
BAISSER to come down
BALANCE f. (weighing) scales
BANAL/E common
BASSIN m. bedpan
BATTRE to give (s.o.) a beating
BÉNÉFICIAIRE m./f. beneficiary
BÉNIN/IGNE harmless, mild, benign
BÉQUILLE f. crutch
BIEN m. well-being
BIOPSIE f. biopsy
BLESSER to wound
BLESSURE f. injury
BLOC m.: un -- opératoire surgical center
BOISSON f. drink; être pris/e de boisson to be
   drunk
BONNET m.: -- de soutien-gorge cup of a bra
BOUCHÉE f. mouthful
BOUE f. mud
BOUFFÉE f.: -- de chaleur hot flash
BOULE f. lump
BOULEVERSEMENT m. perturbation, profound change
BOULIMIE f. bulimia
BOULIMIQUE bulimic
BOURGEON m. nodule
BOURREAU m. tormentor; child abuser
BOUSCULÉ/E hurried
BOUSCULER to jostle
BROUILLÉ/E confused; blurred
BRÛLURE f. burn
BUVEUR/EUSE m./f. drinker

CADAVRE m. corpse
CAFARD m. (fam.): blues; avoir un coup de -- to have
   a fit of the blues
CAILLOT m.: -- de sang blood clot
CALMANT m. sedative
CANCER m. cancer
CANCÉROLOGUE m./f. cancer specialist

CANNABISME m. addiction to marijuana
CANTINE f. canteen, school cafeteria
CAPILLAIRE m. capillary
CARDIAQUE cardiac; suffering cardiac disorder
CARDIOLOGUE m./f. heart specialist
CARDIO-STIMULATEUR m. pacemaker
CARENCE f. lack; -- affective lack of affection
CATALEPSIE f. catalepsy
CÉCITÉ f. (physical) blindness
CELLULE f. cell
CERVEAU m. brain .
CHANVRE INDIEN m. Indian hemp
CHARGE f. load; prendre en -- to assume expenses, to
    take charge of
CHARLATAN m. quack
CHASSER to drive s.o. out/away
CHÂTIMENT m. punishment
CHERCHEUR/EUSE m./f. researcher
CHEVET m. bedside
CHEVILLE f. ankle
CHIMIOTHÉRAPIE f. chemotherapy
CHIRURGICAL/E surgical
CHIRURGIEN ORTHOPÉDISTE m. orthopaedic surgeon
CHÔMAGE m. unemployment; être au chômage to be un-
    employed
CHÔMEUR/EUSE m./f. unemployed worker
CHRONICITÉ f. chronicity
CICATRICE f. scar
CICATRISER: se -- to heal up
CIRCULATION f.: -- du sang blood circulation
CLIMATÉRIQUE f. climacteric
COEUR m. heart .
COGNER to knock, to beat
COLONNE f.: -- vertébrale spinal column
COLOSTOMISÉ/E having undergone a colostomy
COMA m. coma
COMBATTRE to fight against
COMMERCE m.: -- de la drogue drug traffic
COMPORTEMENT m. behavior
COMPRIMÉ m. tablet
COMPULSION f. compulsion
CONCEVOIR to conceive
CONDUITE f. behavior
CONFIER: -- qqn à qqn to entrust s.o. with s.o.
CONGELER to freeze
CONNAISSANCE f.: tomber sans -- to lose
    consciousness
CONSTIPATION f. constipation
CONSULTATION f.: -- médicale medical advice; visit
    to a physician's office

CONTINENCE f. continence
CONTRE-INDICATION f. contraindication
CONTRE-INDIQUÉ/E contraindicated
CONVENIR (à) to suit
CORDON m.: -- ombilical umbilical cord
CORPS m.: -- caverneux corpus cavernosum penis
COU m. neck
COUCHES f.: femme en -- woman in labor; fausse couche miscarriage; faire une fausse -- to miscarry
COUDE m. elbow
COUP m. blow; un -- dur serious, painful problem
COUPABLE guilty
COUVEUSE f.: -- artificielle incubator
CRÈCHE f. day care center
CRI m. scream
CRIER to scream
CRITÈRE m. criterium
CROISSANCE f. growth
CULPABILITÉ f. guilt
CURE f. treatment; -- de sevrage withdrawal treatment
CURETAGE m. D. and C.
CURETTE f. curette

DÉBILE: -- léger/ère mildly retarded
DÉBILE MENTAL m. mentally defective child
DÉBIT m. flow
DÉCÉDER to expire, to pass away
DÉCÈS m. decease, demise
DÉCHET m. waste; reject
DÉCHIRER to tear, to rend; se -- to get torn
DÉCLENCHER to activate, to set in motion; to release; se -- to be activated
DÉCOMPENSATION f. decompensation
DÉCOUVERTE f. discovery
DÉCRÉPITUDE f. decrepitude
DÉFAILLANCE f. failure (to perform)
DÉGAGER to free
DÉLATION f. denunciation, informing
DÉLIRE m. delirium
DÉLIRER to be delirious
DÉMENCE f. insanity; -- sénile senile dementia
DÉMENT/E insane
DÉNONCER to denounce, to inform against
DÉNONCIATION f. denunciation, informing
DÉPASSER to exceed, to transcend
DÉPENDANCE f. dependence
DÉPISTER to detect

DÉPRESSION f.: -- mentale depression; -- nerveuse
   nervous breakdown; faire une -- to be depressed
DÉPRIME f. dejection
DÉPRIMÉ/E depressed
DÉRÈGLEMENT m. irregularity, disorder, dysfunction
DÉRIVÉ m. derivative
DÉSENCHANTEMENT m. disillusion
DÉSÉQUILIBRE m. imbalance
DÉSHYDRATER to dehydrate
DÉSORDRE m. disorder
DEUIL m. mourning .
DÉVALORISATION f. poor self-image, low self-esteem
DEVOIRS m.: -- conjugaux marital duties
DIABÈTE m. diabetes
DIABÉTIQUE diabetic
DIAGNOSTIC m. diagnosis
DIARRHÉE f. diarrhea
DIÈTE f. diet
DIFFUSER: se -- to spread slowly; to be diffused
DIMINUER to diminish, to reduce
DIMINUTION f. reduction
DISPOSITIF m.: -- intra-utérin (D.i.u.) I.U.D.
DOIGT m. finger
DOMICILE m.: à -- at home
DON m. contribution
DONNÉES f. data
DOS m. back
DOSE f. dosage
DOULEUR f. pain, suffering
DOUX/DOUCE gentle,easy
DROGUE f. drug
DROGUÉ/E m./f. drug addict
DYSPAREUNIE f. dyspareunia

ÉCART m. difference; -- de régime dietary
   indiscretion
ÉCARTER to rule out, to push aside; s'-- de to move
   apart from; to deviate from
ECCHYMOSE f. bruise
ÉCHANTILLON m. sample
ÉDULCORANT m. sweetener
EFFECTUER to carry out; s'-- to be accomplished
EFFET m. effect; avoir un effet sur ... to have an
   influence upon ...; un -- secondaire side effect
EFFICACE effective; efficient
EFFORCER: s'-- to strive
ÉLECTROCHOC m. electroshock
ÉLIMINER to eliminate; to weed out
EMBAUCHE f. hiring; job interview

EMBAUCHER to hire
EMBOLIE f. embolism
EMBONPOINT m. plumpness
EMBRYON m. embryo; banque d'-- embryo bank
ENCEINTE pregnant
ENFANCE f. childhood; petite -- early childhood
ENFANT: -- arriéré (m.) backward child
        -- inadapté maladjusted child
        -- retardé retarded child
ENFANTER to give birth
ENQUÊTE f. survey; investigation
ENRAYER to check, to arrest
ENREGISTRER to record, to observe
ENTR'AIDE f. mutual aid
ENTRAVER to hinder
ENTRETENIR to support financially
ENTRETIEN m. financial support; maintenance; --
    d'accueil intake interview
ENZYME f. enzyme
ÉPANOUIR: s'-- to blossom out
ÉPANOUISSANT/E nurturing
ÉPARGNES f. savings
ÉPAULE f. shoulder
ÉPIDÉMIE f. epidemics
ÉPROUVETTE f. test tube
ÉPUISÉ/E exhausted
ÉQUILIBRE m. balance
ÉRECTION f. erection
ESCARRE f. bedsore
ESPÈCE f. species
ESPÉRANCE f.: -- de vie life expectancy
ESPRIT m. mind
ESSAIMAGE m. metastasis
ESTROPIÉ/E disabled
ESTROPIER to cripple
ÉTABLISSEMENT m. institution
ÉTAPE f. phase, stage (of evolution)
ÉTAT m.: être en -- de besoin to be strung out
ÉTEINDRE: s'-- to pass away
ÉTHYLISME m. alcoholism
ÉTOUFFER to choke, to suffocate
ÉTOURDISSEMENT m. dizziness
EUGÉNIQUE f. eugenics
EUPHORISANT/E euphoriant
EUTHANASIE f. euthanasia, mercy killing
ÉVANOUIR: s'-- to faint
ÉVANOUISSEMENT m. faint
EXCÈS m. excess; -- de table overindulgence in
    eating, eating binge
EXCITANT m. stimulant

325

EXCLU/E rejected by society
EXIGENCE f. requirement, need
EXIGER to demand
EXPULSER to reject; to expel

FAÇONNER to shape
FACTURE f. bill
FAIBLE weak, small, low
FATIGUE f. fatigue, exhaustion
FAUTEUIL m.: -- roulant wheelchair
FÉCONDATION f.: -- in vitro in vitro fertilization
FÉCONDER to fertilize
FÉCULENT m. carbohydrate
FÊLURE f. fracture
FIERTÉ f. pride
FIÈVRE f. fever
FOIE m. liver
FOLIE f. madness
FOLLICULE m. follicle
FORT/E strong
FOU/FOLLE mad
FOUILLER to search
FOYER m. one's own home; children's home; shelter;
    old people's home
FRAIS m. expenses
FRAPPER to strike, to hit
FRÉQUENCE f. frequency
FUITE f. leak

GAGNER: -- sa vie to earn one's living
GAMÈTE m. gamete
GARDE f.: -- d'hôpital practical nurse
GELÉE f. vaginal foam, antispermatozoa jelly
GÉMISSEMENT m. moaning, wailing
GÉNÉTICIEN/IENNE m./f. geneticist
GÉNÉTIQUE: génie -- genetic engineering
GENOU m. knee
GIFLE f. slap
GLISSER to slip
GLOBULE m.: -- rouge red blood cell; -- blanc
    white blood cell
GLYCÉMIE f. blood-glucose level
GONFLER to swell
GRABATAIRE m./f. bed-ridden person
GRAISSE f. fat, lipid
GRAVE serious, critical
GREFFE f. transplant; -- d'organe organ transplant
GRIÈVEMENT severely

GRIPPE f. influenza
GROSSESSE f. pregnancy
GUÉRIR to cure; to recover
GUÉRISON f. recovery

HAINE f. hatred
HAÏR to hate
HALLUCINATION f. hallucination; avoir des -- to
  hallucinate
HANCHE f. hip
HANDICAP m. handicap
HANDICAPÉ/E handicapped
HÉMORRAGIE f.: -- cérébrale cerebral hemorrhage
HÉPATIQUE hepatic
HÉRÉDITAIRE hereditary
HÉRÉDITÉ f. heredity
HERNIE f. hernia; -- discale herniated disc
HEURTER: se -- à to run into; to collide with
HORMONAL/E hormonal
HORMONE f. hormone; -- de synthèse synthetic
  hormone
HOSPICE m. old people's home
HOSPITALISATION f. hospitalization
HURLER to howl
HYDRATER to hydrate
HYGIÈNE f. hygiene
HYPERTENDU/E suffering from high blood pressure
HYPERTENSION f. hypertension
HYPNOTIQUE m. hypnotic
HYPOPHYSE f. hypophysis; pituitary gland

ICTÉRIQUE icteric
IMPOTENT/E m./f. helpless invalid, cripple
IMPUISSANCE f. impotence
INAPTE unfit (person)
INAVOUABLE unavowable, shameful (secret)
INCESTE m. incest
INCESTUEUX/EUSE incestuous
INCONSCIENT m. unconscious
INDEMNE (de) uninjured, untouched (by)
INDIGENCE f. destitution
INDIGENT/E destitute
INDOLORE painless
INDURATION f. induration
INEFFICACE ineffective
INÉLUCTABLE inevitable
INFARCTUS m.: -- du myocarde myocardial infarct
INFECTIEUX/EUSE infectious

INFIRME invalid, disabled; -- moteur d'origine cé-
    rébrale person with brain damage in motor area
INFIRMIER/IÈRE m./f. hospital attendant, nurse
INJECTION f. douche; hypodermic injection
INOFFENSIF/IVE harmless
INQUIÉTUDE f. misgivings, worry
INSALUBRE unsanitary
INSCRIRE to register
INSULINE f. insulin
INTERVENIR to intervene; to interfere
INTERVENTION f.: -- chirurgicale operation
INTESTINAL/E intestinal
INTOLÉRANCE f. intolerance
INTOXIQUER to intoxicate
INTRA-VEINEUX/EUSE intravenous
INUTILITÉ f. uselessness
ISCHÉMIE f. ischemia
ISOLEMENT m. isolation
IVRE drunk
IVRESSE f. drunkenness
IVROGNE (adj.) drunken
IVROGNE m., IVROGNESSE f. drunkard
IVROGNERIE f. habitual drunkenness

JARDIN m.: -- d'enfants nursery school
JAUGE f. gauge
JEÛNE m. fast
JUMEAU m., JUMELLE f. twin

KINÉSITHÉRAPEUTE m./f. physical therapist
KYSTE m. cyst

LABORATOIRE m. laboratory
LANUGO m. lanugo
LAVAGE m. washing
LAXATIF m. laxative
LEUCÉMIE f. leukemia
LISSE: musculature -- smooth muscles
LOCATAIRE m./f. tenant
LOCATION f. renting; letting
LOMBALGIE f. low back pain
LOUER to rent; to let
LOYER m. rent
LUMBAGO m. lumbago

MAIGREUR f. thinness, emaciation

MAIGRIR to lose weight, to grow thin
MAISON f.: -- à mi-chemin halfway house
MAL m. disease, sickness, illness
MALADE m./f. patient; (adj.) sick, ill
MALADIE f. disease, illness
MALAISE m. fit of faintness; minor ailment
MALENTENDANT/E hard of hearing
MALNUTRITION f. malnutrition
MALTRAITER to abuse, to batter
MANIE f. inveterate habit
MARCHE f.: -- à suivre steps to take (to achieve
   sth.)
MARTYR m.: enfant -- abused child
MARTYRE m. intense suffering
MARTYRISER to torture, to abuse
MATERNEL/ELLE: école -- kindergarten
MATERNITÉ f. maternity hospital
MÉDECIN m. physician; -- légiste forensic
   pathologist
MÉDICAMENT m. drug, medicine
MÉLANGER to blend, to mix
MÉNOPAUSE f. menopause
MENSTRUATION f. menstruation
MENTAL/E mental; maladie -- mental disorder
MÉTABOLIQUE metabolic
MÉTABOLISER to metabolize
MÉTASTASE f. metastasis
MEURTRE m. murder
MEURTRIER/IÈRE m./f. murderer; (adj.) murderous;
   deadly
MICROCHIRURGIE f. microsurgery
MICRONISATION f. micro encapsulation
MINCEUR f. slimness, thinness
MINEUR/E (s.o.) under age
MINIMUM m.: -- vital minimum cost of living
MISÈRE f. destitution
MISÉREUX/EUSE poverty-stricken
MIXTE co-ed
MONGOLIEN/IENNE mongolian
MORIBOND/E dying
MOURIR to die
MOYENS m. means
MUCOSITÉ f. phlegm, mucus
MÛR/E ripe; mature; âge -- maturity
MÛRE f. morula
MUTILER to mutilate

NARCOTIQUE m. narcotic
NAUSÉE f. nausea

329

NERF m. nerve
NERVEUX/EUSE tense; impatient
NERVOSITÉ f. state of nerves; irritability
NEUROLEPTIQUE m. sedative
NEUROLOGUE m./f. neurologist
NEURONE m. neuron
NEUROTRANSMETTEUR m. neurotransmitter
NÉVRALGIE f. neuralgia
NÉVROSE f. neurosis
NÉVROSÉ/E neurotic
NIER to deny
NIVEAU m. level; -- de vie standard of living
NOCIF/IVE harmful
NOURRICE f. infant care giver
NOURRISSON m. nursling
NOUVEAU-NÉ m. new-born baby

OBSESSION f. obsession
OBSTRUER to obstruct
OCCLUSION f. blockage, obstruction
OEDÈME m. edema
OESTROGÈNE m. estrogen
ONCOLOGIE f. oncology
OPÉRATION f.: une salle d'-- operating room
OPÉRATOIRE: bloc -- surgical center; choc -- sur-
   gical shock
OPÉRÉ/E m./f. patient operated upon
OPHTALMOLOGISTE m./f. ophtalmologist
OPIACÉ m. opiate
ORDONNANCE f. prescription; sur -- by prescription
ORDONNER to prescribe
ORTHOGÉNISME m. orthogenics
ORTHOPHONISTE m./f. speech therapist
ORTHOPTISTE m./f. orthoptics specialist
OS m. bone
OSSIFIÉ/E ossified
OSTÉOPOROSE f. osteoporosis
OVAIRE m. ovary
OVARIEN/IENNE ovarian
OVULE m. ovum; -- spermicide spermicidal oval/sup-
   pository

PALPATION f. palpation
PANCRÉAS m. pancreas
PANIQUE f. state of panic
PANSEMENT m. dressing
PANSER to dress (a wound)
PAPAVÉRINE f. papaverine

PARALYSIE f. paralysis; -- cérébrale cerebral palsy
PARANOÏA f. paranoia
PARANOÏAQUE paranoiac
PAROI f. wall; -- de l'utérus uterus wall
PARTISAN m. supporter
PARVENIR (à) to attain, to succeed
PAS m. step
PATHOLOGIE f. pathology
PÉDIATRE m./f. pediatrician
PÉDOPSYCHIATRE m./f. child psychiatrist
PELOUSE f. lawn
PELVIPÉRITONITE f. pelvic inflammatory disease
PÉNICILLINE f. penicillin
PÉNIS m. penis
PENSION f. pension; -- alimentaire food allowance
PÉNURIE f. poverty
PERFUSION f. perfusion
PERPÉTRER to commit, to perpetrate
PERSONNE f.: -- du troisième âge senior citizen
PERTE f. leak, discharge; loss
PEUPLEMENT m. population
PHALLUS m. phallus
PHARMACEUTIQUE pharmaceutical
PHARMACIEN/IENNE m./f. pharmacist
PILULE f. pill
PIQUER: se -- to inject oneself with a drug, to
   shoot up
PIQÛRE f. injection; -- intra-musculaire intramus-
   cular injection
PLAIE f. wound
PLANIFICATION f.: -- des naissances family planning
PLAQUE f.: -- sanguine blood plaque
PLASMA m. blood plasma
PNEUMONIE f. pneumonia
POIGNET m. wrist
POLYARTHRITE f.: -- juvénile juvenile rheumatoid
   arthritis; -- rhumatoïde polyarticular rheumatoid
   arthritis
PORTER: -- plainte en justice to lodge a complaint
   before a court
POUDRE f. powder
POUMON m. lung
POURRIR to decompose, to rot
POUSSÉE f.: -- fébrile bout of fever
PRÉCAIRE precarious
PRÉCARITÉ f. precariousness
PRÉCONISER to advocate
PRÉDISPOSÉ/E: être -- à to be susceptible to
PRÉLÈVEMENT m. extraction (of tissue, ovum etc.)
PRÉMATURÉ/E premature

PRESBYACOUSIE f. presbyacusis
PRESCRIRE to prescribe
PRÉSERVATIF m. condom
PRÉVENIR to prevent
PRÉVOIR to anticipate
PRIVATION f. withdrawal (from drugs)
PRIVER (de) to deprive (of)
PROCHES m. near relations
PROGESTÉRONE f. progesterone
PROLONGEMENT m. consequence; extension
PRONOSTIC m. prognosis
PROTHÈSE f. prosthesis; -- totale (de hanche, de
  genou, etc.) total (hip, knee, etc.) replacement
PSYCHANALYSE f. psychoanalysis
PSYCHIATRE m. psychiatrist
PSYCHIQUE psychic
PSYCHOSE f. psychosis; -- maniaco-dépressive manic
  depressive psychosis
PSYCHOTHÉRAPIE f. psychotherapy
PSYCHOTIQUE psychotic
PSYCHOTROPE m. psychotropic drug
PULMONAIRE pulmonary; suffering pulmonary disorder
PURGATIF m. purgative
PURGER: se -- to purge oneself

RADIOSCOPIE f. radioscopy
RADIOTHÉRAPIE f. radiotherapy
RAIDIR to stiffen
RALENTISSEMENT m. slowing down (of activity etc.)
RAPPORT m.: avoir des -- physiques to have inter-
  course; -- sexuels sexual relations
RAYONS m.: -- x x rays
RÉANIMATION f. reanimation
RECHUTE f. relapse, setback
RÉCLAMER to require
RECLUS/E recluse
RECOURIR (à) to have recourse (to)
RECOURS m. recourse, resort; avoir -- à to have
  recourse to
RÉCUPÉRATION f. recuperation
RÉDUIRE to reduce, to diminish
RÉÉDUCATION f.: -- d'entretien maintenance therapy
REFOULEMENT m. inhibition, repression
REFUS m. refusal
RÉGIME m. diet; se mettre au -- to go an a diet;
  -- de retraite retirement system
RÉGLEMENTER to regulate
RÈGLES f. menses, period
RÉGRESSIF/IVE regressive

RÉGRESSION f. regression
RÉHABILITER to rehabilitate
RÉIMPLANTATION f. implant
REIN m. kidney
RELÂCHEMENT m. slackening
RELATION f.: avoir des -- sexuelles to have inter-
  course; relations interactions
REMARQUER to notice, to observe
REMÈDE m. remedy, medicine
REMONTANT m. stimulant
RÉNAL/E renal
RENVOYER to fire
REPLI m. withdrawal upon oneself
REPRENDRE to recover (strength, possessions, etc.);
  -- conscience to regain consciousness
RESCAPÉ/E m./f. survivor (of disaster)
RÉSIGNATION f. acceptance, resignation
RÉSORBER: se -- to undergo resorption
RESTAURANT m.: -- communautaire soup kitchen
RETARD m. backwardness
RETARDER to delay
RÉTENTION f. retention
RÉTICENT/E reluctant
RÉTINIEN/IENNE retinal
RETIRER to take back; se -- to retire
RETRAIT m. withdrawal
RETRAITE f. retirement; rappel de -- retroactive
  payment of retirement; prendre sa -- to retire;
  maison de -- retirement home
RETRAITÉ/E m./f. retired person
RHUMATISANT/E rheumatic
RHUMATISME m. rheumatism; -- articulaire aigu
  rheumatic fever
RHUMATOLOGUE m./f. rheumatologist
RIGIDIMÈTRE m. NTP monitor (nocturnal penile
  tumescence monitor)
ROUER: -- qqn de coups to batter s.o.

SAGE-FEMME f. midwife
SAIGNÉE f.: -- du coude bend of the arm
SAIGNEMENT m. bleeding
SAIGNER to bleed
SAIN/E healthy; -- d'esprit sane
SALE dirty
SALLE f.: -- d'opération operating room
SANG m. blood
SANGLOTER to sob
SAVANT m. scientist
SCHÉMA m. pattern

SCHIZOPHRÉNIE f. schizophrenia
SCLÉREUX/EUSE sclerosed
SCOLARITÉ f. schooling
SCOLIOSE f. scoliosis
SÉCHERESSE f. dryness; indifference
SECOURIR to help
SECOURS m. help
SÉCRÉTION f. secretion
SÉDATIF m. sedative
SEIN m. breast
SÉJOUR m.: -- de vacances vacation resort; court --
   à l'hôpital short hospitalization
SÉNESCENCE f. senescence
SÉNILITÉ f. senility
SEPTICÉMIE f. septicemia
SÉQUELLES f. aftereffect
SERVICE m.: -- hospitalier hospital service
SÉVÈRE serious, dangerous, critical; strict
SÉVICES m. brutality, cruelty
SIGNALER to report
SOIGNER to nurse, to take care of; se -- to take
   care of one's health; to undergo medical treatment
SOINS m. medical or surgical care
SOL m. floor
SOMATIQUE somatic
SOMNIFÈRE m. sleeping pill
SOUFFLE m. breathing
SOUFFRANCE f. suffering
SOUFFRIR to suffer
SOULAGER to relieve (suffering)
SOUPLESSE f. flexibility
SOURD/E deaf
SOUS-ALIMENTATION f. undernourishment
SOUS-CUTANÉ/E hypodermic
SOUTENIR to support
SPONDYLARTHRITE f. spondylitis
SQUELETTIQUE gaunt
STÉRILET m. I.U.D.
STÉRILITÉ f.: -- tubaire non-patent fallopian tubes
STIMULANT m. stimulant
STIMULATION f.: -- réflexe reflex stimulation
SUBIR: -- une opération, stérilisation, etc. to
   undergo an operation
SUBSIDES m. subsidies
SUEUR f. sweat; ête en -- to be in a sweat
SUFFOQUER to suffocate, to choke
SUICIDAIRE suicidal
SUICIDE m. suicide; tentative (f.) de -- suicide
   attempt
SUICIDER: se -- to commit suicide

SUITES f. aftereffects
SUPPORTER to tolerate, to bear
SUPPRIMER to suppress; to put an end to
SURDITÉ f. deafness
SURDOSAGE m. overdose
SURMENAGE m. overexertion
SURVIE f. survival
SURVIVANT/E m./f. survivor
SYMPTÔME m. symptom
SYNDICAT m. labor union
SYNDROME m. syndrome
SYNOVIAL/E: membrane -- synovial membrane

TARDIF/IVE late, tardy, backward
TARE f. physical taint, defect
TÂTONNER to grope; à tâtons gropingly
TAUDIS m. slum
TAUX m. rate
TÉMOIGNAGE m. testimony
TEMPÉRATURE f.: -- corporelle body temperature
TENSION f. blood pressure; prendre la -- de qqn to
    take s.o.'s blood pressure
TENTATIVE f. attempt
TEST m.: -- de grossesse pregnancy test
TÉTRAPLÉGIQUE m./f. quadriplegic
THÉRAPEUTIQUE f. therapeutics
THÉRAPIE f.: -- rééducative occupational therapy
THROMBOSE f. thrombosis
TIC m. tic
TIÉDEUR f. mild warmth
TORDRE to twist
TOXICOMANE m./f. drug addict; (adj.) addicted to
    drugs
TOXICOMANIE f. drug dependence
TRAFIQUANT/E m./f.: -- de drogues drug pusher,dealer
TRAIN m.: -- de vie life style
TRAITE f. installment bill
TRAITEMENT m. treatment
TRAITER to treat
TRANQUILLISANT m. tranquilizer
TRANSFUSION f. transfusion
TRANSPLANTATION f. transplant
TRANSPORTS m.: -- en commun public transportation
TRAVAILLEUR/EUSE SOCIAL/E m./f. social worker
TREMBLEMENT m. shaking
TRÉPAS m. death, demise
TRÉPASSER to pass away, to die
TRISTESSE f. sadness
TROMPE f.: -- de Fallope fallopian tube

TROUBLE m. malfunction, disorder; -- de la vue
  sight disorders
TUMEUR f. tumor; -- maligne malignant tumor
TYMPAN m. eardrum

URÉMIE f. uremia
URGENCE f. emergency
URINE f. urine

VAISSEAU m.: -- sanguin blood vessel
VALEUR f. value
VALIDE able-bodied, healthy
VASCULAIRE vascular
VEILLER: -- sur to watch
VENIR: -- au monde to be born
VERGE f. membrum virile
VERSER: -- une pension, une retraite to pay a
  pension
VERTIGE m. dizziness
VEUF/VEUVE m./f. widower, widow
VICTIME f. victim, survivor
VIEILLARD m. old man; les --s the aged; une vieille
  an old woman
VIEILLISSEMENT m. aging
VIOL m. rape
VIOLER to rape
VIOLEUR m. rapist
VOIE f.: par -- orale orally; par -- buccale orally
  par -- transcutanée by application of a transderm
  patch
VOLONTÉ f. will power
VOMIR to vomit
VOMISSEMENT m. vomiting
VULNÉRABILITÉ f. vulnerability